「安全保障化」とは何か

脅威をめぐる政治力学

バリー・ブザン/オーレ・ヴェーヴァ/ヤープ・デ・ウィルデ
［著］

今井宏平/上野友也/川久保文紀/塚田鉄也/西海洋志
［訳］

ミネルヴァ書房

SECURITY: A New Framework for Analysis
by Barry Buzan, Ole Wæver, Jaap de Wilde
Copyright © 1998 by Lynne Rienner Publishers, Inc.
Japanese translation rights arranged with LYNNE RIENNER PUBLISHERS, INC.
through Japan UNI Agency, Inc.

序　文

　本書は，安全保障研究のための新しい包括的な分析枠組みを示す。より拡張したアジェンダの根拠を確立することで，それらが安全保障研究を支離滅裂にするという伝統主義者の非難に応えるとともに，伝統主義者のアジェンダを組み込むための安全保障を定式化する。本書は軍事，政治，経済，環境，社会の5つのセクターにおける安全保障の特徴とダイナミクスを検証する。本書は，また，安全保障を特定のセクターに限定するという伝統主義者の主張を否定し，安全保障は広範囲のイシューに適用できる特定のタイプの政治であると主張している。そして，それは，安全保障化のプロセスと政治化のプロセスを区別するため，つまり誰が何をどのような条件下で安全保障化できるのかを理解するためのコンストラクティヴィスト的な運用方法を提供する。

　この本の元々の動機は，冷戦後の国際システムはその特徴において，より脱中心化され，より地域化されるだろうという1990年代半ばに広まった感覚を反映して，地域安全保障複合体理論（Buzan 1991；Buzan et al. 1990）を更新することであった。我々は安全保障複合体理論を冷戦後の拡張した安全保障アジェンダに合わせて導入し，それを利用して，新たに生じた国際秩序（もしくは無秩序）の分析に利用できるようにしたいと考えた。我々の問いは，どのようにすれば安全保障複合体理論を，伝統的な軍事セクターや政治セクターだけでなく，経済・社会・環境セクターもカバーする安全保障研究のより拡張したアジェンダと融合できるのか，ということであった。この問いは，一方ではより拡張した安全保障概念を求める議論と，他方では主に伝統的な軍事・政治項目に投げかけられた安全保障複合体理論の提示との間の，すでに『人民・国家・恐怖』（Buzan 1991）で明らかになった矛盾から自然に生じたものであった。この問いは，我々が以前執筆した2冊の本（Buzan et al. 1990；Wæver et al. 1993）からも自然に引き継がれたもので，その1冊目は国家中心の安全保障複合体理

論に基づいており，2冊目はより広範な安全保障アジェンダの社会的構成要素を解明しようとしたものであった。

　伝統的な安全保障複合体理論は，安全保障関係の永続的な地域パターンの形成と，これらの地域における外部介入のパターンの両方を説明し，予測するうえでかなりの力を持っている。しかし，冷戦終結後，軍事・政治安全保障の相対的な重要性が低下するなかで，これと同じ論理を新しいセクターにも拡張できるだろうか。この問題を追求するなかで，我々はより拡張した安全保障アジェンダが知的に支離滅裂であるという課題に取り組む必要があることがわかった。その結果，このプロジェクトはより野心的なものとなり，本来の目的を見失わずに国際安全保障を理解し分析する方法についての一般的な考察へと発展した。

　この本の概念化と執筆の多くは完全に共同作業であり，著者全員が各章に多大な貢献を行なっている。ただし，さまざまな部分で特徴的な個々の刻印がある。バリー・ブザンは第1章，第3章，第5章，および第9章の主な起草者であり，セクター別アプローチの主な責任者であるとともに，本書の編集と調整の全体的な責任を負った。オーレ・ヴェーヴァは，第2章，第6章，第7章，第8章，および第9章の第3節の主な起草者であり，主観を定義するための安全保障化アプローチの主要な提供者であった。コペンハーゲン研究グループの最新メンバーであるヤープ・デ・ウィルデは，第4章と第8章の最初の2つの節の主な起草者であり，第5章と第9章に実質的な意見を述べ，他の2人が現実主義者の仮定にあまりにも疑いの余地のない立場をとるのを抑制した。

　このプロジェクトには多大な協力をいただいた。何よりもまず，フリッツ・ティッセン財団に感謝する。フリッツ・ティッセン財団の寛大な助成により，ブザンは1995年から1996年にかけてこの本に主な焦点を当てることができ，継続的な批判的精査を提供する専門家チームを編成し，研究助手の費用を支援することができた。次に，協力的で刺激的で，働きやすい雰囲気を提供してくれたハカン・ウィバーグ氏とコペンハーゲン平和研究所のスタッフに感謝する。また，専門知識と幅広い判断力を我々に貸してくれた相談相手のモハメッド・アイユーブ，オーウェン・グリーン，ピエル・ハスナー，エリック・ヘライナ

序　文

ー，アンドリュー・ハレル，トーマス・ヘイランド＝エリクセンにも感謝する。相談相手全員が，本書の草稿のさまざまな段階で書面による広範なコメントを寄せてくれた。この最終版は彼らの意見に大きく負っているが，彼らは本書に対して正式な責任を負っているわけではない。そして，事業計画のほとんどを担当し，ときには不平をいわずに不当な長時間労働をしてくれた研究助手のエヴァ・マリア・クリステンセンとマッツ・ヴォーゲに感謝する。最後に，途中で自発的にコメントを寄せ，その洞察が我々の議論を形作るのに貢献してくれた人々——ディディエ・ビゴ，アンネ＝マリー・ルグロアネク，レネ・ハンセン，ヘルゲ・ヘヴィーム，エミレ・キルシュナー，ヴォイチェフ・コステキ，グラズィナ・ミニオタイテ，ビョルン・モラー，マリー＝クロード・スモーツ，マイケル・ウィリアムおよびリン・リエンナー出版の匿名査読者——に感謝する。

　　　　　バリー・ブザン，オーレ・ヴェーヴァ，ヤープ・デ・ウィルデ

「安全保障化」とは何か
―― 脅威をめぐる政治力学 ――

目　次

序　文
凡　例

第1章　イントロダクション……………………………………………………1
　　　　　安全保障研究に関する「広義」対「狭義」論争…2　　分析レベル…6
　　　　　セクター…9　　地域…11　　「古典的な」安全保障複合体理論…13
　　　　　古典的な安全保障複合体理論を超えて…20

第2章　安全保障分析………………………………………………………29
　　　　──概念的な装置──
　　　　　安全保障とは何か？…29　　安全保障化…32　　セクターと安全保障
　　　　　の制度化…37　　主観的安全保障，客観的安全保障，間主観的安全保
　　　　　障…41　　社会的権力と促進条件…43　　安全保障化研究におけるア
　　　　　クターと分析者…46　　安全保障分析のユニット──アクターと指示
　　　　　対象…49　　地域レベルの安全保障化とそれ以外の相互作用の集合体
　　　　　における安全保障化…59

第3章　軍事セクター………………………………………………………69
　　　　　軍事安全保障のアジェンダ…69　　安全保障アクターと指示対象…73
　　　　　脅威と脆弱性の論理…80　　リージョナル化のダイナミクス？…85
　　　　　まとめ…96

第4章　環境セクター………………………………………………………99
　　　　　環境安全保障のアジェンダ…99　　安全保障アクターと指示対象
　　　　　…105　　脅威と脆弱性の論理…110　　リージョナル化のダイナミク
　　　　　ス？…117　　まとめ…126

第5章　経済セクター………………………………………………………131
　　　　　経済安全保障のアジェンダ…131　　安全保障アクターと指示対象
　　　　　…137　　脅威と脆弱性の論理…142　　リージョナル化のダイナミク
　　　　　ス？…151　　まとめ…159

目　次

第**6**章　社会セクター ··· 163
　　　　　社会安全保障のアジェンダ…163　　安全保障アクターと指示対象
　　　　　…169　　脅威と脆弱性の論理…171　　リージョナル化のダイナミク
　　　　　ス？…173　　まとめ…191

第**7**章　政治セクター ··· 195
　　　　　政治安全保障のアジェンダ…195　　安全保障アクターと指示対象
　　　　　…201　　脅威と脆弱性の論理…208　　リージョナル化のダイナミク
　　　　　ス？…214　　まとめ…223

第**8**章　セクターはどのように組み合わされるか ··················· 227
　　　　　セクターを比較する方法としての分析レベル…229　　セクターを横
　　　　　断するリンケージ…231　　アクターのレンズを通したセクター横断
　　　　　的な安全保障の結合…233　　実例と実証的研究の案出…238　　欧州
　　　　　連合──1つの解釈…250　　結論──目的…265

第**9**章　結　　論 ··· 273
　　　　　安全保障研究──分析のための新たな枠組み…273　　古典的な安全
　　　　　保障複合体理論に対する新しい安全保障研究のインプリケーション
　　　　　…275　　コンストラクティヴィストのアプローチ…284　　我々の新
　　　　　たな枠組みと伝統的アプローチとの対比…290

参考文献……299
訳者解題　色褪せない安全保障化研究の虎の巻（今井宏平）……315
索　　引……321

vii

凡　　例

1. 本書は Barry Buzan, Ole Wæver, Jaap de Wilde, *Security: A New Framework for Analysis*, Boulder: Lynne Rienner, 1998の全訳である。
2. 原文中の引用符（クォーテーション）は「　」で括った。
3. 原文中のイタリック体で記された箇所には，原則として傍点を付した。
4. 本書におけるいくつかのキーワードの訳出について付言しておきたい。Regional もしくはそれに関連するものは，「リージョナルな」もしくは「地域的な」と訳し分けている。また，Liberal およびその関連するものは，「リベラル」もしくは「自由主義的な」と訳し分けている。
5. 略号は省略した。
6. 参考文献は原著をそのまま掲載した。
7. 索引は原著に則らず，訳者の方で整理し直した。

第1章
イントロダクション

　本書の目的は，安全保障研究のための包括的な新しい枠組みを確立することである。我々のアプローチは，10年以上にわたり，安全保障の概念化における軍事要素と国家の優位性に疑問を投げかけてきた人々の研究に基づいている。一部は政策側から寄せられており，懸念事項を認識しようとしたり，変化する状況に適応したりしている組織を代表している。その他の疑問は，平和研究，フェミニスト，国際政治経済，安全保障（および戦略）研究など，学術界から寄せられている。彼らの手立ては一般に，伝統的な安全保障研究（一部では戦略研究として知られている）を定義する軍事・政治セクターだけでなく，経済・環境・社会セクターのイシューや指示対象についての安全保障上の地位も主張することによって，安全保障のアジェンダを拡張しようとする試みの形をとっている。

　その結果，現在，安全保障研究について2つの見解が議論の対象となっている。[1] 1つは拡張主義者の新しい見解であり，もう1つは伝統主義者の古い軍事および国家中心の見解である。これら2つの見解を比較し，その費用便益を評価する時期が来た。そうするためには，統一された概念と，より拡張したアジェンダを一貫した方法で追求するための手段の両方が必要である。また，何が安全保障のイシューで何がそうでないかを分類し，問題がどのようにして安全保障化されるのかを説明し，ローカルから地域，グローバルに至るレベルでのさまざまな種類の安全保障に関連する安全保障のダイナミクスを特定することも必要である。伝統主義者にとって安全保障のイシューを特定するのは簡単で，彼らは大まかにいえば安全保障を軍事イシューや武力行使と同一視する。しかし，安全保障が軍事セクターに限定されないと，明確化は困難となる。これま

で以上に拡張したイシューに安全保障という言葉を単純に当てはめることには、知的かつ政治的な危険が伴う。

この章の次節では、安全保障研究に対する新しいアプローチと従来のアプローチの間の議論を概観する。その次の2つの節では、本書の分析を構成する概念を定義する。1つ目の節では、分析のレベル（マクロからミクロまで、説明の源泉と結果の両方を見つけることができる空間的位置）についての理解を示し、2つ目の節ではセクター（特定のタイプの相互作用を選択する全体の見方）について説明する。この章の残りの部分では、地域について扱い、地域が分析のレベルにどのように関係しているかを検討し、地域に対してこれまで使用してきた「古典的な」安全保障複合体理論の全容を概観し、安全保障複合体の考え方を非伝統的なセクター（経済・社会・環境）に拡張しようとする際の問題のいくつかを明らかにする。

安全保障研究に関する「広義」対「狭義」論争

「広義」対「狭義」論争は、冷戦時代の軍事と核への執着によって安全保障研究の分野が著しく狭められたことへの不満から生じた。この不満は、まず1970年代と1980年代の国際関係における経済と環境のアジェンダの高まりによって刺激され、その後、1990年代のアイデンティティ問題と国境を越えた犯罪への懸念の高まりによって活発となった。このイシュー主導の安全保障の拡張は最終的に安全保障研究自体の反応を促し、安全保障研究を武力による脅威や武力行使を中心とした問題に限定するよう求める主張を生み出した。鍵となる議論は、漸進的な拡張は安全保障の知的一貫性を危険にさらし、安全保障に多くのことを注ぎ込みすぎて、その本質的な意味が無効になるというものだった。おそらくこの議論は、非軍事問題が安全保障上の地位を獲得することを許すことは、社会関係や国際関係の構造全体に望ましくない逆効果をもたらすだろうという、一般に暗黙の政治的懸念を覆い隠していたのかもしれない（これについては第9章で詳しく説明する）。

安全保障の拡張というこれらの議論には明らかにウルマン（Ullman 1983）、

ヨフン，レマイトレー，ヴェーヴァ（Jahn, Lemaitre, and Wæver 1987），ナイとリン＝ジョーンズ（Nye and Lynn-Jones 1988），マシューズ（Matthews 1989），ブラウン（Brown 1989），ナイ（Nye 1989），クロフォード（Crawford 1991），ハフテンドーン（Haftendorn 1991），ティックナー（Tickner 1992），ヴェーヴァ等（Wæver et al. 1993）が含まれ，多くの場合，新たな，しばしば非軍事的な脅威の源の緊急性から出発している。また，経済セクターと軍事セクターにおける国際政治経済の連結パターンには強力な道理がある（Gilpin 1981；Crawford 1993, 1995；Gowa 1994；Mansfield 1994）。ブザン（Buzan 1991）は拡張主義者の一人だが，経済セクター（Luciani 1989参照）と環境セクター（Deudney 1990参照）における安全保障の論理的な概念化の可能性について懐疑的であった。ブザンは広義の安全保障研究のなかの明確に軍事の下位分野である戦略研究を含めて議論してきた（Buzan 1987；1991, chapter 10）。ウルマン（Ulman 1983）とブザン（Buzan 1991, chapter 3）は具体的に脅威の定義を純粋に軍事的なものからより一般的な公式に拡張した。本書の他の2人の執筆者もまた，拡張主義者である。デ・ウィルデはリベラル多元主義者の背景を持ち，ヴェーヴァは自身をポストモダン・リアリストと定義している。

　冷戦の崩壊とともに，伝統主義の立場の擁護が始まった。かなり最近まで，この安全保障の領域を「超大国の核戦争の防止に関係するもの」に限定する議論がまだ見られた（Lebow 1988：508）。しかし，戦略的コミュニティの主要な任務である東西軍事対立の分析が無くなるにつれ，見当識障害の期間が発生した。冷戦時代に築き上げられた戦略研究の全体の機能，ひいてはその地位と財源が危険にさらされているように見えた。その結果，軍事に焦点を当てた戦略分析は，拡張主義者からの圧力に対して非常に脆弱であるように見える。この時代を象徴するのは，「戦略の非軍事的側面」に完全に特化した『サバイバル（*Survival*）』誌の1989年号（31：6）である。

　伝統主義者たちは，軍事安全保障の永続的な優位性に関する従来の議論を再主張することで反撃した（Gray 1994b）。程度の差こそあれ，彼らは，国際システムにおける紛争の非軍事的原因をより広く検討する必要性を認め，非常に多くの非国家主体が軍事分野で精力的に活動していた時期に，安全保障分析に

おいて国家の中心性を擁護するという明確な試みをほとんどしなかった。ほとんどの伝統主義者は軍事紛争が安全保障の決定的な鍵であると主張しており，国家中心主義を緩める用意がない。しかし，ヤーン，ルメートル，ヴェーヴァ（Jahn, Lemaitre, and Wæver 1987）とアイユーブ（Ayoob 1995）などは，政治セクターを第一義とし，アイユーブは国家に焦点を当て，軍事紛争との結びつきを緩和している。一部の伝統主義者（Chipman 1992；Gray 1992）は，冷戦時代に人為的に核への絞り込みがあった後に単に主要な議論に戻っただけだと主張しているが，鍵となる戦略は，政治主体間の武力による脅威や実際の武力行使に関する懸念と連結できる範囲のみで拡張を許可することであった。チップマン（Chipman 1992：129）は次のように述べている。

　戦略分析の構成要素は武力行使の可能性でなければならない…安全保障の非軍事的側面が戦略家の時間の多くを占めるかもしれないが，人民，国民，国家，または同盟が軍隊を調達，配備，交戦，または撤退する必要性は考慮されなければならない。戦略分析家の調査の主な目的は依然として残っている。

　チップマンは明らかにこの問題に蓋をしようとしているが，国際システムにおいて国家や同盟だけでなく人民や国家や国民が社会において戦略的武力行使者となり得ることを認めている。この点で厳格な国家中心主義から明確に遠ざかっており，チップマンの声明は興味深い。
　スティーブン・ウォルトは，伝統主義者の立場についておそらく最も強力な声明を出している。彼は，安全保障研究は戦争という現象に関するものであり，それは「軍事力の脅威，使用，および統制の研究」と定義できると主張する。この厳密に軍事領域の外側にアジェンダを広げようとする人々に対して，ウォルトは次のように述べる。

　「安全保障研究」を過度に拡張することは危険である。この論理によれば，公害，病気，児童虐待，経済不況などのイシューはすべて「安全保障」に対

する脅威とみなされる可能性がある。このようにこの分野を定義すると，その知的一貫性が破壊され，これらの重要な問題の解決策を考案することがさらに困難になる（Walt 1991：212-213）。

　ウォルト（Walt 1991：227；Dorff 1994；Gray 1994a も参照）は，「経済と安全保障」を彼の定義に入れているが，それは経済安全保障そのものとしてではなく，経済が軍事イシューに関連している場合に限る。
　拡張主義者は知的に支離滅裂の危険があるという伝統主義者の批判は，強力な論点となり得る。アジェンダを拡張すれば，安全保障研究を進めるためにはより広範な知識と理解が必要となる。さらに心配なのは，他の2つの点である。第1に，安全保障という言葉の政治的機能を考慮すると，より拡張したアジェンダにより，国家動員の要求が広範な問題にまで及ぶことになる。デュードニー（Deudney 1990）が指摘したように，これは環境セクターでは望ましくない逆効果となる可能性があり，この議論は他のセクターにも容易に拡張される可能性がある。第2に，より拡張したアジェンダは，多くの場合，無意識のうちに「安全保障」をある種の普遍的な良いもの，つまりすべての関係が向かうべき望ましい状態にまで高める傾向がある。しかし，ヴェーヴァ（Wæver 1995b）が主張しているように，これは危険なほど狭い見方である。せいぜい安全保障は，多くの場合，国家の緊急動員を通じて，紛争または脅威となる関係に一種の安定化をもたらすものに過ぎない。国際関係における安全は，一般的には不安（適切な対抗策が存在しない脅威）よりも優れているかもしれないが，安全な関係には，有効な対抗策が講じられているとはいえ，依然として深刻な紛争が含まれている。この程度の相対的な望ましささえ疑問視される可能性がある。たとえば，リベラル派は，過度の経済安全保障は市場経済の仕組みを破壊するものであると主張している。安全保障は常に良いと安易に考えるべきではない。ヴェーヴァが主張するように，脱安全保障化，つまりイシューを緊急状態から政治領域の通常の交渉プロセスに移行することを目指す方が良い。
　本書の主な目的は，伝統主義の立場を組み込んだ，より拡張したアジェンダに基づいた枠組みを提示することである。我々の解決策は，安全保障のアジェ

ンダをさまざまな種類の脅威に対して常にオープンに保つという点で，拡張側の立場にある。我々は，安全保障研究の核心は戦争と武力であり，他のイシューは戦争と武力に関わる場合にのみ関連するという見解に反対する（ただし，ブザンの見解［Buzan 1991, chapter 10］では，そのようなアプローチは新しい安全保障研究のなかでも依然として軍事に焦点を当てた専門分野である戦略研究の考えによく適合する）。その代わりに，我々は指示対象にとっての軍事的および非軍事的脅威においてそれらの脅威の安全保障化を探求することによって，安全保障研究のより根本的な見方を構築したいと考えている。我々は，知的な一貫性のなさに関する伝統主義者の苦情を真剣に受け止めているが，軍事を核とした安全保障研究への立ち戻りがそのような一貫性のなさに対処する唯一の，あるいは最良の方法であるという点には同意しない。我々は，安全保障を軍事セクターに限定するのではなく，安全保障そのものの論理を探求し，安全保障や安全保障化の過程と単なる政治的なものとの違いを見つけることによって，一貫性を見出そうと努める。この解決策は，2つのアプローチ間の既存の論争から解放される可能性を提供する。

　必要なのは，単なる脅威や問題ではなく，より具体的な何かを意味する安全保障の概念化を描きだすことである。脅威や脆弱性は，軍事，非軍事を問わずさまざまな分野で発生する可能性があるが，安全保障上の問題としてみなされるには，それらを単なる政治的なものの通常の運用から区別する，厳密に定義された基準を満たさなければならない。それらは，安全保障化アクターによって指示対象に対する在立の脅威として演出されなければならず，それによって本来なら拘束されるルールを超えた緊急措置の支持を生み出す。これらの基準は第2章で詳細に説明されており，この分野の知的一貫性を破壊することなく安全保障研究のアジェンダをどのように拡張できるかを示している。

分析レベル

　30年以上にわたり，分析のレベルに関する議論は，多くの国際関係理論の中心となってきた（Buzan 1994c；Onuf 1995）。レベルは，安全保障のために優先

される指示対象（個人対国家）に関する議論や戦争の原因（システム構造対国家の本性対人間の本性）に関する議論といった，あらゆる種類の安全保障分析に適用される。我々のプロジェクトは，地域の安全保障理論と多様なセクターの安全保障アジェンダとの関係についての問いから始まったが，それも分析レベルの理解に依存している。後に続く諸章では，分析のレベルを広範囲に使用して，安全保障の領域で機能するアクター，指示対象，および相互作用のダイナミクスを特定する。

レベルとは，小規模から大規模までのさまざまな空間規模によって定義される分析の対象を意味する。レベルは，説明の結果と原因の両方を位置付けることができる場所である。理論は，あるレベルから別のレベルへの因果関係の説明を示唆する可能性がある。たとえば，システム構造からユニット行動へのトップダウン（たとえば，市場から企業，アナーキーから国家），または人間の本性から企業，国家，国民といった人間の集団行動を説明するというボトムアップである。しかし，レベル間の関係の特定のパターンや優先順位を示唆するような，レベル自体に固有のものは何もない。レベルは，それ自体が説明原因ではなく，物事が起こる場所に対する単なる存在論的な指示対象である。

国際関係論の研究において，以下の5つがレベル分析として最頻である。

1. 国際システムは，上位のシステム・レベルを持たない，相互作用または相互依存するユニットからなる最大の複合体を意味する。現在，このレベルは地球全体を網羅しているが，初期の時代には，多かれ少なかれ切り離されたいくつかの国際システムが同時に存在していた（Buzan and Little 1994）。
2. 国際サブシステムは，相互作用または相互依存の特定の性質または強さによってシステム全体から区別できる，国際システム内のユニットの集団を意味する。サブシステムは領土的に接している場合があり，それは地域的サブシステム（東南アジア諸国連合［ASEAN］，アフリカ統一機構［OAU］）である。領土的に接していない場合（経済協力開発機構，石油輸出国機構）もあり，それらは地域的サブシステムではなく，単なるサブ

システムである。
3. ユニットは，さまざまなサブグループ，機構，共同体，および多くの個人で構成され，十分な結束性と独立性を備えることで他と区別されるより高いレベル（たとえば，国家，国民，多国籍企業）のアクターを意味する。
4. サブユニットは，ユニットの行動に影響を与えることができる（またはそれを試みる）ユニット内の組織化された個人のグループ（たとえば，官僚機構，ロビー）を意味する。
5. 個人は，社会科学におけるほとんどの分析で底辺である。

　レベルは，理論化できる枠組みを提供する。つまり，レベル自体は理論ではない。レベルは，説明の源であり，理論が構成された結果を見つけることができるものである。たとえば，ネオリアリズムは，説明の源（構造）をシステム・レベルに，その主な結果（自助）をユニット・レベルに置く。官僚政治は，その説明の源（過程）をサブユニット・レベルに，その結果（不合理な行動）をユニット・レベルに置く。ある程度までは，レベルによって，国際関係に関与する多くの関係者，フォーラム，その他の要素を位置付けることもできる。一部の組織（国連）や構造（世界市場，国際社会）はシステム・レベルで機能する。その他（北大西洋条約機構，欧州連合［EU］，北米自由貿易協定［NAFTA］，ASEAN）は明らかにサブシステムで機能する。ただし，特定のレベル内でアクターを明確に見つけることが常に可能であるとは限らない。全国農民組合のようなロビー団体は明らかにサブユニット・レベルに位置しているかもしれないが，グリーンピースやアムネスティ・インターナショナルのような多国籍組織はレベルを横断している。それらは，部分的にはサブユニット・レベルで，部分的にはサブシステムおよびシステム・レベルで活動する場合がある。多国籍企業にも同じことがいえる。
　国際関係における分析レベルの議論はネオリアリズムと密接に関連しているため，ネオリアリズムの国家中心主義を反映する傾向があり，サブユニットは国家内にあり，サブシステムとシステムは国家から構成されるものとして描か

れている。これに基づいて，分析レベルのスキームは，国際関係に典型的な国家中心主義と内部と外部［という2項対立］の仮定を強化するとして批判されている（Walker 1993；Onuf 1995）。この見解では，このスキームは単なる無害で抽象的な類型論ではなく，スキームに明確に適合しない国境を越えた単位を曖昧にし，不公平に区別する特定の存在論を提示する。政治的な時間と空間をさまざまな道筋に沿って構造化したい場合，ネオリアリズムの形態における分析レベルのスキームは問題があるとみなされるだろう。レベルは国家に特権を与える必要はない。ユニット・レベルには国家よりもはるかに多くのものを含めることができる。このプロジェクトでは，我々は安全保障ユニットの多様性をさらに広げようとしているので，また，どのユニットにも必然的に内部と外部があると主張できるため（Wæver 1994, forthcoming-b），分析レベルへの抜本的な批判を受け入れていない。しかし，我々は，国際関係論において分析レベルのスキームが国家中心の考え方を強化する傾向があることを認識しておく必要があるという警鐘は受け入れている。

セクター

　経済，社会，環境の安全保障のイシューが軍事・政治イシューと並行する，より多様化したアジェンダを取り入れることは何を意味するのか。安全保障をセクターの観点から考えることは，冷戦期後半の数十年間，新たなイシューが軍事・政治アジェンダに追加されていったことをほとんど反映せずに台頭した。セクターに頼る慣行は一般的であるが，明示されることはほとんどない。モーゲンソーからウォルツに至るまで，リアリストは政治理論の観点から語り，それによってセクターには分析的に重要な意味があると想定する。国際関係を議論する際，「国際経済システム」や「国際政治システム」のように，システム内の特定のセクターの活動の観点からシステムのアイデンティティを限定することが一般的になってきた。マイケル・マン（Michael Mann 1986, 第1章）は，イデオロギー，経済力，軍事力，政治力の区別という観点からパワーについて考えている。実際，ディシプリンに関する社会科学やその他の科学のすべての

区分は，主にセクターの観点から考えることを優先している。これは一般的な言説に反映されている慣行であり，多くの場合，経済，社会，政治は深く考えずに何らかの形で分離できると想定されている。より拡張した安全保障アジェンダを受け入れるということは，セクターが何を意味するのかを考慮する必要があることを意味する。

セクターを観察する1つの方法は，セクターを特定の種類の相互作用を識別するものとしてみることである。この観点からすると，軍事セクターは武力による強制，政治セクターは権威，統治上の地位，認識，経済セクターは，貿易，生産，金融，社会セクターは集団的アイデンティティ，そして環境セクターは人間の活動と地球の生存圏との関係である。

ブザン（Buzan 1991：19-20）は，安全保障分析のセクターを次のように述べている。

　一般的にいえば，軍事安全保障は，国家の武力攻撃能力と防衛能力の2つのレベルの相互作用と，国家間の互いの意図の認識に関係する。政治安全保障は，国家，政府制度，およびそれらに正当性を与えるイデオロギーの組織的安定性に関係する。経済安全保障は，許容可能なレベルの福祉と国家権力を維持するために必要な資源，資金，市場へのアクセスに関係する。社会安全保障は，言語，文化，宗教，国家のアイデンティティと習慣の伝統的なパターンを，進化の許容可能な条件内で持続可能にすることに関係する。環境安全保障は，他のすべての人類の活動が依存する不可欠な支援システムとして，ローカル（地方）および生存圏の維持に関係する。

より最近の研究において（Wæver et al. 1993：24-27），我々はこの定義を修正して，国家を暗黙的に（場合によっては明示的に）すべてのセクターの中心的な指示対象という位置付けから遠ざけた。安全保障に対する多様なセクターからのアプローチが十分に意味のあるものであるためには，国家以外の指示対象を視野に入れることが許可されなければならない。本書はこの議論をさらに拡張する。

セクターは，特徴的な相互作用パターンのいくつかを選択することにより，分析目的で全体を細分化するのに役立つ。しかし，セクターによって特定される項目には，独立して存在するわけではない。強制の関係は，交換，権威，アイデンティティ，または環境との関係を離れては存在しない。セクターは独特のパターンを特定するかもしれないが，複雑な全体の切り離せない部分であることに変わりはない。セクター別に分析する目的は，単に複雑さを軽減して分析を容易にするということである。

　セクターを使用すると，関係する変数の数が減り，検討範囲がより管理しやすいサイズに限定される。したがって，経済学者は，富と発展を強調し，効用を最大化したいという欲求による行動の動機など，限定的な仮定を正当化する観点から人間のシステムを考察する。政治的リアリストは，主権とパワーを強調し，パワーを最大化したいという欲求による行動の動機など，限定的な仮定を正当化する観点から同じシステムを検討する。軍事戦略家は，攻撃力と防御力を強調し，強制的優位性の日和見的な計算による行動の動機など，限定的な仮定を正当化する観点からシステムを検討する。環境保護主義者は，文明のエコロジカルな基盤と持続可能な開発を達成する必要性の観点からシステムを考察する。社会セクターでは，分析者はアイデンティティのパターンと文化的独立性を維持したいという観点からシステムを分析する。それぞれが全体を見ているが，現実の1つの側面だけに焦点を当てている。

　したがって，セクターの分析方法は分解された構成要素から始まるが，最後は統合される必要がある。分解された構成要素は，単純化と明確化を目的としてのみ実行される。理解を得るためには，分解された構成要素を組み立て直し，それらが相互にどのように関連しているかを確認する必要がある。これは第8章で取り上げる。

地　　域

　安全保障分析の焦点としての地域への我々の関心は，地域安全保障複合体理論に関するこれまでの研究からだけではなく，冷戦後の世界では国際関係がよ

り地域化された性格を持つようになるという普及した仮定への関心からも生じている。この仮定の背後にある理由は，双極性の崩壊によりグローバル・レベルで主要な組織力が失われたということである。残りの大国はもはやイデオロギー上の対立によって動機づけられておらず，自国の利益が即座に強く影響されない限り，広範な政治的関与を避けたいという顕著な兆候を示している。この状況はグローバル・レベルでのリーダーシップの弱さを生み出し，その結果，以前よりも地域がみずからの問題を解決する必要があるという想定に至った。この傾向を強化しているのは，世界のほとんどの地域での国家能力の増大によって，大国間の世界的な関与への取り組みが弱体化しているという事実である。ヨーロッパと西側の長期にわたる優位性は，ますます広範な国家と国民の間に産業・軍事・政治能力が拡散することによって着実に侵食されつつある。

分析レベルの観点からみると，地域は特殊なタイプのサブシステムである[2]。地理的集団は国際サブシステムの十分に強力な特徴であるので，それ自体を研究する価値があるだろう。要するに，なぜ国家は地域集団を形成する必要があるのか。そして，他のユニットも同様の行動をとるのか。EU，NAFTA，ASEAN，南アジア地域協力協会，南太平洋フォーラム，南部アフリカ開発共同体，OAUなどを思い浮かべるだけで，領域で定義されたサブシステムの重要性がわかる。領域はそれ自体が分析の対象であり，結果と説明の源を見つけることができる特定の場所である。なぜこの種の領域サブシステム（またはその特徴的事例）が誕生し，より広範な国際システムの特徴として維持されているのか。

おそらく，地域国家システムに関する最も一般的な説明は，ハンス・モウリッツェン（Mouritzen 1995, 1997）の考えから導き出すことができる。彼は，ユニット（国家）は移動可能ではなく固定されているという単純だがあまり考慮されていない事実から始める。現代の国際関係理論では，主要な政治単位が移動しないことは当然のことと考えられているが，必ずしもそうではない。15世紀以前の数千年間，野蛮な部族は国際システムの主要な特徴であった。これらの部族は長距離を移動することができ，実際に移動した。それらの時代において，ある朝，強大なアクターが突然隣人となることは日常茶飯事であった。モ

ウリッツェンは，ユニットが移動可能な場合，ある程度時間が経過すると，各ユニットの標準環境がシステムの特定の部分ではなく，システムそのものを構成すると主張する。対照的に，ユニットが移動しない場合，各ユニットは地理的に近い主要ユニットで構成される比較的安定した地域環境と向かい合うことになる。各ユニットは，システム構造内の特定の位置によって特徴付けられる (Mouritzen 1980：172, 180)。

　移動しないユニットの影響を考慮していないことは，国際関係理論においてサブシステム・レベルが相対的に無視されてきた理由の一部を説明する。たとえば，ホーリスとスミス (Hollis and Smith 1991：7-9) は，彼らの枠組みのなかでサブシステム・レベルについて言及さえしていない。地域を形成するメカニズムを特定することは，国際安全保障の分析においてサブシステム・レベルの地域化の側面に注意を払うべきという主張に根拠を与える。

　この議論は主に国家に関係しており，そこでは移動性／不動性の問題が比較的明確である。軍事セクターと政治セクターに焦点を当てたモウリッツェンの議論は，古典的な国家中心の安全保障複合体理論にさらなる正当性を提供し，また，他のセクターにおける安全保障関係についてどのように考え始めるかについてのヒントも与えてくれる。たとえば，社会セクターでは，民族などのユニットが国家と同様の不動性の論理を示し，民族間に地域的な形成が見られることが期待されるかもしれない。しかし，経済セクターでは，企業や犯罪組織などのユニットは非常に流動的である可能性がある。そこでは，蛮族を想起する，システム・レベルの論理がより強力に機能しているため，地域の形成はほとんど期待されない。

「古典的な」安全保障複合体理論

　本節では1991年まで進展した「古典的な」安全保障複合体理論を要約する。同理論に精通したブザン (Buzan 1991, chapter 5) によって概説がなされる。安全保障複合体理論は1983年に第1版が刊行された『人民・国家・恐怖』(pp. 105-115) においてブザンによって最初に素描された。同理論は南アジアと中

東に適用され（Buzan 1983），その後，精緻化されて南アジアの事例により綿密に適用され（Buzan and Rizvi 1986），さらに東南アジアにも適用された（Buzan 1988）。ヴァユリネン（Vayrynen 1988），ウィリギンズ（Wriggins 1992），アイユーブ（Ayoob 1995）は古典的安全保障複合体理論をいくつかの地域の事例に応用し，ヴェーヴァ（Wæver 1989b, 1993），ブザンとその同僚（Buzan etc 1990），ブザンとヴェーヴァ（Buzan and Wæver 1992），ヴェーヴァとその同僚（Wæver 1993）はヨーロッパにおけるポスト冷戦期への転換の研究のためにこの理論を使用した。この理論の最近のアップデートはブザンの1991年の著作（Buzan 1991, chapter 5）で示されている。

　安全保障地域の論理は，国際安全保障は関係の問題であるという事実に根差している。時折，人間の集合体が自然環境による脅威と関係する場合もあるが，国際安全保障のほとんどは，脅威と脆弱性に関して人間の集合体がそれぞれどのように関係するかについてである。安全保障における関係性の強調は，安全保障のジレンマ，パワーの均衡，軍拡，安全保障レジームのような関係性のダイナミクスを強調した安全保障研究のいくつかの最も重要な論考に合致している（Herz 1950；Wolfers 1962；Jervis 1976）。孤立した対象としての安全保障についてはほとんど関心が持たれないといってよい（たとえば，フランスの安全保障）。そのため，安全保障はより拡張した文脈で研究されなければならない。

　グローバル・レベル，つまり最も拡張した文脈は，諸大国の研究において，また，システムの指示対象（グローバルな環境，世界経済，国際安全保障）について考えるうえで有益である。伝統的な（要するに軍事的・政治的な）形態の安全保障分析において，グローバルな安全保障はほとんどのユニットにとって意味ある形で十分に一体化していなかった。トーゴとクルドの安全保障は悪化していたかもしれないが，一方でアルゼンチンとイスラエルの安全保障は改善し，スウェーデンと日本の安全保障は変化していなかった。他のユニットによってこれらの状況のほとんどは影響を受けていなかった。古典的な安全保障複合体理論の根拠は，ユニット・レベルのほとんどのアクターにとって軍事・政治安全保障は中規模の集団に属すということであり，同理論は地域が最も妥当な規模であると主張する。安全保障への多様なセクターによるアプローチにおいて

もこの根拠が正しいかどうかは本書において我々が取り組むイシューの1つである。

　古典的な安全保障複合体理論は，既存の地域サブシステムを安全保障分析の対象と仮定し，これらのシステムを扱う分析枠組みを提供する。また，この分野におけるほとんどの他の伝統主義者の著作のように，この理論は鍵となるユニットとして主に国家の政治・軍事セクターに焦点を当てる。地域安全保障関係の相対的な自律性を強調するため，そして，ユニット（国家）とシステム・レベルの文脈に地域安全保障関係を配置するためにこの枠組みは設計された。古典的な安全保障複合体理論の目的の1つは，既存の文献では明らかに弱点である，言語を習得したその地域の専門家を輩出すること，そして地域横断的な比較研究を促進する概念を提供することである。他のもう1つの目的は，国際安全保障の事象における地域レベルの重要性を抑制するリアリストの傾向を相殺することである。この傾向は1970年代後半においてもっぱらシステム・レベルにおけるパワーの構造に焦点を当てるネオリアリズムが台頭したことによってさらに悪化（Waltz 1979）した。システム・レベルにおいて強固な双極が終わり，国際的なパワーの構造がより拡散したことでこのバイアスの衰退が予期されたことは妥当であるように思える。

　システムにおけるすべての国家が安全保障の相互依存のグローバルなネットワークにがんじがらめとなっている。しかし，ほとんどの政治的・軍事的脅威は長い距離よりも短い距離をより簡単に移動するため，不安はしばしば近接性に関連する。ほとんどの国家が離れた大国よりも隣国を恐れ，結果として，国際システムを横断する安全保障相互依存は全体として，まったく均一ではない。地理的に多様な安全保障相互依存の通常のパターンは，1つの地理的な集団を基礎としたアナーキーな国際システムであり，我々は安全保障複合体と命名している。安全保障相互依存は対外的な複合体同士よりも国内で著しく強くなっている。安全保障複合体は，パワーの配分および友好国と敵対国との歴史的関係の両方によって独特の地域パターンとして形成された国家間の安全保障関係の相対的な強度についてのものである。安全保障複合体は，主要な安全保障の認識と懸念があまりにも連結しすぎているため，国家安全保障の問題が合理的

に分析できない,もしくは区別して解決できない諸国家の集合として定義される。安全保障複合体の形成ダイナミクスと構造は,その複合体内のそれぞれの国家の安全保障認識と相互作用によって生成される。個々の安全保障複合体は耐久性はあるが,国際システムの永続的な機能ではない。この理論は,地理的に多様で無秩序な国際システムでは,安全保障複合体は一般的であり,予期される特徴であると仮定する。もし安全保障複合体が存在しない場合は,その理由がなぜかを知りたくなる。

　古典的な安全保障複合体は,国家におけるローカル集団によって形成されているため,参加国間の関係において中心的な役割を果たすだけではなく,より強力な外部勢力がその地域にどのように侵入するか,またその地域に侵入するかどうかを決定的に左右する。安全保障複合体の内部ダイナミクスは,安全保障相互依存が友好関係によってもたらされるか,敵対関係によってもたらされるかに応じて,スペクトルに沿って位置づけることができる。スペクトルの負の端には紛争の形成があり (Senghaas 1988；Vayrynen 1984),そこでは恐怖,競争,脅威の相互認識から相互依存が生じる。スペクトルの中間には安全保障レジームがあり (Jervis 1982),国家は依然として互いを潜在的な脅威として扱っているが,国家間の安全保障のジレンマを軽減するために安心を与える協定を結んでいる。このスペクトルの正の端には多元的な安全保障共同体があり (Deutsch et al. 1957：1-4),そこでは国家はもはや互いの関係において武力の行使を予期したり,その準備をしたりしない。地域統合は,共生のあり方を国家間のアナーキーなサブシステムからシステム内で単一のより大きなアクターに変換することによって,安全保障複合体を排除するだろう。安全保障複合体の一部メンバー間の地域統合は,その複合体の権力構造を変革するだろう。

　この理論では,安全保障複合体は勢力均衡と同様に,アナーキーな国際システムの本質的な産物であると仮定している。したがって,他の条件が等しい場合,システム内のあらゆる場所でそれらが見つかると予期する必要がある。安全保障複合体が存在しない理由を2つの条件で説明する。第1に,一部の地域では国家の能力が非常に乏しく,自国の境界を越えて影響力を行使することがあったとしても,ほんのわずかである。これらの国家は安全保障の視点を国内

に向けており，ローカルの複合体を生み出すには安全保障上の相互作用が不十分である。2番目の条件は，地域における外部勢力の直接的な存在がローカルな国家間の安全保障ダイナミクスの通常の動作を抑制するのに十分なほど強力である場合に生じる。この条件は覆い被さり（オーバーレイ）と呼ばれ，通常，介入する大国が支配する地域に大規模な軍隊を駐留させることを伴い，大国がローカルな安全保障複合体の事柄に介入する通常のプロセスとはまったく異なるものである。普通，介入はローカルな安全保障ダイナミクスを強化する。一方，覆い被さりはローカルな安全保障を大国間の対立というより大きなパターンに従属させ，さらにはローカルな安全保障を消滅させる可能性さえある。覆い被さりの最良の例は，現在の第三世界におけるヨーロッパの植民地主義の時代と，第二次世界大戦後の超大国の対立によるヨーロッパの安全保障ダイナミクスの埋没である。覆い被さりの下では，ローカルの安全保障ダイナミクスを明確に理解することができないため，ローカルの複合体を特定することができない。つまり，覆い被さり以前のローカルなダイナミクスが何であったかを知ることしかできない。

　安全保障複合体は，それ自体がサブシステム，つまり小規模のアナーキーであり，完全なシステムと同様に，独自の構造を持っている。安全保障複合体はアナーキー全体の永続的な特徴ではないが耐久性があるため，それらを独自の構造と相互作用パターンを持つサブシステムとして理解することは，地域安全保障のパターンの変化を特定し評価するための有用な指標となる。

　本質的な構造は，古典的な安全保障複合体の重大な変化を評価するための基準である。安全保障複合体における重要な構造の3つの鍵となる構成要素は次の通りである。(1)ユニットの配置とユニット間の差異（これは通常，国際システム全体と同じであり，もしそうであれば，それは地域レベルでは重要な変数ではない），(2)友好関係と敵対関係のパターン，(3)主要なユニット間のパワーの配分。これらの構成要素のいずれかが大きく変更されると，通常は複合体の再定義が必要となる。このアプローチにより，地域の安全保障を静的および動的の両方の観点から分析することができる。安全保障複合体を構造としてとらえると，構造効果または構造変化のプロセスの両方から生じる結果を探すことがで

きる。

　あらゆる特定のローカル安全保障複合体に関係する変更は，通常，多数かつ継続的に行なわれる。パワーの相対性は絶えず変動しており，友好関係と敵対関係のパターンさえも時折変化する。肝心な問いは，そのような変化は本質的な構造を維持するために機能するのか，それとも本質的な構造をある種の変革に向かわせるのかということである。安全保障複合体に対する変更のインパクトを評価するには，現状維持，内部変容，外部変容，覆い被さりという4つの広範な構造オプションが利用可能である。

　現状維持は，ローカル複合体の本質的な構造，つまりパワーの配分と敵意のパターンが基本的に無傷のままであることを意味する。この結果は，何も変化が起こらなかったことを意味するものではない。むしろ，これまでに起こった変化は，全体として，構造を支えるか，構造を深刻に弱体化させるものではない傾向にあることを意味する。

　ローカル複合体の内部変容は，その本質的な構造が既存の外部境界の内側で変化するときに発生する。このような変化は，地域的な政治統合，パワーの配分の決定的な変化，あるいは友好と敵意のパターンの大きな変化の結果として生じる可能性がある。

　外部変容は，複合体の本質的な構造が，既存の外側境界の拡大または縮小によって変更されるときに発生する。境界に対するわずかな調整は，本質的な構造に大きな影響を与えない可能性がある。しかし，主要国の追加または削除は，パワーの配分と友好と敵意のパターンの両方に重大な影響を与えることは確実である。

　覆い被さりとは，1つまたは複数の外部勢力が地域複合体に直接関与し，土着の安全保障ダイナミクスを抑制する効果をもたらすことを意味する。先に議論したように，この状況は，大国が地域の安全保障複合体の問題に介入する通常のプロセスとは異なる。

　一度地域レベルが確立されると，安全保障の包括的な分析枠組みを構成する

あらゆる層の概略を描くことができる。最底辺には，個々の国家や社会の国内安全保障環境がある。次いで，地域安全保障複合体が続く。これらの複合体内部においては安全保障関係が比較的強く，複合体間では比較的穏やかであることが予想されるが，場合によっては，複合体を別の複合体から区別するささいな境界を越えて重大な相互作用が発生する可能性がある。したがって，安全保障複合体間の関係も枠組み内の層を構成しており，もし安全保障複合体のパターンに大きな変化が進行している場合には重要となる。最上位には，システム・レベルを構成するより高度な複合体，つまり大国間の複合体が存在する。大国間の安全保障関係は緊密であり，程度の差こそあれ，ローカルな複合体の事情にまで浸透すると予期されるだろう。この枠組み内での分析方法は，まず各層の特徴的な安全保障のダイナミクスを理解し，次に各層のパターンがどのように相互作用するかを確認することである。

　ある意味で，安全保障複合体は，分析者が「現実」に押しつける理論的構築物である。しかし，理論内でそれらは存在論的地位を持っている。つまり，それらはグローバルな政治の観察可能なパターンを反映しているため，むやみやたらに構築することはできない。境界線の正しい解釈について議論することはできるが，国家グループ（北欧諸国，ワルシャワ条約機構，不拡散条約加盟国）を説明するために安全保障複合体という用語を単純に使用することはできない。安全保障複合体の構成国を他の近隣諸国から区別する，安全保障相互依存の特徴的な領域パターンが存在しなければならない。そして，このパターンは，包含と排除の基準を合理的に明確にするのに十分強力でなければならない[3]。したがって，ヨーロッパ安全保障複合体は存在するが，北欧安全保障複合体は存在しない（北欧諸国は安全保障相互依存のより大きなパターンの一部であるため）。中東安全保障複合体は存在するが，地中海安全保障複合体は存在しない（地中海諸国は他のいくつかの地域複合体の一部であるため）。南アジアは，インドとパキスタンの対立を中心とした安全保障複合体の明らかな例であり，この複合体では，ビルマは東南アジア複合体との境界として機能し，アフガニスタンは中東複合体との境界を画定し，中国は介入を目論む大国として迫っている。

　古典的な安全保障複合体理論の価値の1つは，国家安全保障とグローバルな

安全保障という両極から注意をそらし，国家安全保障とグローバルな安全保障が相互作用し，ほとんどの活動が行なわれる地域に焦点を当てることである。安全保障複合体理論はまた，国家の内部状況，地域の国家間の関係，地域間の関係，地域とグローバルに行動する大国との関係の研究を結びつける。より野心的には，我々の1990年の本（Buzan et al. 1990）で実証されているように，安全保障複合体理論を使用して決定的なシナリオを生成し，安定と変化の可能性の研究と予測を構造化することができる。この理論は，静的分析と動的分析の両方に叙述的な概念を提供し，国際安全保障関係の構造内の重大な変化の場所を特定するための指標を用意する。一度特定の複合体の構造が明らかになると，それを使用して変更の可能性のある選択肢を絞り込むことができる。この理論は，行動と組織にとって適切な（および不適切な）領域を特定し，政策目標を考えるための枠組みとして機能するさまざまな存在状態（紛争形成，安全保障レジーム，安全保障共同体）の範囲を示唆しているという点で規範的である。

古典的な安全保障複合体理論を超えて

地域の安全保障分析に対する古典的なアプローチは，近隣のユニット・グループから特定のグループを区別するのに十分強力な安全保障相互依存のパターンを模索することである（Buzan, Jones, and Little 1993, chapter 5）。安全保障複合体は，構成されるユニット間の相互作用によって内側から外側へと形成される。古典的な安全保障複合体理論は政治セクターと軍事セクターを考えるために定式化されたので，国家はその指示対象であった。したがって，安全保障地域には次のような特徴があった。

1. 2つ以上の国家で構成されていた。
2. これらの国家は地理的に近接したグループを構成した（政治および軍事セクターの脅威は長距離よりも短距離でより容易に移動するため）。
3. これらの国家間の関係は，肯定的または否定的どちらの可能性もあるが，安全保障相互依存によって特徴付けられ，構成国家間では，外部の国家

間よりも相互依存関係が著しく強い必要があった。
4．安全保障相互依存のパターンは，永続的ではないが，かなり耐久性のあるもの（つまり，1回限りの相互作用以上のもの）でなければならない。

　いい換えれば，安全保障地域は一種の国際政治のサブシステムであり，それらが組み込まれているより大きな国際政治システムのある程度自律的なミクロ版であった。分析のユニットが国家であるため，安全保障地域はかなり大きな規模の現象になる傾向があった。ほとんどの安全保障複合体は，南アジア，中東，南部アフリカ，ヨーロッパ，ラテンアメリカなど，亜大陸または大陸規模であった。
　本書が古典的な安全保障複合体理論（CSCT）を超えて前進する方法の1つは，分析をより広範囲のセクターに広げることである。国家に固執せず，政治セクターや軍事セクターに特権を与えない場合，地域のパターンはどの程度識別できるのか。非伝統的セクターにおける安全保障のダイナミクスは，重要な地域的形成を生み出すのか，それとも，その安全保障の論理は，より高いレベル（システム）またはより低いレベル（サブユニット）に主な焦点を置くのか。他のセクターは，主にグローバル，ローカル，またはその混ざり合いなどのダイナミクスを示すのか。これらの質問に対する答えは，関連するユニットが固定されているのか移動可能なのか，そして脅威と脆弱性が距離によって大きく左右されるかどうかによって決まる。ユニットが固定されていない場合，または脅威が距離によって形作られていない場合，地域化の論理は弱い可能性がある。たとえいくつかの，またはすべてのセクターで「地域」が見つかったとしても，それらは一緒のものなのか。たとえば，環境セクターの地域は政治セクターの地域とまったく同じなのか。環境セクターは，たとえば海（地中海，バルト海，黒海，日本海など）や川（ナイル川，ユーフラテス川，ヨルダン川）の周囲に集中するのに対し，政治および社会セクターは主に陸上と大陸に集中するだろうか。これらの質問に対する答えを見つけるのが第3章から第7章の作業であり，その結果をまとめるのが第8章の作業である。
　論理的には，安全保障複合体理論を軍事・政治以外のセクターや国家以外の

主体に開放するには2つの可能な方法がある。

　1．同種複合体。このアプローチは，安全保障複合体が特定のセクター内に集中しており，したがって同様のタイプのユニット間の特定の形式の相互作用（たとえば，国家間のパワーの競争）で構成されているという「古典的な」仮定を保持している。この論理は，さまざまなセクターで発生するさまざまな種類の複合体（たとえば，大部分は国家で構成される軍事複合体，さまざまなアイデンティティに基づいたユニットからなる社会複合体など）につながる。

　2．異種複合体。このアプローチは，安全保障複合体が特定のセクターに固定されているという想定を放棄する。それは，地域論理が，2つ以上のセクターにわたって相互作用するさまざまなタイプの主体を統合できることを前提としている（例として，政治・経済・社会セクターにわたって相互作用する諸国家＋国民＋企業＋協会）。

　これらの代替案のなかから選択する理由はない。原理的には両方が可能であり，分析者はどちらの代替案が研究対象のケースに最も適しているかを判断する必要がある。

　異種安全保障複合体には，セクターを超えてアクターを連結できるという利点があるため，分析者は単一のフレームから全体像を把握でき，セクター間の避けられない波及効果（経済発展に対する軍事的影響など）を追跡することもできる。A，B，C，Dは，民族，国家，そしてEUなどの超国家機関である可能性があり，ヨーロッパの安全保障のダイナミクスは，おそらく安全保障上の懸念と民族，国家，およびEU間の相互作用の集合体として理解するのが最もよいだろう（Wæver et al. 1993, chapter 4；Wæver 1996b, forthcoming-a）。同様の論理が中東にも適用される可能性がある。中東では，安全保障複合体に国家と民族（クルド人，パレスチナ人など）の両方が含まれる。

　同種の，またはセクター固有の安全保障複合体（古典的な政治・軍事セクター，国家主導のモデルを含む）では，セクターごとに個別のフレームを構築する必要がある。これらは，セクター固有の安全保障ダイナミクス（政治，軍事，経

第1章　イントロダクション

済，社会など）を分離する可能性をもたらすが，同時に，個別の枠組みをどのようにして全体像に再組み立てするかという挑戦と，セクター間のリンケージが喪失または不明瞭になる危険性ももたらす。安全保障複合体をセクターごとに見てみると，一致しないパターンが見つかるかもしれない。この後の章では，セクターごとのアプローチを採用する。これは，まだ十分に理解されていないセクターの安全保障のダイナミクスを調査する必要があることと，それが枠組みを設定する最良の方法であると思われるからである。第8章で明らかなように，これを異種アプローチよりも同種アプローチに特権を与えるものとして解釈すべきではない。

　各セクターの章には，このセクターの安全保障ダイナミクスが主にどこに位置しているのか，またその傾向は何なのかを問う節が含まれている。それはリージョナルなものなのか，グローバルなものなのか，それともローカルなものなのか。これらの問いにどのように答えるかには，2つのタイプの考慮事項が影響する。1つ目は，安全保障化が行なわれる際の諸問題の性質の因果関係，つまり安全保障化の「促進条件」である。2つ目は，安全保障化そのもののプロセスである。促進条件は，レベル上に明確に配置される場合もあれば，そうでない場合もある。たとえば，惑星の温度変化や海面上昇など，地球規模の原因と結果がある場合，イシューは明らかにグローバルである。産業廃棄物や下水の排出による水の汚染など，ローカルな原因と結果がある場合，それらはローカルである。水質汚染は世界中の多くの場所で発生する可能性があるが，それはここで我々がその用語を使用する意味でグローバルのイシューではなく，むしろ並行するローカルなイシューの事例である。違いは，ローカルなレベルで汚染が感じられるかどうかではなく，一方のケースが他方のケースなしで発生する可能性があるかどうかということである。対照的に，海面上昇は総合的な現象であり，ある地域で海面が上昇し，別の地域では上昇しないということはあり得ない。しかし原則として，その原因はローカルなものである可能性があり，たとえばある国のエネルギー消費が原因である可能性がある。

　レベルを混合して，たとえば，ローカルな原因とグローバルな影響（上記の例），またはグローバルな原因とローカルな影響（オゾン層の穴など）とするこ

とが可能である。しかし，この状況はすべてイシューのレベルであり，必ずしも安全保障化のイシューではない。古典的な安全保障複合体理論と同様に，より重要な基準は，どのアクターが相互の安全保障上の懸念によって実際に結びついているかである。中東の大国が安全保障上の対立に組み込まれ，安全保障複合体を形成する場合，それらの大国の「本当の」脅威はロシアか米国であると一部の分析者が主張できるかどうかは問題ではない。もしアクターが中東を結びつけるために大規模な安全保障化を行なえば，それは地域的な安全保障複合体を構成することになる。

　より一般的にいえば，この検証では，レベルに関する問いに答えるための基準は，最終的には政治的なものになる。つまり，このイシューに関してどのようなアクターの配置が形成されるかということである。イシューの性質，つまり原因と結果は，多くの場合，適したレベルの指標となることがあるが，それは最終的に問いに答えるものではない。安全保障化のプロセスにおいて重要なイシューは，誰にとっての安全保障が誰にとっての考慮事項となるのかということである。たとえば，水不足の時代はグローバルなレベルで安全保障化が起こるかもしれないが，主要な戦いは地域的（リージョナル）なものになる可能性が高い。上流と下流の大国，そして特定の河や湖からの潜在的な受益者は，お互いを脅威であると同時に潜在的な同盟国であるとみなし，その地域の他の対立や勢力に影響を及ぼし，より一般的な地域の安全保障複合体に結びつく可能性がある。この結果は，純粋にイシューの性質によって決まるわけではない。すべての下流諸国が団結して水利用に関するグローバルな規制を推進できれば，グローバル・レベルでイシューを安全保障化できる可能性がある。現実化する結果は政治の結果であり，したがって，レベルの問題に対する我々の答えは，イシュー自体の客観的な性質だけでなく，実際の安全保障化にも注意を払う必要があるということである。決定的な特徴は，このイシューを中心に形成される政治的安全保障の集団の規模である。

　第3章から第7章では同質なセクター固有のアプローチを選択しているため，地域の意味，より一般的にはレベルを特定する際に問題がある。「分析レベル」の節で示したスキームに沿って，特定のセクターにふさわしい地域とユニット

を考えることを我々は優先する。したがって、軍事および政治セクターでは、ユニットは国家であり、地域は隣接する国家の集まりとなるが、たとえば、社会セクターでは、ユニットは民族で、地域は民族の集まりとなる。このアプローチの問題は、ユニットと地域がセクターごとにまったく異なる意味を持つ可能性があることである。たとえば、政治・軍事ユニットであるナイジェリアには、いくつかの社会的な「地域」が含まれる可能性がある。したがって、レベルを測定するための一定の尺度を得る目的で、国家中心の枠組みを採用する。これにより、どのセクターについて議論する場合でも、政治的で国家が定義した用語を標準的な尺度として使用することで、地域の意味の一貫性を実現する。我々がこれを行なうのは、アクターとしての国家を自明としたり特権を与えたりするためではなく、単に議論の一貫性を達成するためである。他のユニットも存在するが、測定手段として選択されるのは1つだけである。

　したがって、地域とは、2つ以上の国家から構成される空間的に一貫した領域を意味する。サブリージョンとは、1つ以上の国家（ただし、地域内のすべての国家よりも数が少ない）が含まれる場合でも、トランスナショナルな構成（国家の混合、国家の一部、またはその両方）であっても、そのような地域の一部を意味する。ミクロ地域とは、国家内部のサブユニット・レベルを指す。

　我々がCSCTを超えて前進する2番目の方法は、イシューが安全保障化されるプロセスを理解するために、明示的にコンストラクティヴィズムのアプローチをとることである。CSCTは、このプロセスを友好と敵意のパターンという観点から単純に扱った（これには、客観主義、そして友好と敵意はアクターによって生成され、物質的条件を反映するものではないという物質的リアリズムによるコンストラクティヴィスト外しが伴う）。より拡張したアジェンダを採用するには、より洗練されたアプローチが必要である。このアプローチは第2章の主題であり、安全保障を単なる武力行使としてではなく、特定のタイプの間主観的政治として理解する必要性を主張する。第2章では、2つの分析イシューを明らかにすることを試みる。それらは、(1)何が安全保障のイシューであり、何がそうでないのかをどのように識別するか、いい換えれば、イシューの政治化と安全保障化をどのように区別するか。(2)安全保障アクターと指示対象を識別お

よび区別する方法はどのようなものか。これらの明確化は，アジェンダを開放するとあらゆるものが安全保障化される危険があり，したがって，いかなる意味の安全保障概念も無効になるという広範な安全保障アジェンダに対する批判に応えることを目的としている。我々は，安全保障の本質的な意味が，その概念をあまり薄めすぎてその独特の意味が破壊されることなく，セクターを越えてどのように伝えられるか（それによって目的の範囲を広げることができるか）を示したいと考えている。

　第3章から第7章までの各章では，国際安全保障研究のためのより拡張したアジェンダを構築する試みを定義する主要なセクターの1つを取り上げる。これらの章には共通の構造がある。各章では，セクター内の安全保障アジェンダは何なのか，セクターに特有の主体はどのようなタイプなのか，セクター内で脅威と脆弱性のどのようなロジックが機能しているのか，セクター内の安全保障ダイナミクスがどのようにローカル，地域，そしてグローバルな規模に分かれているかについて尋ねる。これらの各章は，分析目的で特定のセクターを分離し，その特有の安全保障ダイナミクスを明らかにしようとするレンズである。これらのダイナミクスは異なる可能性があり，安全保障上の懸念の主要な焦点がセクター間で移動するにつれて安全保障関係の全体的な性質が変化するだろうとの仮説がある。非伝統的セクターにおける強力な地域の論理を期待すべきかどうかを検証することが調査の主な目的の1つである。

　第8章では，まず5つのセクターの安全保障ダイナミクスがどのように相互に連携するかという観点から，しかし主に政策決定プロセスにおけるアクターによるセクターの再統合という観点から，再集約を試みる。第9章では，安全保障研究を一貫した枠組みに組み込むために使用されたアプローチを振り返り，新しい枠組みと従来の枠組みを比較し，安全保障複合体理論への影響を考察する。

注

(1)　3番目の候補者は，リアリスト，国家主義者，実証主義者の正当性に代わるものを模索する，新しく立ち上げられた「批判的安全保障研究」である。以下の内容のいくつか

第**1**章 イントロダクション

はその説明に当てはまると思われるかもしれないが，我々は反国家または反リアリストの立場にこれまでコミットしたことはなく，方法論的な個人主義よりも方法論的な集団主義によって動かされている。批判的安全保障研究については第2章で詳しく説明する。
(2) 他の文献では，地域という用語が我々のものとは異なる意味を持っていることを認識している。この用語はもともとサブユニット・レベルで導入された。19世紀のフランスでは，ある政治運動が，中央集権的な政府と政治的自治の間の連続体の真ん中に位置する政治組織の理想として地域主義を定式化した。この政治化された地域の概念は分離主義運動のなかに生き続けている。また，『地域政治と政策』（1990年以降発行），『国際地域科学レビュー』（1975年以降），『地域科学ジャーナル』（1958年以降），および『地域研究』（1967年以降）などの現代雑誌は，主に特定のサブユニット地域のマイノリティの状況，さまざまな政治レベルでの行政と計画の問題，つまり政治的な中心化と脱中心化の問題に特化している。さらに，1つのヨーロッパという地域があるが，現在のEUの地図は国家だけでなく，何千もの小さな単位にも細分化され（ヨーロッパのスイス化），また次第にさまざまな国境を越えた「地域」（バルト海地域，アルプス・アドリア海地域など）にも細分化されており，我々の用語では，それぞれサブリージョンとトランスリージョンとされる。この研究において，地域とは他の文献でマクロ地域と呼ばれることがあるものを指す（Joenniemi 1993, 1997を参照）。
(3) 安全保障複合体は，「アクターから独立している」という意味では客観的ではない。多くの伝統的な安全保障分析では，地域は純粋に地理または歴史の観点から「客観的に」定義される（ロシアがヨーロッパの一部であるかどうかに関する現在の議論を参照）。この意味で，地域は単なる安全保障の舞台であり，安全保障政策の影響を受けない。つまり，分析者は「客観的」現実を観察し，どの地域に属しているかをアクター（当事者）に伝える。対照的に，安全保障複合体は，ユニット間の安全保障相互作用によって具体的に定義される。我々は，安全保障は客観的なイシューではなく，アクターの行動の産物であると主張するため，安全保障複合体は伝統的な意味では客観的ではない。また，安全保障複合体を，アクターによる言説的な構築物としてみるべきではない。我々は（この文脈では）アクターが自分自身を地域として定義しているかどうか，あるいは彼らの本当の地域がより大きいか小さいか主張しているかどうかには興味がない。安全保障複合体は，そのメンバーが安全保障複合体の概念に基づいて考える必要はない（第2章の注6を参照）。分析者は，アクターの相互依存した安全保障実践によって生成される，偶発的で歴史的に特有の，そしておそらく変化する配置に基づいて，安全保障複合体（したがって，地域を指定する）という用語を適用する。これに基づいて地図上に線を引くことができ，理論を実行することができる。

第2章
安全保障分析
──概念的な装置──

安全保障とは何か？

　国際関係において，どのような性質を持つものが安全保障上のイシューとなるのだろうか。「国際関係における」という修飾語を付け加えることが重要なのは，その文脈における安全保障の性格が，日常用語としての安全保障と同一ではないからである。国際安全保障は，「社会保障」，あるいはさまざまな民間の警備・警察業務に適用される安全保障と共通する部分もあるが，独自の，より際だった意味を持っている。社会保障が権利や社会正義と強く結びついているのとは異なり，国際安全保障はパワー・ポリティクスの伝統にしっかりと根ざしている。我々が扱う事例の多くは国家に基づいて定義されたものではないため，国内・国際の厳密な区分にはしたがっていない。しかし，国際安全保障には固有のアジェンダがあると主張したい[1]。

　何が国際安全保障のイシューであるのか。その答えは，安全保障に関する伝統的な軍事・政治的理解のなかに見出すことができる。この場合，安全保障とは生存に関わるものである。安全保障は，あるイシューが特定の指示対象（伝統的には，しかし必ずしもそうではないが，政府，領土，社会を組み込んだ国家）に対して存立の脅威をもたらすものとして提起されたときに現れる。安全保障上の脅威が持つ特別な性格ゆえに，それに対処するための非常措置の使用が正当化される。安全保障を引き合いに出すことは，武力行使を正当化する鍵であるが，より一般的には，国家が存立の脅威に対処するために，特別な権限を動員したり行使したりする道を開く。伝統的に，国家の代表者は「安全保障」と

発言することで，緊急事態を宣言し，脅威が進行するのを阻止するために必要なあらゆる手段を用いる権利を主張する（Wæver 1988, 1995b）。

より広範なアジェンダを考えるとき，存立の脅威と緊急措置という言葉は何を意味するのだろうか。実際のところ，分析者は政治化のプロセスと安全保障化のプロセスの間にどのような線引きをすることができるのだろうか。存立の脅威は，問題となる指示対象にある特別な性質との関係においてのみ理解することができる。何をもって個人の生命を脅かすかという，いわば普遍的な基準を扱っているのではない。生存の基本的な条件は，セクターや分析レベルによって大きく異なるため，生存に対する脅威の性質も同じように異なる。

軍事セクターでは，指示対象は通常，国家であるが，他の種類の政治主体である場合もある。また，軍隊の存続が脅かされることで，軍隊がそれ自体として指示対象の地位を獲得し，現政府とその政策（軍縮か絶望的な紛争かを問わず）に対するクーデターを正当化するような状況を想像することも可能であろう。伝統的な安全保障研究は，すべての軍事問題を安全保障の事例とみなす傾向があるが，そうでない場合もある。先進民主主義国の多くにとって，国家の防衛は軍隊の事実上の主要機能の1つにすぎず，おそらくはそうですらない。そのような国家の軍隊は，平和維持や人道的介入など，世界秩序のための日常的な活動を支援するための訓練や要請を受けることが多くなっているが，それはこのような国家に対する存立の脅威に関わるものではなく，また，通常のルールを一時的に停止する意味での緊急行動とさえみなされない。

政治セクターでは，存立の脅威は伝統的に国家の構成原理である主権，場合によってはイデオロギーの観点から定義される。主権の存立は，国家承認，正当性，統治権に対して疑問が投げかけられることで脅かされうる。西洋に特徴的な相互依存的で制度化された関係（国際システム全体としてはますますそうなっている）のなかで，さまざまな超国家的な指示対象も重要となってきている。欧州連合（EU）は，その統合プロセスを根底から覆すような出来事によって，存立の脅威にさらされる可能性がある。国際レジーム，そしてより広範な国際社会は，そのレジームを構成するルール，規範，制度が損なわれるような状況によって，存立が脅かされる可能性がある。

第2章 安全保障分析

　経済セクターにおいては、指示対象や存立の脅威を特定することはより困難である。企業が存立の脅威にさらされるのは、倒産が最も一般的であり、ときには法律の改正によって（共産主義革命後のように）企業が違法な存在になったり、存続が不可能になったりすることもある。しかし、市場経済において、企業はわずかな例外を除いて、移ろいやすくみずからの生存を安全保障化しようとすることはまれである。国民経済は生存の権利をより強く求めるが、戦争などのより広い安全保障のコンテクストとは別に、その生存に対する脅威（国家の破産や国民の基本的ニーズを満たすことができないこと）が実際に生じることはまれである。国民の生存が問題にならない限り、国民経済が良くなったり悪くなったりする範囲が大きくても、存立の脅威と見なすことはできない。政治セクターと同様に、特定のレジームからグローバル市場に至るまで、超国家的な指示対象は、それらを構成するルール、規範、制度を弱体化させかねない要因によって、その存在自体が脅かされる可能性がある。

　我々が定義した社会セクターでは、国民や宗教など、国家から独立して機能する大規模な集団的アイデンティティが指示対象である。このような指示対象の特殊性から、存立の脅威とそれ以下の脅威を区別するハードな境界線を設定することは極めて困難である。集団的アイデンティティは、内外の情勢に応じて自然に進化し、変化する。このような変化は、侵略または異端とみなされ、その起源は存立の脅威として指摘されるかもしれないし、アイデンティティの進化の一部として受け入れられるかもしれない。「アイデンティティ」の保守的な性格を考えれば、挑戦や変化をアイデンティティに対する脅威として描くことは常に可能である。それは、「我々は、もはや我々でなくなる」のであり、もはや我々の「アイデンティティ」に忠実であるために、これまでの我々でも、あるべき我々でもなくなるのである。したがって、移民のアイデンティティや対抗者のアイデンティティが安全保障化されるかどうかは、集団的アイデンティティの保有者が、自分たちのアイデンティティがどのように構成され維持されているかについて、比較的閉鎖的な見方をするか、比較的開放的な見方をするかによって決まってくる。言語、一連の行動習慣、民族の純粋性の概念を維持・再生産する能力はすべて、生存という観点でとらえることができる。

環境セクターでは,個々の種(トラ,クジラ,人類)や生息地の種類(熱帯雨林,湖)の存続といった比較的具体的なものから,人類が地球の気候と生物圏を数千年の文明のなかで正常と考えるようになった狭い範囲で維持することなど,より曖昧で大きなイシューにいたるまで指示対象となりうる範囲が大きい。これらの指示対象の多くには,人類とその他の生物圏との関係や,到達した文明レベルの崩壊または地球の生物学的遺産の大規模な破壊,あるいはその両方のリスクを冒すことなくその関係を維持することができるかどうかという基本的な懸念が潜んでいる。これらすべての要因は,複雑に相互作用している。マクロとミクロの両極においても,安全保障化できる存立の明確な事例(種の存続,人類文明の存続)がある。その中間には,経済セクターと同様に,存立に関わる言葉で構成することが不可能ではないものの,より困難な問題が多くある。

安全保障化

「安全保障」とは,政治を既成のゲームのルールを超えて,イシューを特別な種類の政治として,あるいは政治の上位に位置づける動きである。したがって,安全保障化は政治化の極端なバージョンとみなすことができる。理論的には,どのような公的イシューも,非政治化(国家が対処せず,他のいかなる方法でも国民の議論や決定の対象とならないこと)から,政治化(そのイシューが公共政策の一部であり,政府の決定と資源配分を必要とするか,より稀には他の形態の共同管理が行なわれること)を経て,安全保障化(そのイシューが存立の脅威として示され,緊急措置を必要とし,通常の政治手続きの枠外の行動を正当化すること)までのスペクトル上に位置づけることができる。原則として,このスペクトルにイシューを位置づけることは自由である。状況に応じて,いずれのイシューもこのスペクトルのどの部分にも位置づけることができる。実際には,その位置づけは国家によって(また時代によっても)大きく異なる。宗教を政治化する国家(イラン,サウジアラビア,ビルマ)もあれば,そうでない国家(フランス,米国)もある。また,文化を安全保障化する国家(旧ソ連,イラン)もあれ

ば，そうでない国家（英国，オランダ）もある。非政治化の範疇を大きく逸脱したイシュー（特に環境）については，単に政治化されただけなのか，それとも安全保障化されたのか，という二重の問題に直面することになる。政治化と安全保障化の関係は，安全保障化が常に国家を経由して行なわれることを意味するものではなく，政治化も安全保障化もそれとは別の場で行なわれうる。後述するように，他の社会的主体があるイシューを一般的な検討レベルにまで引き上げ，あるいは自分たちの間で正当であると認めた緊急事態にまで高めることは可能である。

　このアプローチでは，概念の意味はその使い方によるのであって，何が「最善」であるかという分析的，哲学的な定義はできない。その意味は，人々が意識的にその概念の意味をどう考えるかではなく，暗黙のうちにその概念をどのように使うか，あるいは使わないかにある。安全保障の場合，テキスト分析（Wæver 1988, 1995b, 1995c）によれば，あるイシューが国際安全保障のイシューとして位置づけられるのは，そのイシューが他のイシューよりも重要であり，絶対的に優先されるべきであると論じられるからである。これが，我々がこのイシューを，かなり厳しいと思われる基準，すなわち，そのイシューを存立の脅威として提示することに関連づける理由である。イシューを互いに比較衡量するという通常の政治的論理を超えたイシューがあると主張できるなら，それはそのような比較衡量のプロセス全体を覆すことができるからにほかならない。「この問題に取り組まなければ，他のすべてが無意味になる（我々はここに存在しないか，自分たちのやり方で自由に対処することができないから）」。それによって，このアクターは，通常の政治的なゲームのルールを覆すような，特別な手段でこのイシューを処理する権利を要求する（たとえば，秘密保持，課税や徴兵，通常なら侵すことのできない権利への制限，社会のエネルギーと資源を特定の任務に集中させるといった形で）。「安全保障」は自己言及的な行為である。それは，その行為のなかでイシューが安全保障上のイシューとなるのであって，必ずしも存立の脅威が現実に存在するからではなく，そのような脅威としてイシューが提示されるからである。

　もちろん，秘密主義や権利侵害が原則で，そうした行為を正当化するために

安全保障上の議論が必要ない場所も存在する。前に示した例は自由民主主義社会のものであったが，他の社会にも「ルール」が存在する。そして，安全保障化アクターが存立の脅威のレトリックを用い，それによって，その条件下において「通常の政治」の外でイシューを取り上げるとき，我々は安全保障化の事例を手にすることになる。このように，安全保障化の正確な定義と基準は，実質的な政治的効果をもたらすのに十分な重大性を持つ存立の脅威が間主観的に確立されることによって構成される。安全保障化は直接的に研究することが可能であり指標を必要としない。安全保障化を研究するためには，言説と政治の相互作用の集合体を研究することが必要である。このように特有の修辞学的・記号論的構造を用いた議論では，本来ならば従わなければならないルールの違反を聴衆に容認させるのに十分な効果がどのような場合にあるだろうか。ある存立の脅威が優先され，緊急であるという議論を通じて，安全保障化アクターが通常であれば拘束されるはずの手続きやルールから自由になることができたら，それは安全保障化の事例を目の当たりにしているといえるであろう。

　安全保障化の一般的な論理が明確であっても，安全保障化が達成されるための閾値については注意が必要である。指示対象にとって存立の脅威であると提起する言説は，それ自体で安全保障化を生み出すわけではない。これこそが，安全保障化の試みであるが，イシューは聴衆がその動きを受容する場合にのみ安全保障化される（受容は必ずしも洗練された議論や支配から自由な議論を通じて行なわれるのではなく，秩序は常に強制と同意のうえに成り立っているにすぎない。安全保障化は決して押しつけるだけでは成立しないので，自分の意見を主張することがある程度必要になる）。我々は，緊急措置を講じる必要があるというほど高い要求をしているのではわけではなく，存立の脅威を論じ，そこからプラットフォームを作るのに十分な共鳴を得なければならないと述べるにすぎない。緊急措置やその他の措置を正当化するためには，存立の脅威，臨界点，必要性という形式で言説が成立しなければならない。このような受容の兆しがない場合，我々が語ることができるのは，安全保障化の試みだけであり，実際に安全保障化されている対象についてではない。安全保障化の試みと安全保障化の成功の区別は，この後の章において重要になる。

安全保障化は，ルールを破ること（さまざまな形態がありうる）だけでも，存立の脅威（何ももたらさないこともある）だけでも実現しないが，ルールを破ることを正当化する存立の脅威がある場合に実現する。それでも，規模や重要性の問題は残されている。多くの行動が，小さな規模でこのような形態をとる。たとえば，ある家族が，特定の仕事を続けるために自分のライフスタイルを安全保障化する（そのために会社での競争に汚い手を使う）とか，ペンタゴンがハッカーを「壊滅的な脅威」「国家の安全保障に対する深刻な脅威」(San Francisco Chronicle, May 23, 1996：All) と指定する。それにより，コンピュータ分野での行動を引き起こすかもしれないが，他の安全保障イシューへのカスケード効果はないだろう。国際安全保障の概念では，何に関心があるかは明確に定義されるが，重要なケースとそうでないケースをどのように仕分けするかについては説明されない。たとえば，国家は環境よりも重要であるとか，軍隊はアイデンティティよりも安全保障に近いと定義するなど，指示対象とセクターに対して，恣意的に重要度を決めて仕分けすることを避けたい。そのようにすると，安全保障のアジェンダを拡張し，そのアジェンダに安全保障化アプローチを採用するという論理が損なわれる。我々の理解を恣意的にも先験的にも狭めることになり，その結果，安全保障のアジェンダが実際にどの程度変化し，拡張したかを把握することができなくなる。

　その重要性を測るには，他の安全保障化に対する連鎖的な反応の規模が問題となる。安全保障化の試みがより広範囲にわたる関係にどれほど大きな影響を与えるか。安全保障化の試みは，ユニット間の相互調整という秩序を容易に崩すことができる。安全保障行為は安全保障化をする者と聴衆の間で，つまりユニット内部で交渉されるが，そうすることによって，安全保障化エージェントは，通常であれば拘束されるはずのルールを上書きする許可を得られる。それは，安全保障化エージェントが通常の方法では対処できない脅威があるとしばしば演出するからである。極端ないい方をすれば，戦争になれば話し合いは必要なく，敵を排除することになる。この自己中心的なルール違反が安全保障行為であり，相手側が自分を存続させてくれないという恐怖が，その行為の根源的な動機となる。安全保障化された状況では，ユニットはユニット間で間主観

的に共有されるルールという社会的資源に頼らず、みずからの資源に頼り、みずからの行動をみずからの優先順位で律する権利を要求する（Wæver 1996b）。したがって、安全保障化が成功するためには、存立の脅威、緊急行動、ルールの破棄によるユニット間関係への影響という3つの要素（または段階）が必要になる。

　安全保障化の特徴は、特定のレトリック構造（生存、行動の優先順位「今、問題を処理しなければ手遅れになり、失敗を正そうにも、もはや存在していない」）にある。この特徴は、軍事・政治以外のセクターにおける安全保障アクターや現象を発見するための道具として機能するが、そのようなセクターでは新しいイシューをいつ安全保障上の課題に含めるかを明確にすることが困難である。新しいイシューは、軍事セクターに影響するものでなければならないのか、それとも戦争と同じくらい「危険」なものでなければならないのか（Deudney 1990）。このような伝統的安全保障とのしがらみを避けるためには、安全保障一般の基本的な性質について明確な考えを持つことが必要である。

　その性質とは、政治における存立のイシューを政治から超越したイシューとして演出することにある。安全保障の言説では、あるイシューがドラマチックに演出され、最優先のイシューとして提示される。したがって、安全保障と銘打つことで、エージェントはそのイシューを非常手段で処理する必要性と権利を主張する。分析者がこの安全保障行為を把握するためには、保護・保全すべき対象を「本当に」危険にさらす客観的な脅威を評価することは問題ではなく、むしろ、何が脅威とみなされ、何が集団として対応すべき脅威なのかという共通の理解を構築するプロセスを把握することが必要になる。安全保障化のプロセスは、言語理論では言語行為と呼ばれる。それは、より現実的なものを指し示す記号に関心があるわけではなく、発言そのものが行為であることに関心を寄せる。発話することで、何かが行なわれるのである（賭けをする、約束をする、船に名前をつける、など）（Wæver 1988；Austin 1975：98ff.）。

第2章　安全保障分析

セクターと安全保障の制度化

　我々が研究できるのは，この言語行為である。誰が，どのようなイシューで，どのような条件の下で，どのような効果をもたらしながら，安全保障を成功裏に「行なう」あるいは「語る」ことができるのであろうか。安全保障に関する言語行為は，安全保障という言葉を口にすることで定義されるのではないことに留意することが重要である。基本的なことは，緊急行動や特別措置を必要とする存立の脅威を特定し，その特定した脅威を多くの聴衆に受け入れてもらうことにある。このような論理なしに安全保障という言葉が登場する場合もあれば，安全保障に言及する比喩だけを用いて，この論理にしたがって作用することもあるはずである。後述するように，安全保障化が制度化されたケースもある。しかし，絶えずドラマが続く必要はない。それは，我々が安全保障（典型的には防衛イシューだが，必ずしもそうではない）について語るとき，それによってみずからを緊急事態に置くことになるからである。「防衛」（オランダでは「堤防」）と発言することで，暗黙のうちに安全保障と優先順位についても発言することになる。この論理を安全保障の定義として用いるのは，安全保障という言葉にはない一貫性と正確さがあるからである。国際安全保障という概念には特有の意味があり，多くの場合，その意味は，国際安全保障という言葉の使われ方に込められている。

　国際関係におけるこの安全保障の概念（他の安全保障の概念とは異なる）に関連する実際の行為を調べ，内なる論理を持つ特徴的なパターンを見出すことが可能である。集団的なユニットと原理の存続，すなわち存立の脅威の政治を安全保障研究の決定的な核とするならば，安全保障の本質的な性質を失うことなく，安全保障分析をさまざまなセクターに適用するための基礎を得ることができる。これこそが，安全保障の概念そのものを貶めることなく，安全保障研究を従来の軍事的・政治的なものから拡大することはできないと主張する人々への回答である。

　セクターとは，「国際システムのすべての構成ユニット間の関係や相互作用

のうち，ある特定の側面に光を当てるレンズを通して，国際システムをみること」(Buzan, Jones, and Little 1993：31) である。セクターの分析目的が相互作用のタイプ（軍事，政治，経済，社会，環境）を区別することにあることから，以下の2点について期待するのは合理的であると思われる。(1)特定のセクターに特徴づけられ，そこに根ざしたユニットや価値が見つかること（ただし，国家のように，他のセクターに現れることもある），(2)生存と脅威の性質は，セクターとユニットの種類によって異なる。つまり，安全保障とは，明確な意味をもちながらも，その形態はさまざまなバリエーションを持つ汎用的な言葉である。安全保障とは，存立の脅威に直面したときの生存を意味するが，何が存立の脅威となるかは，セクター間で同じではない。以下の章では，このようなセクターごとの安全保障の論理をより詳細に解き明かしていくことを1つの目的とする。

　安全保障化には，アド・ホックなものと制度化されたものがある。ある種の脅威が持続的または反復的に発生する場合，その対応と危機意識が制度化されるのは当然といえるだろう。このような状況は，軍事分野において最も顕著である。国家は長い間，武力による強制や侵略の脅威に耐え，その脅威に対処するために，官僚機構，手続き，軍事施設を立ち上げてきた。このような手続きは，安全保障を通常の政治の一種に還元するように見えるかもしれないがそうではない。安全保障化を確立するためのドラマは必要ない。それは，このイシューを語るとき，我々は定義上，切迫した状況にいることが暗黙のうちに想定されているからである。ほとんどの国の防衛イシューやオランダの堤防の場合と同様，これまでの安全保障の動きを利用することで切迫した状況が出来上がったのである。このイシューが優先されなければならないこと，安全保障のイシューであることをことさらに説明する必要はない。「防衛」や「堤防」と口にすることによって，「安全保障」や「優先順位」が暗黙のうちに示されている。このことは，この分野の意思決定の根拠について探ってみればわかる。一般的な官僚的議論が積み重なっている背景には，結局のところ，当然のこととされるほど十分に確立された安全保障の議論が，おそらくは苛立ちを感じながら繰り返されるのをみるであろう。

第2章　安全保障分析

　安全保障の実践のなかには，安全保障の言説によって公の場で正当化されないものもあるが，それはまったく公の場に出てこないからである（たとえば，米国における「ブラック・プログラム」，これは予算には計上されない）。このようなことは，どのような場合でも，安全保障の論理が明確に用いられた事例の1つである。民主主義においては，どのような状況が安全保障に該当し，該当する場合には，なぜ通常とは異なる手段が合法的に許容されるのかを公的な場において，いつかは論じなければならない。このような特別な手続きを取る理由を示さずに，予算から何かを引き出すことはできない。この手続きが安全保障のレトリックによって正当化されると，パッケージとして制度化され，政治プロセスに安全保障のブラックボックスが現れることもある。言語行為によって，このイシューに対する国民の影響力は低下するが，民主主義国家においては，なぜ今後詳細が公にされないのか（敵国や友好国に有益な情報を与える危険性があるなどの理由で）ということを公の場で正当化しなければならない。どのような場合でも，シークレット・サービスの成立には，このような何かしらの論理的な順序がある。すべての行為が緊急性や優先性のドラマとともに提示されるわけではない。それは，ある分野が安全保障の分野であると定義されただけで，その分野全体が正当に処遇される分野に移行することが一般に確立するからである。

　十分に発展した国家では，軍隊と諜報機関は通常の政治生活から注意深く分離されており，その使用は入念な認可手続きの対象となる。多くの弱い国家（アバチャ政権下のナイジェリア，スターリン政権下のソ連），あるいは総力戦に動員された国家のように，このような分離が行なわれていない場合，通常の政治の多くが安全保障の領域に押し込められることになる。制度化された軍事安全保障の優位性は，安全保障研究を軍事セクターに限定しようとする人々の主張だけでなく，安全保障問題における国家の事実上の優位性も支えている。しかし，こうした構造が必要不可欠というわけではない。この構造は，歴史的に形成されたものであり，制度的に強力な推進力を持っているが，どの時代においても固定化されているわけではない。脅威の性質上必要であれば，オランダの洪水対策など，別のタイプの制度化された安全保障構造を採用することも可能

である。環境イシューの安全保障化を試みる人々が直面する困難の1つは，脅威が新しい（あるいは新たに発見された）ものであり，かつその存立の緊急性に関して論争があることである。その結果として，環境イシューには（まだ）制度がなく，それとは別の脅威を対象とした安全保障制度が優位を占める政治的なコンテクストのなかで対処される。

　ある意味では，安全保障化は政治化のさらなる進展であるが（したがって，通常，国家の役割はさらに強くなる），別の意味では，それは政治化とは対立する。政治化とは，あるイシューをオープンに取り扱い，選択の余地を与えて決定するものであり，それゆえに責任を伴うものである。これとは対照的に，異なることはありないイシュー（自然法則）や政治の管理下に置かれるべきでないイシュー（自由経済，私的領域，専門家の決定事項など）がある。これに対して，国際レベルでの安全保障化では（国内ではそうでないことも多いが），あるイシューが緊急かつ存立に関わるものとして提示される。それはあまりに重要なので通常の政治の駆け引きにさらされることなく，トップリーダーによって他のイシューに先立って断固たる対処をすべきものとしても提示される。

　国家安全保障は理想とされるべきではない。国家安全保障は反対派を黙らせ，権力者に国内向けに「脅威」を利用する機会を多く与え，民主的な統制や制約がおよびにくい仕方で処理する権利を要求する。したがって，我々は「安全保障は多ければ多いほどよい」とは考えない。基本的に安全保障は，通常の政治としてイシューを処理することの失敗として，否定的にとらえるべきである。理想としては，政治は特定の「脅威」を政治以前の差し迫った状況にまで異常にエスカレートさせるのではなく，通常の手続きに従って展開されるべきなのである。場合によっては，国家が非情な，あるいは野蛮な侵略者に直面したときのように，イシューの安全保障化が避けられないこともある。安全保障化は，その優先順位づけの必要性から，たとえば，環境問題に対する十分な関心を得るための方法として，戦術的な魅力も備えている。しかし，脱安全保障化は長期的には最適な選択肢といえる。それは，「対策を講じるべき脅威」としてイシューを提起するのではなく，脅威-防衛という流れから通常の公共圏にイシューを移行させることを意味するからである（Wæver 1995b）。

「環境安全保障」や「犯罪との戦い」のような安全保障化の試みを考えるとき，安全保障の考え方を適用することで常に問題となる副作用と，焦点を当て，注目し，動員することで得られるであろう利点とを比較検討しなければならない。このように，理論においては，脱安全保障化が理想だが，特定の状況においては，安全保障化を選択できる。安全保障化を選択することは，そのイシューが安全保障上の脅威であると純粋に示したものであると考えるべきではない。安全保障化するか，安全保障化を受容するかは，常に政治的な選択なのである。

主観的安全保障，客観的安全保障，間主観的安全保障

　国際安全保障の本質的な性質を抽出するには，その概念について，伝統的な軍事・政治的理解の範囲内でも範囲外でも運用できる，一般的ではあるが，かなり限定された意味を突き止めることが必要である。しかし，これですべての問題が解決したわけではない。少なくともアーノルド・ウォルファース（Wolfers 1962：151）にさかのぼる安全保障の論者たちは，安全保障は客観的（現実の脅威がある）にも主観的（脅威の認識がある）にもアプローチでき，この2つのアプローチが一致することは何ら保証していないと指摘した。このような区別は，マルチセクター・アジェンダのための国際安全保障の概念を形成するうえで極めて重要であることが判明した。

　政治化と同様に，安全保障化も本質的に間主観的なプロセスとして理解されなければならない。客観主義的なアプローチを取りたいとしても，脅威が明白で差し迫った場合を除き，どのように客観主義的なアプローチを用いればいいのかはわからない（たとえば，敵対的な戦車が国境を越えるような場合がある。この場合でも，「敵対的」というのは，戦車のことを意味せず，社会的に構成された関係の属性である。外国の戦車は平和維持軍の一部である可能性もある）。あるイシューの安全保障化を，そのイシューが「本当に」脅威であるかどうかという尺度で判断することは容易ではない。そうするためには，安全保障理論がまだ提供していない安全保障の客観的尺度が必要となる。かりに，この測定の問題を解決できたとしても，客観主義的アプローチが特に有用であることは明らかで

はない。脅威を定義する尺度は，国家や国民によって異なる。フィンランド人は外国人が0.3％の水準になると移民に対して懸念を抱くが，スイス人は14.7％である（Romero 1990)[(4)]。

　アクターの傾向として尺度の数値が高いか低いかを，分析者が正しく評価できるかどうかに関係なく，この傾向は現実に機能する。他のアクターは，このユニットがしたがった論理を把握しておく必要がある。国家や国民があるイシューを「正しく」安全保障化する場合であれ，そうでない場合であれ，それは政治的事実であり結果をもたらす。それは，この安全保障化によって，アクターは，通常とは異なる様式で行動することになるからである。これは古典的な外交（および古典的現実主義）の教訓であり，優れた政治家は他のアクターが脅威を感じる水準を理解しなければならず，したがって，たとえ同意できないとしても，それらのアクターにとって世界がどのように見えるかをより一般的に理解しなければならない（Carr 1939；Kissinger 1957；Wæver 1995d)。

　しかし，場合によっては，他のアクターが安全保障化の必要性について，どのように判断するのか，それが重要である。それは，安全保障化を求める主張に対して，そのようなシステム内の他のアクターが，どのように反応するのかということに影響を及ぼすからである。ある政治共同体の内部では正当な安全保障の主張に見えても，外部の人間には誇大妄想に映ることがある（たとえば，ポップミュージックとジーンズに関するソ連の懸念に対する西側の認識）。逆に，外部からは，ある政治共同体が「現実の」脅威を過小に安全保障化し，その結果，みずからを危険にさらす，あるいはただ乗りしていると受け止められるかもしれない（たとえば，冷戦時代のデンマークの防衛政策に対する米国の認識）。あるアクターによる安全保障化のプロセスと，他のアクターによる「真の」脅威の認識とがどのように適合するかは，国際システムにおける安全保障の相互作用を形成するうえで重要である。アクター内でもアクター間でも，安全保障に関する間主観的な理解がどの程度共有されているかは，その行動を理解するための１つの鍵である。

　いずれにせよ，政治の世界の外で「真の安全保障」を定義し，その用語を正しく理解するようにアクターに教えようとすることは，政治的にも分析的にも

有益ではない。そのような合理主義的な普遍主義は，それ自体としては容易に「正しい」といえるだろうが，政治分析においてはほとんど役に立たない。それよりも，安全保障化のプロセスとダイナミクスを把握することの方がより適切である。それは，誰がどのようなイシューに対して，どのような条件で安全保障を「行なう」ことができるかを知っていれば，アクター間の相互作用を操作することが可能になり，それによって安全保障のジレンマを抑制することができる場合があるからである。

　主観と客観の区別は，客観的に与えられる安全保障観を避け，安全保障はアクターによって決定され，その点では主観的であることを強調するのに有効である。しかし，主観的というレッテルは十分に適切なものではない。あるイシューが安全保障上のイシューであるかどうかは，個人が単独で決めることではない。安全保障化は間主観的であり，社会的に構築される。指示対象は生存するべきものとして，一般に正当性を保持するのか。つまり，アクターがその対象について言及し，何かを脅威として指摘することで，他の人々に，他の方法では正当化できない行為に従わせたり，少なくとも許容させたりすることができる必要がある。この性質は主観的で孤立した心のなかにあるのではなく社会的な性質であり，言説的で社会的に構成された間主観的な領域の一部である。個人や集団が安全保障を語ることは，その成功を保証するものではない（Derrida 1977a；Wæver 1995b を参照）。安全保障化の成功は，安全保障化をする者によってではなく，安全保障化に関する言語行為が向けられた聴衆によって決定される。聴衆は，共有された価値に対して存立の脅威があるということを受容するであろうか。このように，安全保障は（あらゆる政治と同様に）最終的には客体にも主体にも依存せず，主体間に依存する（cf. Arendt 1958, 1959；Wæver 1990；Huysmans 1996）。

社会的権力と促進条件

　このような主体間の関係は対等でも対称的でもなく，安全保障化が成功する可能性はアクターの立場によって大きく異なる。安全保障は非常に構造化され

た場であり，そこでは一部のアクターが，安全保障の代弁者として一般に受け入れられることで，安全保障の内容を決める力を得て，権力の座につく（Bigo 1994, 1996, forthcoming）。しかし，その権力は決して絶対的ではない（東欧の共産主義エリートですら学んだように。Wæver 1995b 参照）。安全保障に必要な行動を人々に認めさせる能力を誰にも保証していないし，通常とは異なる安全保障の解釈を試みることから排除される人もいない。この場は構造化されたり不均衡であったりしているが，誰一人として安全保障化の力を決定的に「保持」している者はいない。(5) したがって，安全保障化アクターを分析するうえで固定化された点とすることはできず，安全保障化の実践こそが分析の中心であるというのが，（ビゴの見解とは対照的に）我々の見解である。しかし，具体的な分析においては，安全保障の内容を決めるうえで，誰が多かれ少なかれ特権的であるかを特定することが重要である。安全保障を研究することは，ある概念のパワー・ポリティクスを研究することである。安全保障の本質に関する明確な考えに基づいて，誰が，どのようなイシュー（脅威）を，誰のために（指示対象），なぜ，どのような結果を，そして特にどのような条件の下で（すなわち，安全保障化が成功した場合に何が説明できるのか）安全保障化を行なうのかをより正確に理解することが安全保障化の研究目的となる。

　客観的な基準で安全保障の性質を測ることができないことは，安全保障の議論において些細であるが，ほとんど注目されない特徴に関連する。その特徴とは，未来，代替未来（常に仮説），反実仮想に関わるものである。安全保障の議論には，常に2つの予測が含まれる。「安全保障上の行動」をとらなかったらどうなるか（脅威）と，とったらどのようになるか（提案された安全保障政策がどのように機能するか）である。何が実際に安全保障上の問題となり，何がそうでないかを政治家や市民に伝えることのできる安全保障論は，そのような予測を科学的根拠に基づいて行なうことが可能であることを必要とする。それはつまり，社会が閉鎖的，機械的，かつ決定論的システムでなければならないことを意味する。しかし，この条件でも十分ではない。もう1つの複雑な問題は，安全保障の性質は「どれほど脅威なのか」という程度の問題だけでなく，質的な問題でもあるからである。安全保障の問題であるとラベリングをするか

第2章　安全保障分析

どうか，それによってもたらされる影響をどのように考えるのか。アクターは，主要な問題を安全保障化することなく，別の方法で処理することもできる。ある概念を用いることは，常に選択の問題であり，それは政治的なものであって，脅威を科学的に調査することで決められるものではない。

　安全保障にどのような特質があるのかは政治が決めることなので，安全保障の程度に関わる客観的な尺度は決して安全保障化の研究に取って代わることはできない。しかし，だからといって脅威の特徴そのものの研究が無関係というわけではない。それどころか，これらの特徴は，安全保障の言語行為の「促進条件」として上位に位置する。促進条件とは，言語行為が誤動作したり乱用されたりする場合とは対照的に，その行為がうまくいく条件のことである（Austin 1975 [1962]）。言語行為が成功する条件は，以下の2つのカテゴリーに収斂する。(1)内的なもの，言語的・文法的なもの。行為の規則に従うこと（オースティンが主張するように，受容された従来の手続きが存在しなければならず，その手続きにしたがって行為が実行されなければならない），(2)外的なもの，コンテクストによるもの，社会的なもの。行為を可能にするような立場を保つこと（「ある場合における特定の人物と状況は，特定の指定された手続きの発動に適切でなければならない」［Austin 1975（1962）：34］）に分類される。

　言語行為が成功するためには，言語と社会を組み合わせる必要がある。それは，発話の内的特徴と，その発話を許容し承認する集団との一致のことである（Bourdieu 1991 [1982]；Butler 1996a, b）。言語行為の内的条件のなかで最も重要なことは，安全保障の形式，つまり安全保障の文法に従い，存立の脅威，限界点，可能な解決策を含むプロットを構築することにある。このような安全保障の一般文法に社会セクターにおける対話アイデンティティ，政治セクターにおける承認と主権，環境セクターにおける持続可能性など，異なるセクター特有の通用語も加わる。（Wæver 1996bを参照のこと）。言語行為の外的側面には，主に2つの条件がある。1つは発案者，すなわち，安全保障化アクターのソーシャル・キャピタルである。これは公式な権威と定義されるべきではないが，権威ある立場にいることが必要である。もう1つの外的条件は，脅威と関係がある。戦車，敵対的感情，汚染された水など，一般に脅威とされる対象に言及

すれば，安全保障上の脅威を想起させる可能性が高くなる。これらの対象自体は，安全保障化にとって決して不可欠なものではないが，間違いなく促進条件となる。

このように，社会的，外的な言語行為の条件を，それに関連するアクターの権威と脅威に応じて区分すると，促進条件を以下のように整理できる。(1)安全保障の文法に従うという言語行為に内在する必要性，(2)安全保障化アクターの権威的な地位に関する社会的条件，すなわち，話者と聴衆の関係，それによって安全保障化の試みによってなされた主張が聴衆に受容される可能性，(3)安全保障化を促進または阻害する脅威とされるものの特徴，である。

安全保障化研究におけるアクターと分析者

安全保障を言語行為の観点から分析することは，安全保障のアジェンダを特定し理解するうえで，アクターと分析者の関係に疑問を投げかける。分析者として，我々がこれまでに論じてきたように安全保障を定義するのは，それがアクターの行動を首尾一貫して理解する唯一の方法だからである。我々は，安全保障の特徴である社会・政治的論理を特定し，その論理を研究対象としている。分析者が安全保障イシューの構築（または解体）に関与することは避けられないが（たとえば，平和研究と戦略研究の間の長い議論や，ベトナム戦争の安全保障の性質をめぐる米国の議論），ある脅威が「真の」安全保障問題を表しているかどうかを判断することは分析者の主要な任務ではない。客観的に安全保障を評価することは，我々の分析の範疇を超えている。要は，アクターとその聴衆が，あるイシューを政治的行為のひとつの具体的な形として安全保障化しているということである。安全保障化アクターは必ずしも「安全保障」という言葉を発するわけではないし，安全保障という言葉を使うことが必ずしも，常に安全保障上の行為であるとは限らない。あるイシューが他のすべてのイシューよりも優先され，ルールの破棄が許容されると主張するとともに，アクターが「存立の脅威の政治」の形式をとっているかどうかを我々の基準で確認する。その第一段階として，何が安全保障上のイシューであるのかを特定するのは，分析者

ではなく政治的アクターである。しかし，分析者は政治的アクターの行動を解釈し，その行動が安全保障の基準を満たすかどうかを判断する。さらに，アクターが安全保障に関して言及することで，支持を効果的に集められているのかどうか。それを判断するのは，分析者である（つまり，安全保障化の試みは，まず他の社会的なアクターや市民によって「判断」され，その支持の度合いを我々が解釈し測定する）。最後に，安全保障化の証拠がどれほど重要なものであるのかを評価するために，分析者は他のユニットに対するその効果を研究する。アクターは，安全保障の様式での政治的行為の実行という，常に重要な一段階でのみ任務を遂行する。

　したがって，あるものを存立の脅威として扱うかどうかを決定するのは，分析者ではなくアクターである。このことは，分析者が分析しているあいだに，アクターがどのようにアクター自身を理解しているのか，それに縛られることを意味しない。安全保障行為の効果は何か，誰が意思決定に影響を与えたかなど，その後の因果関係を問うすべての問題において，我々はアクターに決定的な役割を与えるつもりはない。したがって，安全保障複合体のような概念は，アクターがみずからを複合体と呼ぶかどうかによってではなく（彼らはそうしない！），安全保障の相互作用という観点から，実際に誰が相互に結びついているかについての分析者の解釈によって定義される(6)（安全保障複合体は基本的に分析用語であり，安全保障は政治的実践であるが，その概念の使われ方に基づいて，より正確な特定のカテゴリーに抽出されたものである）。言語行為アプローチでは，イシューを安全保障化するのはアクターであり，聴衆はその主張を受容することによって，そのイシューが安全保障のイシューになると述べるにすぎない。その際に，分析者はアクターの代わりになることはできないし，なるべきでもない。

　このことは，安全保障化に向けた行為に同意せざるをえないと感じることを意味しない。言語行為アプローチの目的の1つは，あるイシューの安全保障化の善し悪しを評価することを可能にすることにある。安全保障化の試みに対して，分析者として「あなたは本当のところ脅かされていない，そう思っているだけだ」といえる人はほとんどいない。しかし，このイシューを安全保障のイ

シューに仕立てることで，パニック政治のアジェンダに移行した方が良いのか，それとも通常の政治のなかで処理した方が良いのかを，多少の説得力を持って問うことは可能である。環境安全保障の議論にみられるように，環境保護主義者でさえ環境問題のアジェンダを安全保障の観点で扱うことの効果について深く考え直した。安全保障化のアプローチは，安全保障を語ることの責任，すなわち，あるイシューを安全保障のイシューとして扱うことをフレーミングした分析者だけでなくアクターの責任も強調する。このような人々は，それ自体が安全保障のイシューを構成するという主張の陰に隠れることはできない。

分析者とアクターの関係は，我々のアプローチが，いくつかの理論的前提を共有する多くの研究者のアプローチと異なる点の1つである。「批判的安全保障研究」（CSS）という新しい学派は，批判理論やポスト構造主義のようなポスト実証主義の視点を適用することによって，従来の安全保障研究に挑戦しようとしている（Krause and Williams 1996, 1997）。CSSの研究の多くは，我々の研究と同様に，安全保障の社会的構築を扱っている（Klein 1994；Campbell 1993も参照）が，そのほとんどは，物事が社会的に構成されているために変化が可能であることを示そうとする（ポスト構造主義や国際関係におけるコンストラクティヴィズムから知られているように）。

これに対して，我々は，社会的に構成されたものでさえ，しばしば構造として沈殿し，慣行として相対的に安定するため，それが継続することを前提に分析する必要があると考える。安全保障の社会的構築に関する理解を用いて，この事実を批判するだけではなく，安全保障のダイナミクスを把握し，そのダイナミクスを操縦することができる。そのため，集団をより重視し，安全保障化を回避するために，安全保障化の引き金となる閾値を理解することを強調する。我々は，安全保障化の観点からすれば，人々にとっての「真の安全保障」とは何か，エリートが喧伝する問題よりも大きな「実際の」安全保障のイシューとは何か，などについて語ろうとする試みを避けている。このようなイシューを語るためには，我々とは基本的に異なる存在論的な選択をしなければならず，何らかの解放を目指す理想の内実を確定しなければならない。したがって，このようなアプローチは，我々のアプローチと補完的なものである。我々が自主

的に行なわないことをそのアプローチは行なうことができ，そのアプローチができないことを我々は行なうことができる。それは，安全保障から距離を置きながら，安全保障化のメカニズムを理解すること，つまり，安全保障をより多くのセクターに普及することを善であると想定しないことである。

　この2つのアプローチには，それ以外にも違いがある（CSSの多くは，個人を安全保障の真の基準としている，つまり人間の安全保障としており，その個人主義は，我々の方法論的集団主義や集団への注目とは異なっている。第9章参照）。しかし，この2つのアプローチは，コンストラクティヴィズムや構造主義の政治的態度とそれに対応する見方について，おそらく最も一致しているのであろう。批判的安全保障研究の分析者は，我々のアプローチの分析者よりも大きな負担を負っている。既存の安全保障のありかたを恣意的なものとして一蹴し，より重要な安全保障のイシューである別のイシューを指摘することができる。我々のアプローチでは，既存のアクターとより密接に関連し，彼らの行動様式を理解しようとし，将来の安全保障を管理するために，このようなアクターへの対応を含む必要があると想定している。たとえば，安全保障上のジレンマを緩和し，安全保障複合体における相互認識を促進することを目的とした戦略が，それに含まれる。我々は，安全保障が常に政治的に構築されるものであるので，分析者が「実際」の姿として記述できないという，ある意味でより急進的なコンストラクティヴィストという哲学的立場をとる。しかし，我々の目的は，安全保障の集合体を把握し，それによって好ましい相互作用に誘導しようとする，最も優れていた伝統的安全保障研究により近いといえる。これは，まさに権力を振るう者たちに対して，より全面的な反駁を行なうCSSの「批判的」な目的とは対照的である。

安全保障分析のユニット——アクターと指示対象

　安全保障に対する言語行為アプローチでは，安全保障分析に関わる3つのタイプのユニットを区別する必要がある。

1. 指示対象：存立が脅かされていると見なされ，生存に対する正当な権利を有するもの。
2. 安全保障化アクター：指示対象の存立が脅かされていると宣言することで，イシューを安全保障化するアクター。
3. 機能的アクター：あるセクターのダイナミクスに影響を与えるアクター。指示対象，あるいは，指示対象に代わって安全保障を求めるアクターのいずれにもならずに，安全保障分野の意思決定に大きな影響を与えるアクターである。たとえば，環境汚染企業は環境分野の中心的なアクターとなりうるが，これは指示対象ではなく環境イシューを安全保障化しようとしているわけでもない（まったく逆である）。

　最も重要かつ困難な区別は，指示対象と安全保障化アクターとの間の区別であり，この区別については若干の議論が必要である。機能的アクターは各セクターの章で扱う。
　安全保障にとって指示対象は伝統的に国家であり，もっと控えめにいえば国民である。国家にとって生存とは主権のことであり，国民にとって生存とはアイデンティティのことである（Wæver et al. 1993, chapter 2）。しかし，前に述べた安全保障化アプローチに従えば，もっとオープンな可能性を認めなければならない。原理的には，安全保障化アクターはあらゆるものを指示対象として構築しようとすることができる。しかし，実際には，促進条件の制約により，アクターはある指示対象では他の指示対象よりも成功する可能性が非常に高い。安全保障に関する行動は，通常，集団のために，また集団に関連して行なわれる。その指示対象とは，「生き延びなければならない，そのためには…が必要である」と指し示せるものである。
　サイズや規模は，安全保障の指示対象として何が成功するかを決定するうえで，1つの重要な変数であるように思われる。ミクロの世界では，個人や小さな集団がそれ自体でより広範な安全保障の正当性を確立できることはほとんどない。このような人々は自分たちの安全保障について語ることはできても，耳を傾ける人はほとんどいない。システム側でも，安全保障の正当性を確立する

うえで問題がある。たとえば，全人類を安全保障の指示対象として構築する試みがなされてきた。最も顕著なのは，冷戦時代に核兵器による絶滅の恐怖を共有していたという点であるが，環境に対する恐怖というコンテクストでも同様である。システム規模のもう1つの試みは，1914年に社会主義者が国際労働者階級の名において動員しようとした動きが失敗したことである。しかし，これまでのところ，システム規模が中規模（システムとミクロの間）に匹敵するようなことはほぼなかった。とはいえ，このアプローチは，国際情勢の変化に伴い，今後，より魅力的なものとなる可能性もある。

　実際には，中規模の比較的限定された集団が，最も持続的な指示対象として安全保障化に適していることが証明されている。この成功の理由の1つは，このような限定的集団（国家，国民，そしてハンティントンが予想したように文明）が，みずからの集団を強化できるような他の限定的集団とライバル関係を結び，その相互作用によって「我々」という意識を強めることできることにある。それらは「我々」に言及するため，人々の相互作用のなかで作動する社会的に構築されたものである。指示対象の第一条件は，それが解釈の共同体を形成するかどうかにかかっている。すなわち，指示対象は，正当性と価値の原則が行き交い，そのなかで個人が出来事を解釈する場となる。このように「我々」に言及することは「判断の場」（Foucault 1979）としての威厳を備えた社会的なコンテクストである。対抗意識が安全保障化を成功させるための促進条件であるとすれば，この点では中間レベルの集団が常にシステム・レベルより優位に立つことになる。どういうわけか，システム・レベルの候補者が，安全保障化に必要なレベルのアイデンティティを引き起こすには，まだあまりにも微弱で間接的である。ライバル関係というダイナミックな裏づけをもたない普遍主義的な政治的忠誠の試みは，中間レベルの集団と対峙して敗れる。[7]

　中間レベルの限定的集団が明らかに優位に立つと，伝統的な国家中心的な安全保障の分析者（そしておそらく一部の自由主義者も）が我々のアプローチに攻撃を加える道を開く。彼らの主張は，次のようなものである。安全保障とは定義上，国家に関するものであり，またそうあるべきであり，国家は軍事・政治安全保障に重点を置いて安全保障に取り組むものであり，またそうでなければ

ならない。強硬な自由主義者は，国家が安全保障以外の正当な機能をもたないというかもしれない。安全保障が国家の枠を超えて拡大すると，環境安全保障のような問題のある安全保障化が行なわれ，国家が安全保障の枠を超えて拡大すると，経済安全保障と保護主義が混同される問題が発生する。国家安全保障の立場に立ち，国家を通してのみ安全保障化のプロセスを民主的に制御し，抑制できるという理由から，それ以外の指示対象に言及して安全保障を「行なう」すべての試みに対して政治的に反対することができる。

　分析から，国家と安全保障が密接に結びついていることは事実であり，正当な政治的な立場であることを認める。しかし，我々のアプローチに基づく論理によれば，このような狭く自己閉鎖的な定義を拒否せざるをえない。国家中心の立場をとることは可能ではあるが，それはあらかじめ定められていることではない。我々は，それよりも概念の意味を幅広くとらえられる網の目を構築しようとする。ただ，このスキームを用いても，国家が最も重要な安全保障の指示対象であることに気づくかもしれない。そうであるならば，定義を用いることで正しいとされる場合よりもはるかに大きな力を持ち，その変化の可能性も残されている。我々は，安全保障が国家に関する問題にすぎないとか（国家が理想的な安全保障アクターであるという議論には多くの真実があるが），すべての国家と国家ではない社会運動が等しく，安全保障という言葉を利用できるとは述べていない。安全保障はアクターが競合する領域であるが，不均衡な領域であり，国家は歴史的に安全保障の任務を与えられ，その目的のために最も適切に構成されたアクターとして依然として一般的に優遇されている。このような説明によることで，国家中心のアプローチと国家が支配する場との違いが認識される。

　しかし，一般的にいって中間レベル，そのなかでも特に，国家は指示対象のなかで優位性を享受するかもしれないが，それで話が終わるわけでもない。ある集団が中間レベルの規模に押さえられていたとしても，指示対象としての地位を得るのに十分ではない。このことは，おそらく経済安全保障の場合に，最もよく示される。経済の領域では，企業が当然，自然で限定的なユニットであると考えられる。しかし，その性質上，企業が生存のための権利を強く要求す

ることはほとんどない。企業はその生存が脅かされた場合，通常の合法的なゲームのルールを超えた行動を正当化することはできないだろう。このような場では，経済的な議論が，経済用語でいうところの二次的ユニットである国家に結びつけられる場合を除き，中間レベルを対象とする安全保障政策をみることはほとんどない。国家は，生存するための当然の権利，すなわち，その存立を守るための権利，必要とみなされれば，国家のイシュー（軍事動員能力の維持など）についての緊急措置（保護主義など）を取りうると主張できる。

　また，システム・レベルの指示対象が常に排除されるわけでもない。これまで，軍事や政治のセクターでは，人類の安全保障は国家の安全保障よりも一般に訴求力が弱いとされてきた。しかし，他のセクターでは，話は別である。環境は興味深いケースである。というのも，環境団体は前節で述べたような形式に正確にしたがって，安全保障化の論理を用いているからである。環境は存続させなければならない。そのため，このイシューは他のすべてのイシューよりも優先されるべきであり，環境が取り返しのつかないところまで悪化すれば，他のすべてのイシューは意味を失ってしまうからである。通常のシステム（既存のルールにしたがった政治）が，この状況に対応できないのであれば，我々（グリーンピース，特により過激なエコテロリスト）は環境を救うために特別な手段を講じなければならないだろう。持続可能性は，環境保護主義者にとって国家主権や国民のアイデンティティに等しいものであり，保護されるべき本質的な構成原理であるのかもしれない。この考え方が浸透すれば，環境そのものが指示対象，つまり，それは社会にとって重要な方法を用いて安全保障措置を講じることができる対象となりうる。この点については，第4章でより詳しく説明する。

　このようにひとたび門戸を開けば，システム・レベルでの安全保障の指示対象として，他のもっともらしい候補者がみえてくる。人類全体は，核兵器との関連で指示対象としての一定の地位を確立したが，新たな氷河期や地球と地球近傍空間をただよう多数の巨大岩石との衝突など，環境災害との関連でも，再び，おそらくはより重要な存在になる可能性がある。人類の文明レベルもまた，環境の脅威との関連で指示対象になりうる。経済分野では，企業や国家といっ

た規模が押さえられた集団よりも，システム・レベルの指示対象が安全保障に関する言説の効果的な担い手となる可能性がある。すでに，経済セクターでは，「自由主義的世界経済」や「自由貿易」のようなルールのシステムや原則の集合が，指示対象として一定の地位を占めている。政治分野でも，国際社会や民主主義（後者はデモクラティック・ピース仮説の延長線上にある）を中心に，同様の慣行が発展する可能性がある。我々は，システム・レベルにある指示対象を原理的，論理的に排除すべきではないという立場から，各セクターの章で，このイシューを検討することにしている。

また，安全保障の議論において，やはり個人も重要な役割を担う。ケン・ブース（Booth 1991, 1994, 1995）が主張するように，安全保障分析の多くは，安全保障のイシューが，実際に人間にどのような影響を与えているのかということを無視している。したがって，ブースはみずからの議論のなかで，集団的なカテゴリーと競合する具体的な個人を安全保障化しようとする。エマ・ロスチャイルド（Rothschild 1995）は，歴史的に自由主義思想の多くが，安全保障の指示対象として個人を取り上げてきたと論じている。したがって，個人が安全保障の指示対象になることには，尊敬すべき哲学的な伝統があるといえる。1980年代には，ブラント委員会やパルメ委員会のようなプロジェクトによって，安全保障思想は個人へと回帰した。ロスチャイルドは，それが知的に首尾一貫しているか，倫理的に理想的なものであるのかとはかかわりなく，個人の安全保障化は，この時代の現実に即した政治的実践なのであると説得力のある主張をしている（本書では，個人は，おもに政治セクターの章で再登場するが，それは通常，特定の個人が安全保障化された指示対象として次々と登場するのではなく，たとえば人権の原則を確立することが問題だからである）[(8)]。

結論として，安全保障の言説を研究することによって，どのような指示対象の存続が訴えられてきたのかを知ることができるほか，その結果として，どのような指示対象が安全保障上の正当性を保持し，その存続の必要性を訴えることで支持を動員できたのかを研究できる。伝統的には，中間レベルが最も実りのある指示対象を生み出してきたが，最近では，システム・レベルやミクロ・レベルでも指示対象となる可能性について耳にするようになった（Rothschild

1995)。指示対象は存続を訴えるために，その安全を保障することの正当性を確立しなければならない。官僚機構，政治体制，企業などは，こうした意味で存続が保障されているという感覚を持つことはほとんどなく，したがって，指示対象として通常分類されることはない。論理的には，これらの組織もみずからの生存権ひいては安全保障の正当性を求めることは可能であるが，経験的にみれば，通常不可能である。実際のところ，安全保障は完全に主観的なものではない。何が安全保障化されるのか，そうではないのかについては，社会がその限度を定めている。ただ，その限度は変化することもある。このように社会が限度を定めるのであるが，このことは，安全保障分析がおもに安全保障化の成功例に関心を寄せることを意味する。すわなち，安全保障化を訴えるアクター以外の人々が，安全保障化のリーダーに追随し，大衆レベルにまで指示対象を社会的，相互主観的に構築した事例に関心を寄せる。安全保障化の失敗または部分的成功の試みは，安全保障化の正当性に対する社会的態度の安定性，その態度の維持または変化のプロセス，安全保障上の政治の将来の方向性などに関する洞察を提供するので，特に興味深いものである。このように指示対象が幅広く構築される場合では，脱安全保障化は少なくとも安全保障化と同様に興味深いが，安全保障化の成功例が分析の中心的な位置を占めるのは，それが，今日有効な安全保障の特別な意味を構成しているからである。

　安全保障に関する支配的な定義に疑問をなげかける手段として，安全保障の客観的な基準を批判的に用いることを放棄していると，我々を非難する者もいるであろう（cf. Mcsweeney 1996)。脅威が安全保障化されていないとき，これが脅威であると示すことはできないのであろうか。たしかに，安全保障化の視点によれば，基本的に支配的な言説から客観的な根拠を排除するため，現実の安全保障化と安全保障化の不在の両方を問題にすることが可能になる。しかし，何が安全保障上の問題「である」のかを証明することはできない。少なくとも，分析者の役割から安全保障化アクターの役割に移行しない限り，そうすることはできない。したがって，安全保障化の基本的な視点に，（誤った安全保障化とその欠如に対抗するために）安全保障には客観的な問題もあるということを加味するのは得策ではない。それにより相容れない存在論を導入することになり，

政治的に実践されることで生まれたり，政治的な実践から構成されたりする社会的カテゴリーとしての安全保障という基本的な考えは損なわれる。

安全保障化の観点に付け加えることができるものは，安全保障化の結果として将来に起こりうる影響についての議論である(9)。行きすぎた安全保障化の効果（安全保障のジレンマ），あるいは脱安全保障化しないことの効果，すなわち，安全保障化しなければ効果的にイシューを処理できないことを示すことができる。人々は，社会において政治的な実践に参加することによってのみ，安全保障化や脱安全保障化に貢献することができるのであって，そのことは，脅威が安全保障の問題「である」こととは別のことである。安全保障化の促進要因となりうるものがある。脅威と関連することを指摘できれば，より安全保障化は容易になる。しかし，安全保障の性質の究極的な所在は，技術的な場というよりもむしろ社会的な場にあり，その場は安全保障化アクターとその聴衆が価値を見出すものとの間にある。

安全保障化アクターは，安全保障を語る行為を行なう人や集団である。この役割を担うのは，政治指導者，官僚，政府，ロビイスト，圧力団体などが一般的である。これらのアクターは，通常，安全保障の指示対象にはならない。それは，自分たちの生存を保障する必要性に言及しながら，安全保障について語るのはごくまれにしかないからである。このような人々は，通常，国家，国民，文明，あるいはその他の大きな共同体，原理，システムの安全を守ることが必要であると主張する。他方，政府や企業のようなアクターが，自分たちのために安全保障についてうまく語ることができるのは，ごくまれにしかない。

「アクター」という概念自体に問題がある。誰が，あるいは何が行動するのかを正確にいうことは常に難しい。それは，あらゆる集合体をサブユニットに分解し，さらに個人に分解して，「行動するのは，本当は『国家』ではなく，ある特定の部門，あるいは最終的には個人である」ということができるからである。しかし，すべてを個人に分解することはあまり有益ではない。なぜなら，社会生活の多くは，集団がその「メンバー」の総和以上と見なされ，社会的実在として扱われるときにのみ理解可能となるからである（方法論的集団主義）。

したがって，アクターの特定は，指示対象の特定よりも複雑である。前者は

分析レベルの問題を含んでおり，同じ出来事が異なるレベル（たとえば，個人，官僚，国家）に帰結することがある。指示対象の場合とは異なり，言語行為は誰が，あるいは何が話すかという点で自明でないことが多く，「アクター」という呼称は，ある意味で恣意的である。究極的には，個人は常にアクターであるといえるが，大きな役割に縛られている場合は，個人が権威ある代表とされる集団（政党，国家，圧力団体など）の「話者」としてみるのが通常適当である。たとえば，ドゴールという個人よりも，ドゴールに見立てたフランスを「話者」としてみる方が適切である。アクターを特定する際の分析者の役割を低下させたいのであれば，そのとりうる1つの選択肢として，他のアクターに問題を解決させればよい。他の国家はドゴールがフランスを代表して行動しているものとして扱い，ドゴールの行為に対してフランスに責任を負わせる。このように，外交の世界では，フランスがアクターとして成立する（Manning 1962; Wæver forthcoming-c）。安全保障化アクターをどのように特定するのかは，最終的には，誰が演説を行なうのかという問題よりも，どのような論理がその行為を形成しているのかという問題に帰着する。それは個人の論理による行動なのか，それとも組織の論理による行動なのか，そして個人と組織のどちらが他のアクターから一般的に責任を負わされているのか。言語行為における組織の論理に注目することは，誰が，あるいは何が安全保障化アクターであるかを特定するための最良の方法であろう。

　いかなる場合においても，アクターと指示対象が異なるということは，通常「聴衆」という別のカテゴリーが存在することを意味する。聴衆とは，あるイシューには特別な安全保障の性格があるという理由によって例外的な手続きを受け入れるよう，安全保障化行為によって説得される人たちを指す。安全保障化と言語行為という言葉にある危険の1つは，行動する側に焦点が当たりすぎるために権力者が特権化される一方で，聴衆であり行為を判断する側の人々が疎外されてしまうことにある（Huysmans 1996）。

　アクターと指示対象を区別する方法の1つは，安全保障のユニットを具象化しないことである。たとえば，安全保障のユニットには，国民が含まれる。社会安全保障の章（およびWæver et al. 1993）では，社会安全保障がしばしば国

民とその存続に関わるものであると述べられているが，だからといって「国民はみずからを守るために行動する」といいたいわけではない。これは，国民を具象化して擬人化する表現である。ある集団，運動，政党，エリートが，国民という表現に言及しつつ行動し，国民を代表して発言したり行動したりする。

　安全保障化アクターと指示対象との間の区別は，国家の文脈ではあまり問題にならないため，これまで明確に指摘されてこなかった。国家は（通常），誰が国家を代表して発言できるのかについて明確な規則を持っている。したがって，政府が「我々は国家の安全を守らなければならない」というとき，政府は国家を代表して行動する権利を持っている。この点で，政府は国家で••••ある。国民や環境には，このような代表者として表明する公式のルールは存在しない。そのため，これらの分野では国家の場合よりも正当性の問題が大きくなる。国民の名において誰かが行動するとき，そのアクターには言説的な規則が課される。それは，そのアクターがアイデンティティの観点から，つまり「国民」の論理にしたがった言葉で語らねばならず，この言葉は他の指示対象への適切な対応とは異なる方法で言説と行動を形成するからである。しかし，このことは，最も控えめな意味でしか国民が「行動する」ことを意味しない。国民の名において何ができるかというルールは，国家のそれよりも厳密ではない。したがって，国民が行動するという表現よりも，国家が行動するという表現の方が用いやすい。これは必ずしも質的な違いではなく程度の問題である。つまり，あるネオナチの過激派グループが移民による脅威から「我々の国民の存続」を死守するために人々を動員しようとしていることについて記述する分析者は，これを「国民が行動する」と表現することに違和感を覚えるだろう。実際に行動しているアクターは誰かということと，そのアクターが生存すべきものとして言及しているのは何かということを区別し，そうすることで，そのアクターが自分よりも大きな存在のために発言することにどれほど成功しているのかをみる方がより正しいように感じられる。

　これらの議論は，なぜ安全保障化アクターと指示対象とを区別することが重要であるかを示している。しかし，この区別は，特定のユニットに内在するというよりは，むしろコンテクストによる。多くの場合，安全保障化アクターは

指示対象とは異なるが、そうではない場合、特に国家に関しては顕著であるが、指示対象はある意味、その権威のある代表者を通じて自身のために語る。しかし、どのような場合でも、分析者は安全保障化の言語行為の成否を問う必要がある。スエズで英国が、ベトナムで米国が、そして1980年代後半にヨーロッパ共産主義政権が国内で起こしたように、政府でさえも安全保障化に失敗することがある。

　指示対象、安全保障化アクター、機能的アクターという区別をこの後の5つのセクターの章に適用するにあたっては、まず各セクターにおける指示対象を明らかにすることが重要である。場合によっては、これが作業の大半を占めることになる。世界中の社会安全保障をマッピングするためには、政党、国家エリート、社会運動、教会、知識人が、人々をどのような状況で動かしているのかを知るよりも、国家、文明、宗教、部族の名のもとで人々がどのような状況で動かされているのかを知る方がおそらく興味深く、少なくとも論理的には重要であろう。軍事分野では、指示対象はほとんど常に国家であり、安全保障化アクターもある意味で「国家」であるかもしれないが、多くの機能的アクターも意思決定に影響を及ぼす可能性がある。その場合、これらの機能的アクターを追跡するために、より多くのスペースを費やす必要がある。このように、セクター別の章では、3つのタイプの安全保障ユニットに与える分析の比重が異なる。理想的な状況では、おそらくこのアプローチに基づくより綿密な将来のケーススタディでは、3つのタイプのすべてが完全にカバーされ、特に指示対象や安全保障化アクターの明確化が行なわれるだろう。

地域レベルの安全保障化とそれ以外の相互作用の集合体における安全保障化

　本研究の一部は、安全保障複合体を追跡することを目的として、安全保障に関連するつながり方のパターンをみるというアプローチをとっている。この調査は、3つのステップで行なわれる。(1)イシューは、何らかのアクターによってうまく安全保障化されているか。(2)もしそうであるならば、その事例にある

関係性と相互作用を追跡する。この事例の安全保障の行動が，どのように別の安全保障の問題に影響を与え，それがどこで大きく反響しているのかを調べる。(3)それにより，このような関係性と相互作用からなる連鎖を，相互に関連しあう安全保障上の懸念から構成される1つのクラスターとして集約できる。この事例とその他のすべての事例（同質のセクター別分析の場合はそのセクターの分析，異質な安全保障複合体の分析の場合にはセクター横断的な分析。第1章と第8章を参照）のパターンをまとめると，安全保障化のプロセスと相互作用のパターンがどのようなレベルに集中しているかをみることができる。

　我々の一般的な仮定，およびこのプロジェクトの重要な動機の1つには，冷戦後の世界において冷戦時代よりもリージョナル化のレベルが大幅に高く，グローバル化のレベルがより低くなったことが見られるようになったことがあげられる。このようなより複雑な世界に対応するために，安全保障複合体理論を採用することが，このプロジェクトの目的の1つである。しかし，この後のセクターの章では，この問題を未解決のままにしてある。あるセクターの安全保障のロジックは本質的にリージョナル化に傾いているが，他のセクターではそうでないということもありうるからである。各セクターの章では，この点を検討する必要がある。我々の研究は，古典的な安全保障複合体論で行なわれているのと基本的に同じ方法で行なう。それを実現するためには，主要なアクターの懸念を相互作用の集合体，すなわち相互の安全保障関係の結び目としてまとめる必要がある。

　地域安全保障を考えるうえでの最後の問題は，このような考え方をそれ以前の節で論じたアクターと指示対象に関する議論とどのように結びつけるかということにある。安全保障複合体は，アクターによって決まるのか，それとも指示対象によってなのか。まさに論じたように，安全保障複合体は，実際には安全保障上の懸念の相互作用の集合体であり，そのような相互作用の集合体としての安全保障化のさまざまな例は，結節点を形成する。この結節点によって関係性を引き，複合体をマッピングすることができる。指示対象は安全保障の世界において，より基本的，永続的，注目すべき特徴があるので，前の質問に対しては指示対象であると回答できよう。我々のスキームによれば指示対象は行

動しないので，相互作用によって定義されるサブシステムのユニットにはなりえないと反論する人もいるかもしれない。しかし，これは錯覚である。安全保障アクターは，指示対象の名前で発言し行動し，一般に脅威は他の指示対象から生じるとみなされる。したがって，インドとパキスタン，トルコとクルド人，チリと国際電信電話公社（ITT）との関係には現実に意味がある。

　指示対象は社会的に構成されたユニットであるので，ある分析理論が連鎖のなかにある他の関係性にアクターを見出したとしても，指示対象が相互にアクターであることはよくある。たとえば，国家は一定の範囲で国家として実在し，政治家が実質的な行動を行なうにしても，国家は国家として行動する。それは，国家は他の国家と相互に国家としての意思と責任を引き受けているからである（Manning 1962；Wæver forthcoming-c）。このような考え方は，安全保障複合体分析の動機から導かれるものである。それは，安全保障の情勢を動的に分析することを到達点にするものである。Aの安全保障とBの安全保障のつながり，安全保障のジレンマ，相互に強化しあう安全保障のループを把握できるようにしたい。そのためには，脅威を受ける（と主張する）ものと脅威の起源となる（と描写される）ものとを同時に扱う結節点を中心に，地域分析を整理することが不可欠である。

　古典的な安全保障複合体理論（CSCT）において，脅威とは主要な安全保障上の懸念という言葉で表現されてきた。一方，現在の我々の研究の枠組みでは，複合体を結びつけ形成する安全保障化の例でなければならない。どちらの場合も，核となるのは主要なアクターによる脅威の明確化であることは明らかである。残念ながら，脅威に関する概念的な文献はほとんどない。安全保障の概念に関する議論では，アクターに起因する脅威が安全保障上の問題となる前提条件であると主張する論者もいる（Deudney 1990）。しかし，このことは経験的には関連するであろうが，アクターが原因となる脅威が容易に安全保障化するという傾向はあるにせよ，論理的なステップとして正当化することは困難である。アクター自身に問題があるかのように安全保障を定義したいわけではない。ただし，おそらく通常の場合，アクターに問題があるのであろう。

　我々の一般的な安全保障化の視点によれば，安全保障問題として見られるも

のの実際の起源よりも，安全保障問題を特定の原因に帰属させることに関心がある。帰属理論が主張するように，自我については必要性が強調される一方で，他者に対しては選択の度合いを過大評価する一般的な心理的傾向がある（Hart 1978；Jervis 1976）。したがって，一般に人間は，相手側を「アクター化」する傾向がある。つまり，相手側を一連の出来事の流れではなく，意志を持って選択する者として描写する。ほとんどの場合，相手が複数の選択肢を持つ戦略的アクターであるという事実は，脅威の認識を増幅させる要因であり，したがって，イシューを安全保障の閾値を超えて押し進める助けとなる。他者は機械のなかの単なる車輪ではなくアクターであるため，我々を出し抜き，意図を持って，我々の意志を曲げたり抑制したりして，みずからの意志に置き換えることもある（Clausewitz 1983 [1832]；Wæver 1995b を参照）。

　このようにアクターに焦点を当てることは，指示対象よりもむしろ安全保障化アクターを指し示しているように見えるかもしれない。しかし，この推論はおそらく誤りである。この帰属論が含意するのは，我々がアクターとみなすユニットに焦点を当てるべきということではなく，むしろ，安全保障問題の原因として提示されるものは何であれ，ほとんどの場合，アクター化されているということにある。コミュニティ「A」を代表して安全保障化アクター「a」が，AはBに脅かされていると主張するならば，Bをアクターとして，その脅威に責任があり，選択することのできるエージェントとして示したことになる。したがって，我々の分析枠組みでアクターと名付けたものを用いて，安全保障複合体を定義する必要はない。アクターは他のアクターとともに行動し，それによって，より大きくより抽象的なカテゴリー，すなわち指示対象を示すかもしれない。一方，脅威は，相手側が示した指示対象と同じカテゴリーに帰属する必要はない。実際の出来事は多様で複雑である可能性が高く，その特定のユニットを見出すことができるプラグマティックなアプローチが必要である。

　たとえば，安全保障化アクターとしてのチャーチルは，ナチズムを脅威として安全保障化することができた。このことは，必ずしもアクターとしてのナチズムによって，あるいはナチズムを指示対象として，反安全保障化が行なわれることを意味しない。その代わり，ヒトラーはドイツ，すべてのドイツ人，ア

ーリア人種の名において，英国（チャーチルの指示対象，ここまではよいのだが）を脅威として安全保障化することができた。一方にとって脅威となるものが，他方にとって指示対象となるとは限らない。CSCT では，この手順はずっと容易である。安全保障がインドのために，インドによって行なわれ，インドがパキスタンにとっての脅威と（認識）され，その逆もまた然りであった。帰属論からの議論は，ほとんどの脅威はアクターと結びついており，我々が指示対象として分析するものは，しばしば他のアクターによってアクターとして構築されると信じるに足る理由を与えてくれる。しかし，地図を細かく描きすぎると，多くのアクターが微妙に異なる指示対象（ドイツ民族，ドイツ人，ドイツ，アーリア人）を安全保障化することになる。この相違は，安全保障化の試みの政治性を見ようとする場合には重要であるが，安全保障複合体分析では，相互作用の主要パターンを見つける必要があるので，「ドイツ」の安全保障化のさまざまなバージョンを1つの結節点として束ねておく必要がある。

　安全保障複合体を生成する場合，安全保障の矢が通る点を特定する最良の方法は，指示対象とそれに対応する安全保障化アクターの集合体を示すことかもしれない。極端な例でいえば，このことは，安定したスポークス・パーソンがいる指示対象を我々が手にしていることを意味する。指示対象と「声」の安定した組合せの明確な例として，国家という古典的概念を指摘できる。しかし，指示対象としての国家と主権でさえも，1つの公式の声とは異なる声によって引きつけられる。実際に安全保障化アクターは複数存在し，国家も他のアクターと同様に，国民，欧州連合（EU），あるいは国際社会の諸原則など，他の指示対象を安全保障化することがある。フランス，日本，スーダンの場合，このような呼称は，相関する指示対象と安全保障化アクターの密なネットワークを比較的明確な形でいい表す。異なる安全保障化アクターは，同一の指示対象を代弁するために競争してつながり合い，異なる指示対象は，互いに代替可能であることで統一される。明確な基準や1つの主要なユニットというよりも，家族のような類似の連鎖が存在する。それぞれの場合において，アクターと指示対象の集合体は，重なり合う安全保障言説の密度によって，また，通常は名目上，「フランス」（これは，いくつかの異なる指示対象や多数のアクターを意味する

ことがある）の安全保障，ヨーロッパとEUの安全保障，「環境」安全保障という名称によって統合されている（171-175頁のさらなる議論を参照）。

　安全保障分析における重要な問題は，誰が何の名の下に安全保障を「行なう」ことができるのか，ということである。一時期，専門家は「国家」だけを分析することで済ませていたが，そのときのシステムは，国家の総和であった。地域安全保障とは，国家安全保障を併せたものであり，あるいはむしろ，国家群の間で安全保障上の相互依存にある特定の集合体を意味した。このアプローチでは，より多くの種類のユニットを選択することができるが，安全保障複合体の基本的な考え方は，複数のユニットが存在する世界にも持ち込むことができる。

注

(1)　安全保障という言葉の歴史は複雑であるが（Kaufmann 1970；Der Derian 1993；Delumeau 1986；Corze 1984），1940年代には国際関係においてかなり明確な意味を持って定着していた（Rosenberg 1993）。この意味の多くは，安全保障という言葉をそれほど体系的に使用していなかった古い議論，つまり，以前はおもに国家理性の概念に含まれていた「必要性」についての議論に基づいていたため難なく受け入れられた（Butterfield 1975）。国家が法における自己制限と自己統制に入った，特に19世紀半ばから，「法的な挑戦から免れることのできる『統治行為』の範囲を指定することによってバランスが保たれた。法が行政権の領域を確保することは，ある種の資格である。それは，安全保障をめぐる計算によって，自由民主主義の政治を実現するための条件として課される資格である」（Gordon 1991：33；Foucault 1991［1978］参照）。極端な場合には，政府が必要なあらゆる手段を用いることができるとする古典的な議論は，特定の例外的なケースとして定着した（Wæver 1988, 1995b）。このような意味での安全保障は，国内のさまざまなコンテクストにおいて安全保障という言葉がどのように使用されてきたのかとは別に発展してきた（ただし，確実にそれらには関連はある。Kaufman 1970を参照）。このようなタイプの国際安全保障は，新しい指示対象や新しいアクターに広がり始める。したがって，我々は，特別に意味づけられた国際安全保障に焦点を当て続けたいが，国内のコンテクストでこのような意味の安全保障にしばしば出くわす可能性を排除しているわけではない。

(2)　この議論は，フェミニストたちが力強く主張しているように，私的なイシューがある意味で政治的である可能性がないことを意味するものではない。そのように主張するこ

とは，政治化の動きである。
⑶　強い国家と弱い国家の概念は，ブザン（Buzan 1991：96-107）で詳しく説明され定義されており，国家内の社会的・政治的結束の度合いに基づいている。強い国家は高く，弱い国家は低い。この概念は，他の大国に対する能力に関する強国と弱国の区別と混同されるべきではない。
⑷　ボールドウィン（Baldwin 1997）は，安全保障を定義し，安全保障研究を構築するために，最も緻密な方法で一貫して取り組んだ。それは以下のような考え方によるものであった。安全保障研究の目的と課題は，意思決定者がさまざまな脅威に対して割くべき相対的関心を正しく評価することを支援することにある。
⑸　言語行為を行なう能力に対する「文化資本」の重要性は，ピエール・ブルデュー（Bourdieu 1991 [1982]）によって議論されている。言語行為は言語的なものだけではなく社会的なものであり，発話者の社会的地位に依存し，広い意味で社会的な場に刻み込まれる。しかし，ブルデューは，一部のポスト構造主義者や日常言語学派の哲学者が，言語行為の純粋に言語的で，発話に内在する特徴を完全に決定づけるとものとする傾向に対抗して，みずからの議論を展開した（Bourdieu 1996）。ブルデューは，ジュディス・バトラー（Butler 1996a, b）の批判を受け入れ，言語行為にはある者が権威を持つものとして受け入れられ，他の者はそうでないという考え方，ブルデュー自身の言葉によれば「社会的魔法」という理念を包含する必要があり，それは不確定で驚きに満ちていなければならないと考えた。これは純粋に形式的な権威の地位の問題ではない（オースティンの例では，「私はあなたたちを夫婦と宣言する」は，適切に権威づけられた権威によって行なわれたときにのみ有効な言語行為となる；Austin 1975 [1962]：8-15）。言語行為にはパフォーマティヴな力がある。ブルデューの概念を借りるならば，言語行為には魔法のような効果があり，言ったことが実現される。言語行為が興味深いのは，まさにそれが日常を打破し，コンテクストにまだない意味を確立するための反逆の可能性を持っているからである。言語行為のパフォーマティヴな成功によってコンテクストを作り直す，あるいは作り出す。言語行為の成功にとっての社会的条件を研究することは重要であるが，それまでに成功し，外形的には資源や立場が整っていたとしても，言語行為が失敗する可能性や，逆にそれまで期待されていなかった新しいアクターが言語行為を行なう可能性を常に開いておく必要がある（Butler 1996a, b；Derrida 1977a [1972], 1977b, 1988）。したがって，「誰が安全保障を行えるのか」「これは安全保障のケースだったのか」というイシューは，結局のところ，後知恵でしか判断できない（Wæver et al. 1993：188）。このようなイシューは，安全保障化の成功のための限定的な基準によって閉め出されることはない。
⑹　このことは，アクターが地域を構築することに関心を持つ他の地域研究とは対照的である（Neumann 1994；Joenniemi and Wæver 1992；Joenniemi 1997）。地域に対する

両方のアプローチには関連があるが，その目的は異なる。

(7) 国際関係理論分野における我々の立場を明確にしたいのであれば，おそらくこの一節を選ぶべきであろう。我々は，国家や主権が固定的な限界を示すものとは考えていないが，国家中心主義に代わる伝統的なものとしての個人主義には懐疑的な立場をとっている。そこで我々は，ポスト主権的リアリズムとでもいうべき，複数のユニットからなる世界像を形成する。そのユニットは（主権的な領土国家の排他性とは対照的に）重複しうるが，このことは，いかなる善意ある国境越境主義にも必ずしもつながらない。その国境越境主義においては，すべてのユニットや集合体を相対化する個人のなかの複数のアイデンティティに焦点を当てる。ユニットの重なり合う世界における各個人は，複数のユニットの「メンバー」であるが，重なり合いによって生じる軟化効果に注目するのではなく，ユニットがいかにパワー・ポリティクスを継続できるかを研究する。たとえば，スーザン・ストレンジ（国家-企業外交，Strange 1994）やロバート・カプラン（主権後の極めて無秩序なアナーキー，Kaplan 1994）の仕事を考えてみてほしい。各ユニットは，安全保障行動の基準となる可能性を持っているが，異なるユニットが重なり合い，異なるレベルに置かれているため，国内と国際の間に固定した線はない。あるユニットにとって内的なものが，他のユニットを考えるとユニット間のものとなる。より重要なことは，個人と集団の安全保障の間に区別が存在することである。この議論は，現在のプロジェクトにとって重要である。というのも，もし国内と国際が固定的であれば，西洋的な政治観が定着するおそれがあるからである。国内政治は安全保障なき平凡なものであり，極端なものは国際的な空間に追いやられている。世界の他の地域では，国内は平穏ではない。このような文脈で動かされているユニットや集合体に注目することで，この事実を把握することができる。このような場所では，最も強力な指示対象が国家よりも小さいため，このような国内の安全保障関係はユニット間にある。

(8) サラエボの少女やサルマン・ラシュディなど，特定の個人に関心が集まっているケースも考えられる。このような人物は，他のほとんどの人物に比べて，かなりの程度重要視され，より多くの資源が費やされる。それは，彼らがある信条を代表しているとみなされるからである。ある特定の個人に対する行動は，常に，その人物が何らかのカテゴリーを代表するものであり，特定の社会的カテゴリーに属しているために保護に値するという構図に依存する。たとえば，リーダー，代表者，自由な知識人，すなわち，明らかなテストケースである。

(9) 分析者はまた，安全保障という言葉の使用に関して，アクターに対抗するために介入することができる。「経済安全保障」や「環境安全保障」という杜撰な表現に対しては，安全保障行為が実際に行なわれたわけではなく，安全保障化アクターが脅威を存立に関わるものとして扱う根拠を確立できていないと主張することで疑問を投げかけることができる。脅威が本当に指示対象との関係で存立の脅威であるか否かは，外から判断する

ことは不可能である。しかし，言説を研究し，そのイシューがこのような意味で安全保障化されているかどうかを確認することできる。これはおもに，安全保障というラベルの使用の妥当性をめぐる観察者間の議論への介入である。安全保障化をめぐって政策論争に直接介入する場合，議論の様式は，通常，そのイシューを安全保障化した場合と脱安全保障化した場合に起こりうる効果を比較するというものになるであろう。

第3章
軍事セクター

軍事安全保障のアジェンダ

　本章では，従来の安全保障研究の中心的な問題を取り上げ，第2章で展開した手法によって，そうしたアジェンダを組み入れた形で新たな知見を提示したい。軍事セクターは，安全保障化の過程が高度に制度化されている可能性が高い部門である。必ずしもそうとはいえないこともあるが，それは現代の国際システムの特殊な状況を反映している。また，伝統主義的な立場とは異なり，軍事セクターのすべてが必ずしも安全保障に関わるわけではないことにも着目すべきである。第2章で示した安全保障化の基準を考慮すれば，一部の国家にとって，多くの軍事的な機能が完全に安全保障上のイシューではないことは容易に理解できる。1990年代半ば，西ヨーロッパのほとんどの国家は，存立に関わる軍事的な脅威に直面していない。しかし，これらの国々は実質的な軍隊を維持し，軍事的な関係よりも政治的・経済的な関係に大きく関与する役割において軍隊を使用することが多い。デンマークの軍隊や日本の自衛隊がアフリカの平和維持活動（PKO）に参加する場合，それはデンマークや日本にとっての存立の脅威とは関係なく，これらの国々の国際的な役割における通常の政治と関係がある。安全保障共同体の一員としての国家にとって，軍事活動の実質的な部分は，安全保障の領域ではなく，政治の領域に属しているといえるかもしれない。

　軍事セクターにおいて，国家やその支配エリートは最も重要ではあるが，前者は唯一の指示対象でもなく，後者に関しても唯一の安全保障化アクターでは

ない。このような状況が存在するのは，国家が一般に他のアクターよりもはるかに大きな軍事資源を有しているからだけでなく，統治エリートがその領域の内外で武力行使の合法的な権利を主張する主要な担い手として法的・政治的に進化してきたからである。

　近代国家は，特定の領土とその住民に対する排他的な自治権の主張である主権という考えによって定義されている。武力は領土を獲得し，支配する手段としては特に有効であるため，国家の基本的な領土的性質は，武力行使に関心を有する伝統的な核心部分を支えている。歴史上，統治権は内外からの武力による挑戦者に対する主張と，防衛する能力によって確立されてきた。このように，軍事安全保障のアジェンダは，主に国家を中心に据えたものであるが，後述するように，他の指示対象や安全保障化アクターも作用している。このルールの主な例外は，国家それ自体が根づかず，崩壊のスパイラルに陥る場合に生じる。このような状況は，現在のアフガニスタンやアフリカの一部にみられるように，国家は陰影であり，対立する軍閥やギャングが現実に存在する原始的な無政府状態が長く続くことになりかねない。

　軍事安全保障の問題は，主として，人間の共同体が政府機構を確立し，維持する（または維持することに失敗する）内外の過程から生じる。もちろん，政府をめぐる一連の過程は，武力行使よりもはるかに多くのことを意味する。政治的正当性の諸条件，およびそれらが支配者と被支配者との間や異なる支配者との間でどの程度受け入れられるかは，少なくとも軍事的な考慮と同様に重要である。実際には，軍事安全保障のアジェンダは，政府が内外の軍事的脅威からみずからを維持する能力を中心に展開されるが，移民や対立集団のイデオロギーのような国家や政府の存在を脅かす非軍事的脅威からそれらを防衛するために軍事力を行使することもある。

　政治セクターと軍事セクターは概念的に別個のものであるが，統治過程における強制力と同意に関する部分的な互換性は，両者を結びつける。国家それ自体と同様に，こうした結びつきは，国家建設と国民生活という内向きの方向および国際システムにおける他の国家との位置や関係性という外向きの２つの方向をにらんだものでなければならない。軍事的対応が有効であるかもしれない

脅威は，国家の内部あるいは外部，ときには「第五列」（味方のなかで敵を支持する勢力）のように内部と外部の双方から生じることがある。こうした脅威の安全保障化は，攻撃に対する真の恐怖（例：韓国の対北朝鮮認識），支配エリートによる国内外での正当性の強化（例：アパルトヘイト，南アフリカの反共産主義）への欲望，またはその両方を反映している可能性がある。安全保障複合理論の友・敵の要素は，こうした安全保障化の過程の結果を反映したものである。

　政府が担う主要な内政的な機能のなかには，行政や法律ばかりではなく，市民秩序と平和を維持することも含まれる。さらには，国家の領土保全が加わるかもしれないが，領土は必ずしも安全保障化される対象ではなく，最近のチェコスロバキアや旧ソ連邦の分裂のように，政府が自由に実質的な再編を交渉することもある。認識された脅威が国内的なものである場合，軍事安全保障は主として，支配エリートが市民の平和，領土保全，そしてより議論を呼ぶ，市民からの挑戦に直面した政府機構を維持する能力についてである（Ayoob 1995）。こうした挑戦の典型的な形態は，好戦的な分離主義者，革命家，テロリスト，犯罪組織やその運動であるが，政府によっては，国家の権威や管轄権に対する非武装の挑戦者に武力を行使するために，彼らを安全保障化する場合もある。

　以下のような事実に着目すべきである。すなわち，究極の近代国家の形態をとるヨーロッパの国家あるいはウェストファリア型の国家は，市民の武装解除を進め，国家が社会における唯一正当な強制力の行使者であり，国内的にも対外的にも，残存する非合法（主に犯罪）武装集団よりもはるかに大きな強制力を効果的に発揮するという理想に向かって，みずからを強化してきたという事実である。19世紀になってから西欧諸国でようやくみられたこうした発展は，警察と軍事の機能的な分離を可能にするほど明確になったが，多くの新しい国家では，この区別はまだ根づいていない。これは，封建国家や古典的帝国の大半の形態における状況とは対照的であり，そこでは武力を行使する能力と権利が，社会の複数のレベル（封建領主，都市，フリーランスの傭兵，古典的帝国システムにおける総督や他のローカルな支配者）に通常存在していた（Watson 1992；Buzan and Little 1996）。先進国のなかで，米国はウェストファリア的な理想から著しく逸脱しており，連邦政府の支配権に対する防衛として，憲法上，

市民の武器の保有権と各々の州で独自の民兵を持つ権利を有している（Deadney 1995）。スイス，イスラエル，南アフリカは武装した市民という要素を強く持っているが，前者は領土防衛に，後者2つは個人の安全保障に関連する。

　安全保障化が対外的な脅威に焦点をあてる場合，軍事安全保障は主として，一方では国家の実際の武力攻撃能力や防御能力，他方では相互の能力と意図に対する認識の間の2レベルの相互作用に関わっている。対外的な脅威は，国家，社会，国民が完全に消滅するという恐怖から，特定の政策への砲丸外交的な強制や威嚇に至るまでさまざまである。また，中国に関する現代的な認識のように，現在の能力というよりも，将来的に見込まれる能力に対して恐怖の反応が示されることもある（Dibb 1995）。リアリズムがそもそも精緻化されていないとはいえ，対外的な軍事力の存在とその安全保障化との間に絶対的な相関関係はない。たとえば，民主主義と平和に関する文献は，民主主義国家は相互の軍事力を恐れないという考えに基づいている（Ember, Ember, and Russett 1992；Maoz and Russett 1993；Mintz and Geva 1993；Lake 1992；Owen 1994；Schweller 1992；Weart 1994）。いくつかの軍事力が別個に存在する場合でさえ，脱安全保障化は可能である。

　しかし，いくつかの軍事力は安全保障化の潜在的な可能性を生み出す。エリートや国民が他国の軍隊を脅威として扱い始めると，国家間関係は，古典的な軍事安全保障のジレンマを引き起こす。すなわち，一方では軍事技術の拡散，軍備競争，防衛と抑止に関する国家政策の相互作用に関連し，他方では軍備管理，軍縮，非攻撃的な防衛，ときに同盟といった，安全保障のジレンマを緩和する一連の政策に関わることになる（Jervis 1978；Buzan and Herring forthcoming 1998；Møller 1991）。軍事関係が安全保障化されると，こうしたアジェンダは，国家が保有する強制力の手段，これらの手段および国家の相互作用のあり方に対するこうした手段の変化が与える影響によって大きく形成される。軍事的なアジェンダは，独自の論理と技術的な要請を持つが，単独では作動しない。国家間の軍事力の相互作用は全体として，政治的関係によって深く条件づけられている。国家間のレベルにおいて，軍事安全保障のアジェンダは，国家が武

力を行使するための装備を整える方法と，この点に関して，国家の行動が他の国家によってどのように解釈され，反応されるのかに大きく関わっている。国家が破綻し，ギャングや軍閥の間で原始的な無政府状態が蔓延している場合，他のアクターの武装能力と結びついた脅威認識の論理がより直接的に機能する。

安全保障アクターと指示対象

指示対象

　国際関係における伝統的な理論と実践の多くは，国家が軍事安全保障の唯一正当な指示対象であるという考えを中心に構成されている。ヨーロッパで成長し，世界の他の地域に移植された国家中心型のウェストファリア的な国際社会構想では，国家は武力行使の権利と能力の両方を有する唯一の宝庫であると考えられ，いくつかの場所ではそれに近い存在となった。この概念において，国家は，君主が主権と安全保障の中心に位置する絶対王政から，政府だけでなく国民や市民社会がそれらの役割を担う国民主権へと発展した。王朝国家も国民国家も，軍事安全保障の正当な指示対象として排他性を主張したが，主権がより広範に位置づけられるようになると，国家の安全保障の内容は拡大した。国民国家が軍事的な脅威にさらされることになれば，政府だけでなく，その市民的構成員も脅威にさらされることになる。

　しかし実際には，多くの国家が国家モデルを完璧に体現しているとはいい難く，それに近づいている国家でさえ，市民社会のあらゆる要素を完全に組み込んでいるわけではない。多くの場所では，支配者と被支配者の間に依然として緊張関係が存在する。このため，他のユニット，特に部族あるいは民族が，国家内および国家間の軍事安全保障の指示対象として挿入される余地が大きい。この過程は，バルカン半島やコーカサス，アジアの一部やアフリカの大部分において，あまりにも明白である。しかし，現代世界では，こうした非国家的なユニットの多くが国家としての地位を獲得しようとしており，もし成功したならば，非国家的な指示対象としての地位は過渡的なものにすぎない。

　現代の国際システムでは，国家が成立する前の指示対象が依然として活動し

ている。中央アジアやアフリカの一部には，部族的な未開人がいまだに残存する。これらの部族が軍事安全保障の指示対象としてどのように機能していたかは，アフガニスタンやソマリアにおける現代の内戦からうかがい知ることができる。クウェートやサウジアラビアのような王朝／王家は，指示対象としての自治権をいまだにある程度は維持してはいるが，国王や王子，帝国，都市は，軍事セクターにおける指示対象としての役割をほとんど失うか，あるいは役割を果たさなくなった。中国という国家が部分的に崩壊した1930年代にみられたように，私設の軍隊も依然として重要であり，結果として，広大な領土を支配する自律的な軍事指導者を生み出した。

　宗教は，軍事の安全保障化の指示対象としては潜在的には有効であるが，旧ユーゴスラビアや中東の事例が示すように，近代世界における宗教は国家（イスラエル，イラン）や民族（セルビア，クロアチア）と絡み合うことがしばしばである。現代世界では，宗教は，過激派カルト（ブランチ・ダビディアン，オウム真理教）といった小規模なものを除き，軍事安全保障の指示対象として国家を超える存在には至っていない。しかしながら，その背景には，イスラームに対する欧米の恐怖，「ヒンドゥー・ナショナリズム」の台頭，「文明の衝突」論（Huntington 1993, 1996）があり，これらはすべて，軍事安全保障の指示対象としてのウェストファリア型国家の排他性が，大小双方の実体からの挑戦を受けないわけではないということを示唆している。

　国家はまた，その内部からの挑戦にも脆弱である。最も明白な事例は，分離独立主義者，労働組合主義者，革命家，その他の国家を志向する集団である。これらの集団は，国家としての主張を行なっているが，他国による統治からみずからを解放する力も，それを転覆させる力もいまだに有しておらず，他の国家からその主張が広く認められているわけでもない。このカテゴリーの内実はじつに多様である。分離独立運動や自治運動（チェチェン，タミール，クルド，カレン，東ティモール，ケベック，バスク，そして現在成功を収めているエリトリア），複数の国家にまたがり離散する民族（クルド人，パレスチナ人，セルビア人，おそらくロシア人），反政府運動（クメールルージュやアンゴラ全面独立民族同盟）などがある。多くの場合，ナイジェリアから分離独立しようとしたイボ族の失

敗にみられるように，国家を志向する集団は，事実上，ユニット・レベルのアクターとしての地位を主張する民族である。ネイションは自己を再生産し，ある時点まではそれに基づいて行動することができるために，それらを自律的なユニットとして受け入れる場合がある（Wæver et al. 1993）。国家を志向する集団の性質および国際システムにおけるその位置づけが意味することは，それらは軍事的な関心や行動の対象となることが多く，結果として，安全保障化の対象になるということである。またそうした集団は国家主権を脅かす存在とみなされやすく，それらが国家に準じた活動を行なうことによって，既存の国家が合法的な暴力の独占を確保するために軍事力を行使する動機となり得るのである。

　国家を志向する集団に加え，国家にはそれに取って代わることや，国家の地位を求めない挑戦者がいる。これらには，国家による個人の自由への侵害に対抗する軍事的な自衛集団として，1990年代前半に米国で顕著になったいわゆる民兵の活動や，国家の規制や課税を免れた経済活動を行なうために国家の外部で組織された犯罪者集団が含まれる。民兵もマフィアも，軍事安全保障の指示対象としてのそれらの構成員に尽くすことができる。そして，アフガニスタン，ユーゴスラビア，アフリカのいくつかの地域，そしてかなり穏健な意味でのイタリアの事例のように，国家が機能しなくなれば，民兵，マフィア，氏族，ギャングが前面に出るようになる。国家の名において権利を主張する集団もいれば，利己主義的かつ自己を明示する安全保障上の実体となる集団もある（Kaplan 1994）。

　ここで，我々は国際安全保障と国内安全保障の境界線上にいることを認識することになる。通常，国際安全保障のイシューではないが，最近，欧米諸国において社会内部の暴力が問題視されるようになったことは注目すべきである。ロシアから米国に至るまで，社会の暴力が蔓延しているという感覚は，政治家が法と秩序という古典的な安全保障化の試みにおいて活用できるプラットフォームであり，犯罪対策によって人権が脅かされ，「絶対的指導者（strong man）」の論理が出現し始めるに至っている。このような事態は通常，軍隊が関与することはなく，明らかに警察の問題ではあるが，2つの相互関連する理

由から安全保障上のアジェンダに位置づけられる。まず，欧米諸国において，警察は通常，社会の継続的な機能を確保する制度的な存在である。しかし，米国やソ連崩壊後の世界の多くのイメージでは，むしろ警察をもつことが良い考えであり，そのことは状況が制御不能であるからこそ，「何かをしなければならない」という考えに結びつく。第二に，安全保障化が発生すると，例外措置が提唱される。安全保障化それ自体は，概して指示対象（あるいはその法律を遵守する部分）としての社会および主要アクターとしての国家のエージェントや政治家を有する。これは，標準的な安全保障からは逸脱し，安全保障が社会内部に向けられることによってのみ発生する。

　国家より下位レベルにある最後のイシューは，現在のところ大規模ではないが，興味深いものである。米国やカナダをはじめとする一部の国では，ジェンダーや人種が暴力との関係において安全保障化の対象となりつつある。家庭内暴力および暴力や訴追に関して，人種的な偏見に基づくパターンは決して新しくはないが，新しいといえるものは，こうしたパターンが活動的な集団によって集合現象としてますます認識されるようになっていることである。家庭で妻が殴られた場合，その状況を安全保障化の対象にすることは容易ではない。しかし，フェミニストが，ある集団――男性――が別の集団――女性――に対して行なっている集合的な暴力のイメージを構築し，たとえば，男性の存在によってレイプがすべての女性の安全保障上の問題であると概念化できれば，新しい集団が暴力アジェンダの指示対象として出現し始めるのである。

　軍事的な安全保障化は原則として，国家および国家を目指す集団に大きく焦点をあてるが，サブシステムやシステムレベルでの指示対象を安全保障化する可能性もある。北大西洋条約機構（NATO），異なる形態では，共通安全保障政策を志向するEU／西欧連合（WEU）のような同盟は，こうした地位を獲得することができる（第8章を参照）。これは，ある意味では，単に国家間の主張を足し合わせたものに過ぎないが，別の意味では，文明という大規模な指示対象とも重なる。EUの安全保障を唱道することは，ヨーロッパ文明の安全保障を唱えることとほとんど変わらないし，NATOの安全保障を呼び起こすことは，西洋の安全保障を喚起することとほぼ同義である。これまでのところ，

EUが軍事セクターではあまり取りあげられてこなかったが，冷戦時代には，NATOが西側の軍事安全保障を体現していたことはよくいわれることである。

より抽象的には，勢力均衡，国際社会，ある種の兵器（核兵器，生物兵器，化学兵器，目潰しレーザー兵器）の不拡散，国際法（不可侵原則）といった原則も，軍事安全保障の指示対象として呼び起こされることがある。この場合も，国家安全保障と直接の関連はあるかもしれないが，人権，集団安全保障，国際社会の安定という，何らかの一般原則の観点から行動の要請がなされる。核不拡散は，自国の安全保障を核兵器の保有に明確に依存している国家がある一方で，他国による核兵器の獲得が国際システムに対する安全保障上の脅威であると主張する国家も存在する点で，とりわけ興味深い。さらに興味深いのは，国際連合が，平和維持活動（PKO）の文脈（PKOが敗北や失敗を重ねると，国際連合の将来の信頼性や機能的な存続が危ぶまれるという意味）において，指示対象としての地位を獲得し始めている点である。

安全保障化アクター

第2章で論じたように，指示対象が国家である場合，国家の代表者が国家に代わって安全保障を語ることができるかについては，かなり明確なルールが通常存在する。ネイションといったあまり制度化されていないユニットの場合，そのルールはさほど明確ではなく，安全保障を語ろうとする試みの正当性は，彼らが受ける支援の規模や深さによって決定される。国家の代表者は自国を代表して発言するが，軍事安全保障の管理者として，より抽象的な原則（勢力均衡）やより集団的な原則（文明，NATO，核不拡散）を喚起させる可能性が最も高い。国連事務総長やNATO事務総長のような政府間組織（IGO）の職員も，軍事安全保障の指示対象として，より抽象的で集団的な原則をもちだすある程度の権威を有している。

しかし，国家が常に首尾一貫していると想定することはできない。民主主義国家では，圧力団体や軍部を含む多くの声が安全保障化の言説に関与し，ベトナム戦争に反対した米国の世論のように，ときには安全保障化の言説が効果的に展開される。陸軍が満州で独自の政策を追求した1930年代の日本のように，

またロシア政府が1995年に開始したチェチェンでの軍事作戦に対する統制を失ったように，国家は軍隊に対する統制を失うこともある。諜報機関もまた，みずからを国家安全保障の真の守護者であって，その全体像を把握していると考えるようになり，それに基づいて独自の安全保障政策を追求するようになるかもしれない（ただし，それを公言することはほとんどない）。

軍事安全保障の指示対象として機能する他のユニットの多くは，国家になることを目指すと同時に政治的階層として組織化されているため，誰が組織を代表して安全保障を語ることができるのかについて，比較的明確なルールを国家と共有していることが多い。マフィア，ギャング，氏族，部族，反乱・分離独立運動はいずれも，明確に定義された権威ある指導者を有している可能性が高い。たとえば，南アフリカにおけるズールー族のリーダーとしてのブテレジ族長の役割や，カンボジアにおけるポル・ポトの役割を思い浮かべてほしい。軍事安全保障は一般的には，高度に組織化され，十分な装備を整えた集団的対応を必要とするため，他のセクターに比べ，正当な安全保障化アクターについて曖昧さが生じにくく，権力関係の構造を反映しやすい。こうした論理は，都市，帝国，同盟，公国，宗教，部族連合およびその他の軍事安全保障の指示対象が一般に階層構造を備えていた前近代においても，広くあてはまるものであった。しかし，近代国家において，この論理は，安全保障化の特定の過程に反対あるいは支持するうえで，他のセクターに対する重要な役割を排除していない。

機能的アクター

軍事セクターには，指示対象にも安全保障化アクターにもならずに，セクターのダイナミクスに影響を及ぼすアクターが多数存在する。こうしたアクターの多くは，暗殺者や傭兵会社，国防官僚から軍隊に至るまで，武力行使を用いるエージェンシーであるか，あるいは軍需産業に代表される武力行使の手段を提供するものかのどちらかである。個人が互いに武力を行使することは可能であり，実際に行なわれているが，このような状況は通常「軍事的」とはみなされず，国際関係論の範疇には入らないのが普通である。

国家内の下部組織が軍事安全保障の観点から注目されるのは，国家の軍事政

策や外交政策を形成する能力があるため，あるいはそれらが自律的な行動をとる能力があるためのどちらかである．近代国家では，多くの下部組織が軍事政策や外交政策の策定に影響を及ぼす能力を有している．これは，おなじみの官僚政治の世界である（Allison 1971）．政府（ここでは狭義の軍事力の保持者）は，そのようなアクターのなかで最も明白な存在である．政府には，（一般に，国家の主権や生存に対する脅威という観点から定義される）国益とは区別できる，みずからの（通常，権力を維持したい）生存欲求があるのかもしれない．政府は国家にとって正式に認められた安全保障化アクターであるため，両者を切り離すことは難しい．非民主的な政府であれば，恥じることなくみずからの生存を直接的に保障することができるかもしれない．しかし，ほとんどの政府，特に民主的な政府は，みずからの生存を国家のそれと結びつけようとする．

また，各国軍隊の個別の文化が軍事戦略や調達に強い圧力をかけていることも顕著である．海軍が大型の水上艦船を好み，空軍が有人航空機を好むのは，費用対効果を度外視した例としてよく知られている．さらに，陸軍，空軍，海軍といった軍隊の区分は，軍事調達に関する意思決定において，それらの間に起こる対立という十分に研究されてきた現象を生み出している．国防省，財務省，外務省といった他の下部組織も，軍事政策を決定するうえで重要な役割を担っている．

政府の外では，さまざまな民間セクター，とりわけ軍需産業を構成する企業を考慮に入れなければならない．19世紀後半，ヨーロッパの軍需企業は，「死の商人」として悪名を馳せるほどに十分に独立した存在であった．それらの商人は，自社製品の市場を広げるために緊張や対立を煽る民間外交を行なうことをいとわなかった．1930年代以降，大半の武器メーカーの活動は政府の許認可によって規制されるようになったが，それでも雇用，国際収支，動員に必要な産業技術や生産能力の維持といったイシューで国家に圧力をかけることができる．

脅威と脆弱性の論理

　第2章で論じたように，安全保障化は本質的に間主観的な過程である。脅威，脆弱性，安心／不安という感覚は，客観的に存在するかしないかというよりも，社会的に構築されたものである。とはいえ，ある条件下では，他の条件下よりも安全保障化を達成しやすい。侵略の歴史を持つ重武装の隣国は，軽武装で平和主義の隣国よりも脅威と解釈されやすい。NATOにおけるソ連に対する脅威認識の強さの多様性（例：デンマークと比較した米国）が示すように，同じ「客観的な」安全保障状況であっても，社会によって対応はまちまちである。戦車が国境を越えてくるような事態を除けば，客観的な脅威はほとんど存在しない。パラノイア（存在しない脅威の安全保障化）も自己満足（明白な脅威の非安全保障化）もありうる。しかし，他の条件が同じであれば，歴史的・物質的な促進条件は，かなり体系的な方法で，安全保障化と脱安全保障化の過程に影響を与える。ひとたび軍事の安全保障化が実現すれば，均衡や技術開発といったイシューが，より自律的な役割を担うようになる。

　軍事的な脅威や脆弱性は，いくつかの正当な理由によって国家の安全保障を考えるうえで伝統的に重視されてきた。軍事的な脅威は，他の脅威と異なり，意図的であり，方向づけられたものであることが多い。軍事的な脅威が用いられる場合，通常の政治的関係の崩壊や破棄を意味し，政治的，経済的，社会的なイシューを武力によって決定しようとする意図を表す。このような争いにおける行動への抑制はほとんどなく，脆弱である。戦争に関与する社会は，市民の生命や福祉だけでなく，政治的，経済的，社会的成果のすべてを危険にさらす。冷酷な相手との戦争に負ければ，大惨事になりかねない。たとえば，ナチスによるポーランドとソビエト連邦の占領や，日本による中国の占領を思い浮かべてほしい。ボスニアについても考えてみよう。軍事的な脅威は社会のすべてを脅かすものであり，文明化された行動のルールのほとんどが機能しなくなるか，あるいは後景に追いやられるような文脈においてそうなる。軍事的な脅威は，まさに存立の脅威である。

第**3**章　軍事セクター

　他の条件が同じであるならば，このセクターにおいて，国際システムにおける2つのユニット間の脅威と脆弱性の論理は，それぞれの軍事力と，（脱）安全保障化の過程の帰結である友好・敵対の度合いとの相互作用の関数である。ひとたび安全保障の過程が敵対関係として固定化されると，脅威と脆弱性は主として潜在的な侵略者の軍事力によって認識されるようになる。このような計算をする際には，相手の絶対的な能力と，自国と比較した相対的な能力の両方を考慮に入れなければならない。潜在的な攻撃者の絶対的能力は，軍事的な脅威の性質と程度を決定する。大量の核兵器と適切な運搬システムを備えた敵対国は，大量破壊兵器を保有していない国にはできない，社会の急速な消滅という脅威をもたらすことができる。同様に，軍隊の規模や装備も，それらがもたらす脅威の種類を形成する。冷戦時代にNATOやワルシャワ条約機構が展開したような大規模で重装備かつ機動性の高い軍隊は，小規模で軽装備かつ機動性の低い軍隊にはない侵略の脅威をもたらす。たとえば，日本は，自国の島々から戦力を投入できる長距離攻撃兵器も，海上輸送能力や空輸能力も否定することで，近隣諸国への脅威を回避しようとしてきた。

　すでに定着した対立国間の相対的な軍事力の弁証法は，戦力，技術，戦略のバリエーションに応じて，ほとんど無限に練り上げることができる（Buzan 1987；Buzan and Herring forthcoming 1998）。この弁証法は，勢力均衡対バンドワゴニング（追従政策）というより大きな問題に発展する。すなわち，軍事安全保障を内部のバランシング（脆弱性を減らすために自国の強さを高めること），外部のバランシング（脅威の認識を共有する同盟国をみつけること），あるいはバンドワゴニング（脅威の主要な源泉に対する宥和，または従属）のいずれによって追求するのが最善であるのかという問題に発展する。また，ハイテクかローテクか，通常兵器か核兵器かなど，技術の性質に関する広範な議論も含まれる。これらの問題はよく知られていることであり，ここで詳しく説明する必要はない。重要なのは，軍事の弁証法のオーソドックスな論理が適用されるのは，主に安全保障化が定着した後だということである。軍事力が絶対的なものであれ相対的なものであれ，安全保障化の過程それ自体を決定するわけではない。もしそうであったのであれば，西ヨーロッパ諸国は1945年以降，ソ連の軍事力と

同様に米国の軍事力についても懸念していただろう（実際には一部の国民がそうであった）。軍事力以外の多くの変数が，軍事的な安全保障化の確立（または非確立）および維持に重要な役割を果たす可能性がある。主要なものは，地理，歴史，政治である。

　地理は，距離と地形という2つの方法で，軍事的な脅威と脆弱性の認識および運用を形成する。距離は，軍事的な脅威が短距離よりも長距離を移動しなければならない場合，軍事的な脅威を高めるのはより困難であり，防衛がより容易であるという伝統的な原則に基づいている。大半の国家は，近隣諸国に対する攻撃や侵略の威嚇を行なう能力を有している。大国は一般的に，近隣諸国を越える形で軍事力をそれらの地域に投入することができる。現代において，世界規模での軍事行動を行なう能力を有している国家はほんの一握りである。現代の軍事力が国際システム全体に拡散するにつれ，グローバルな軍事態勢を構築することは，スペインの征服者ピサロが164人の兵士，62頭の馬，2門の大砲でインカ帝国を打倒できた時代よりもますます困難になっている。現在，世界の軍事大国としての地位を確立しているのは，明らかに米国だけである。

　距離の効果は，安全保障複合体理論の地域的前提の根底にあるものである。世界トップクラスの大国は，遠距離にある重要な相手と交戦し，打ち負かすことができるが（18世紀の英国のインド占領，第一次世界大戦と第二次世界大戦，湾岸戦争における米国の役割），軍事関係の一般的なルールとして，国家は遠くの大国よりも近隣の大国を心配するものである。非伝統的な軍事関係では，距離の法則は，より均一ではない形で適用される。ローカルな犯罪や都心部の状況，破綻国家の無政府状態では，この法則がほぼあてはまるが，テロリストやマフィアは，距離をあまり気にせずに脅威を提供するかもしれないし，サイバー戦争に関する憶測は，距離がほとんど問題にならないような紛争様式を示唆している（Der Derian 1992）。

　地形は軍事的な脅威に対する脆弱性を増幅または減少させる傾向があるという点で，距離と同様の働きをする。ポーランドやウクライナのような国々は，軍事的な移動の障害となるものがほとんどない平坦な地形を占めている。これとは対照的に，日本と英国は，海水域によって生み出された近隣諸国からの侵

略に対する兵站上の障害から恩恵を受けてきた。台湾海峡による保護がなければ，台湾が別個の国家として存在していたとは考えにくい。スイスは山脈の障壁から，ロシアは距離と気候からの恩恵を受けている。対照的に，イスラエルとクウェートには戦略的な深みがなく，侵略に対する物理的な障壁もほとんどない。

　過去の経験が現在の認識に与える影響という観点から，歴史は軍事的な脅威に大きな影響を与える。敵対関係の存在と戦争が繰り返されてきた歴史は，脅威に対する現状認識を増幅させる傾向がある。第一次世界大戦後，フランスはドイツが武装解除された後もドイツを恐れていた。ポーランドはドイツとロシア，韓国と中国は日本，ベトナムは中国，ギリシャとアルメニアはトルコ，イラクとイランは互いに対して，それぞれ長い歴史的な疑念を抱いている。このような記憶は，非常に長く根深いもの（ベトナムと中国，特にアラブ人対ペルシャ人として考えた場合にはイラクとイラン）もあれば，かなり最近のもの（フランスとドイツ）もある。まず消えることのない事例（ギリシャとトルコ）もあれば，軍事的な意義が薄れ，より最近の出来事に取って代わられてしまった事例もある（英国とフランス，デンマークとスウェーデン）。冷戦時代にみられたように，歴史は軍事的な脅威を強く認識するための必要条件ではない。米国もソ連／ロシアも，冷戦に突入する以前は深刻な敵対関係の歴史をもたなかった。しかし，苦い歴史や過去の戦争の記憶があることは，安全保障化の過程を促進する。日本やドイツが学んだように，現在の政治的・軍事的な現実が脅威の認識に対する客観的な根拠を示していないようにみえても，そうした記憶は脱安全保障化の過程を阻害することがある。

　政治的な要因は，軍事的な脅威に2つの方法で影響を与える。すなわち，ひとつはアクター間に存在する認知の度合いを通じて，もうひとつは政治的イデオロギーにおける調和と不調和を通じてである。冷戦の場合，歴史的な敵対関係はほとんど存在しなかったが，米ソは，安全保障化の過程を促進するゼロサム的なイデオロギー対立に陥っていた。1930年代における民主主義国家，ファシスト国家，共産主義国家の間にみられた対立には同じ性質がみられるが，同様のダイナミクスは，イスラエルとアラブ，インドとパキスタン，アルメニア

とアゼルバイジャン，ボスニア内戦のように，宗教的な分裂が軍事的な脅威と相互作用する場合にもみられる。

　イデオロギー的な分裂は，政治的なユニットが法的に対等な存在として互いに認め続けている場合，国際システムにおいて作用することがある。しかし，国家と国民が互いに上位と下位という階層的な観点からとらえることは，歴史をはるか昔にさかのぼるまでもなく（あるいは未来を先取りすることもなく），当然のこととして受け入れられている。歴史的な観点からみれば，第二次世界大戦後の数十年間は，歴史的慣行からの根本的な決別を意味する。脱植民地化によって，少なくとも一時的には，あらゆる国家を法的に対等な存在として，すべての人々を平等な人間として受け入れることが必要となった。人権の確立は，こうした方程式の人間的な側面を持続することを意味しているが，多くのポストコロニアル国家が，国際社会の対等な一員としての地位を維持できるほど，自国を統治できているのかという点については，現実的な疑問がある。ハイチ，ソマリア，リベリア，バングラデシュ，カンボジアのように，植民地としてではなく，国際社会に依存する一種の委任統治状態に陥っている国々もあるかもしれない。

　地位の違いは，軍事的な脅威の違いを生む。ある政治ユニットが他の政治ユニットを対等であると認めない，それどころか，政治ユニットとしてまったく認めない場合，武力行使に訴えるさまざまな重要な抑制が取り除かれてしまう。それに呼応して，安全保障化の過程は促進される。なぜならば，もしそれが承認された国家であれば，共存せざるを得ない他国による行動は，たとえば，必要な物資供給や海外にいる自国民の安全に対する容認できない脅威として，容易に非難されるからである。19世紀のヨーロッパとアジアの多くの国々との関係が，このような不平等なものであったことは，ゲリット・ゴング（Gerrit Gong 1984）が見事に物語っている。

　この「文明国標準」アプローチの要素は，最近，ヨーロッパで再びみられるようになり，冷戦後のいくつかの承継国家は，国家承認を受ける前に民主主義，人権，経済法に関する条件を突きつけられた。ある政治的なユニットが他のユニットから承認されない場合，その社会政治制度は正当性をもたないとみなさ

れ，その領土は政治的に空白で占領できるとみなされる。さらに，人々が他者から人間であるとまったく認められない場合，人々は家畜のように扱われ，奴隷にされるか，害虫のように扱われ，根絶やしにされる危険がある。第二次世界大戦中にナチスが行なったユダヤ人やスラブ人に対する政策と同様に，アメリカ大陸，アフリカ，オーストラリアへのヨーロッパ諸国の進出の一部は，こうした極端な事例に近いものである。タスマニア，アフリカ，アメリカ大陸における根絶政策と，ヨーロッパ諸国と日本，中国，シャム，トルコといったアジア諸国との不平等条約との間には，あらゆる領域での不平等な取り扱いが存在する。政治的・社会的な承認は軍事的な脅威からの自由を保証しないが，それらのない軍事的な脅威はより安全保障化の対象になりやすいといえる（Buzan 1996）。

リージョナル化のダイナミクス？

　軍事セクターにおいては，冷戦の終結により，グローバル・レベルの安全保障から，リージョナルやローカル・レベルの安全保障へと顕著にシフトしてきた。国際システムでは，リージョナル・レベルの軍事安全保障が抑圧されてきた長い期間を経て出現しつつあるということができる。当初，この抑圧は，ヨーロッパ，後に日本や米国の帝国主義という形態で行なわれた。とりわけ帝国主義が公式的なものであった場合（非公式なものであった場合とは対照的である），帝国主義は，リージョナルな安全保障のダイナミクスを，大部分大国間関係というシステム・レベルの様式に置き換えた。

　冷戦は，公式的な帝国主義の枠組みを破壊するうえで大きな役割を果たし，その結果，第三世界の旧植民地諸国は，リージョナルな軍事安全保障関係のなかに独自の様式を見出すようになった。脱植民地化の過程の一環として，国際システム全体を通じて，新しい国々に近代的な兵器が行き渡ることになった。しかし，同時に，冷戦の極端な双極性は，ある地域には大国の覆い被さりを，他の多くの地域には強いレベルの外圧と介入を課した。冷戦時代，リージョナルな安全保障のダイナミクスの多くは，超大国間の対立との強い相互作用を回

避することができなかった。冷戦の終結は，脱植民地化の過程で開始されたリージョナルな軍事安全保障のダイナミクスの解放を大きく後押ししたとみることができる。

　原則として，以下の3つのタイプの展開は，軍事安全保障におけるリージョナル・レベルの自然な支配を弱め，グローバル・レベルに有利になる可能性を持っている。第1に，軍事的な脅威が国際関係において重要ではなくなる場合，あらゆる軍事セクターは後景に追いやられ，他のセクター（特に経済セクター）がよりグローバル化し，相対的に他のセクターへ重点が移っていくことになるだろう。第2に，軍事技術が高度に発達し，費用対効果が向上した結果，軍事的な脅威の伝達において距離や地理が問題にならなくなる場合，そこでは地域安全保障複合体の固有の論理が作用しなくなる。第3は，国際システムにおける権力の集中があまりにも大きくなり，（すべての国家がグローバルに活動する大国または統合された地域であるという理由のために）リージョナル・レベルが存在しなくなる場合，あるいは（大国が地域安全保障複合体を覆い被さってしまうという理由のために）重要ではなくなる場合である。

　冷戦後の世界では，先進工業民主主義諸国間の関係において，軍事的な脅威は重要ではなくなりつつあるという見方もある。主要な権力中枢のほとんどを含む国際システムのかなりの部分は，現在，多元的な安全保障共同体のなかで機能しており，そのなかでの構成員は互いの関係において武力行使を予期していないし，準備することもない。これが「民主主義と平和」あるいは「相互依存と平和」という仮説の証拠なのか，それとも単に歴史的な戦争疲れと核抑止力の帰結なのかは意見が分かれるところである。いずれにせよ，これらの国家間の軍事的な関係を安全保障化することは困難になっていると否定することはできず，おそらく不可能になっているのかもしれない。

　いくつかの地域，特に西ヨーロッパ，中央ヨーロッパ，北米において，こうした展開は，相互の軍事的な脅威の論理が地域内部で事実上存在しなくなるとともに，紛争解決の政治的手段への共通のコミットメントが主流となり，安全保障と対立関係が他のセクターに置き換えられたことを意味する。せいぜい，ヨーロッパで時折みられるように，過去の記憶が脱安全保障化された取り決め

へのコミットメントを維持する将来の可能性として呼び起こされる程度である。大量破壊兵器とその運搬システムの拡散を制限するいくつかの疑似グローバル体制を除けば，こうした展開がシステム全体に及ぶ兆候はほぼみられない。その主たる影響は，リージョナル・レベルよりもグローバル・レベルの大国間関係にみられる。数名のアナリスト（Goldgeier and Mcfaul 1992；Singer and Wildavsky 1993）は，こうした展開を，国家間の関係から軍事的な要素がほぼ排除された世界と，軍備管理レジームによって多少制約されているとはいえ，古典的リアリズムの形態で作動する世界という二つの見方から特徴づけている。

また，国家間関係において，距離や地理が以前ほど重要でなくなったという事例もありうる。経済の分野では，輸送コストが事実上ゼロになったことで，地球上のほぼすべての場所で競争力のある商品を生産し，他のほとんどの場所で消費することができるようになった。ほんの数百年前まで，文明は距離と地理的な障壁のために，互いに政治的，社会的，軍事的に事実上孤立して存在することができたのである。

しかし，現在の状況は，大半の国家の軍事関係にほとんど影響を及ぼしていない。いくつかの軍事大国は短時間で地球上のどこへでも大量の軍事力を投入することが可能であり，核兵器と長距離ミサイルの組み合わせによって，大国間関係における距離や地理は，あまり問題とはならなくなった。大量破壊兵器（核兵器，化学兵器，生物兵器）とそれを運搬する手段（ミサイル）の拡散は，グローバルな能力へのより一般的な動向を示しているかもしれないが，もしそうであるならば，その動きは非常に遅く，かなり部分的である。既存の核保有国および潜在的な核保有国（英国，フランス，中国，韓国，日本，台湾，インド，パキスタン，イスラエル，イラン，イラク）のほとんどは，運搬手段を主にみずからの地域に限定しており，リージョナルな軍事安全保障のダイナミクスを強化している。大半の国家にとって，そのような兵器は現在の地位や将来の計画には何の役にも立たない。また，そうした国家にとって，通常戦力は距離による制約が大きく，軍事安全保障関係の持つリージョナルな論理が優位を維持しているというのが現実である。

権力の集中という観点からは，グローバル化の潮流から大きく離れ，権力の

拡散とリージョナル化の相互作用という方向へと向かっているようにみえる。ヨーロッパ帝国主義の時代と冷戦の時代はともに，リージョナルな論理を覆すことができた権力集中のバージョンを体現していた。これらの時代はいずれも過ぎ去り，その結果，軍事力の拡散が促進された。現在，主要な権力中枢の多くは，どちらかといえば内向きであり，自国の問題に関心を有し，海外での軍事力の拡大や地域紛争における小規模な平和構築以上の努力には消極的である。イラク戦争のように自国の利益が脅かされる場合には，実質的な武力を行使するが，一般的に大国は，互いの競合関係や内部圧力によって，海外での武力行使を迫られることはない。大国は，軍事的な安全保障化の訴求力に抗うようになってきている。

　米国は，権力の一極集中の傾向を維持するほど，圧倒的な軍事技術的な優位と支出レベルを維持するといわれている。技術的な意味ではそれがあてはまるが，この事実は，この権力を一部の偶発的な事態に対処する以外には，費用やリスクを負担したくないという米国の強い意図によって相殺されている。米国は軍事技術的な一極集中性を享受しているが，死傷者を出したり巻き込まれたりすることを嫌うために，リージョナル化を推進する他の要因がもつ影響を過小評価している。ソマリアの事例が示したように，多くの国家と一部の非国家的主体でさえ，軍事占領の試みに対して効果的に抵抗する能力を有するようになった。その多くは，近隣諸国に対して深刻な攻撃を仕掛けることができる。権力拡散の過程は，最終的には，大国からなる多極化の世界につながるとみることもできるが，そうなるかどうかはまだ見通せない。軍事セクターでは，短期・中期的に，現在の展開はグローバル化からリージョナル化へと向かう流れにあるといえる。大量破壊兵器の拡散に歯止めをかける体制もあるが，それは水を漏らさぬほどではない。一般的に，リージョナルな安全保障のダイナミクスは，かつてよりもかなり自由に作動している。

　大国の内向性は，リージョナルな国家に対する権力の拡散によって補完され，リージョナルな国家は近隣諸国との関係を安全保障化させることに関して制約をほとんど受けない。こうした展開は，リージョナルな安全保障のダイナミクスの重要性を大国のそれと比べて相対的に高めるという，脱植民地化によって

開始された過程を拡大していく。軍事力がシステム内で拡散するにつれて、地域紛争への外部の大国による介入はより困難となり、コストもかかるようになる。このことは、湾岸戦争の事例が如実に示している。その戦争は米国の軍事的な優位を示したが、あらゆる大国が介入するためには、一隻の砲艦といくつかの軍隊を派遣すればよかった時代とは状況が大きく異なっていた。同じ教訓は、米国のベトナム戦争とソ連のアフガニスタン戦争から得ることができる。このように、二極対立がなくなり、中央への権力の集中が弱まった分、現在の見通しでは、リージョナルな安全保障問題に対する大国同士の競合的な軍事介入の度合いが低下していくことが好ましい。介入の比重を下げることが地域紛争を鎮静化させるかあるいは悪化させるかは、さまざまなリージョナルな安全保障化を条件づける状況に大きく依存している。

　冷戦は、国内的にも地域的にも、第三世界の軍事紛争に超大国が介入する慣習を育んだ。地域大国は、自国の安全保障上の懸念を大国間対立という文脈のなかに位置づけようとすることで、大国に対して支援を求めた。一方、米国とソビエト連邦は、みずからの安全保障をグローバルな観点から定義した。冷戦は、軍事安全保障の過程をあらゆる点で促進させた。超大国は、中東や東南アジアを中心として、多くの地域紛争をみずからの対立関係の表現または延長とみなし、こうした紛争の帰結を、幅広い意味での闘争の成否を示す重要な指標とみなすことが多かった。すなわち、相手側がすでにそうしているという恐怖や認識とバランスをとるために、地域の紛争に武器や支援を提供することを厭わなかったのである。これに基づいて、2つの超大国は第三世界の紛争に膨大な資源を投入し、多くの場所で武力衝突の規模、強度、期間を増幅・拡大させたのである。

　冷戦が第三世界で多くの紛争を実際に発生させたと証明することは、朝鮮半島の分断など一部の例を除けば困難であろう。しかし、グローバルな安全保障とローカルな安全保障のダイナミクスの相乗効果によって、米国とソ連がいかにローカルな紛争に巻き込まれたのかを示すことは容易である。米国はパキスタン、南ベトナム、イスラエル、イランに、ソ連はインド、北ベトナム、シリア、エジプト（1972年まで）、イラクに、それぞれ武器を投入した。また、米ソ

両国はソマリア，アンゴラ，ニカラグア，アフガニスタンにも武器を供給した。冷戦後の世界では，グローバル・レベルでの軍事安全保障化を実現することはかなり難しく，その結果，このような軍事的・政治的支援を受けることは容易ではなくなるであろう。武器は，拡大する生産者から豊富に提供されるが，彼らはその代価を支払わされることになる。また，イデオロギー的あるいは戦略的な動機がない以上，大国がベトナムやアフガニスタンのときと同じように第三世界の紛争に直接的に介入することは困難になると思われる。軍事的に大きな影響力を行使できる可能性のある他の大国のなかで，EUと日本は，そのようにする意図も憲法上の能力も有していない。EUと日本は双方とも内向的で，みずからの地域や自国の問題に専念しており，軍事的手段に訴えることを極端に避けている。

　これらのすべての理由から，冷戦の終結は，ローカルな軍事安全保障のダイナミクスの作動に関して，大きな自由度をもたらすように思われる。この効果はヨーロッパで最もわかりやすく示されており，数十年にわたる超大国の重圧によって，ヨーロッパの安全保障複合体の自然な（そして歴史的に非常に活発な）作動は，事実上消滅していた。冷戦が終結し，ソ連が崩壊し，米国の関与が弱まったことで，ヨーロッパ諸国は再び関係を整理する必要性に迫られている。潜在的な対立国を軍事統合や政治協力という強力な様式に結びつけるEUやNATO，安全保障化の過程への最初の防衛ラインとしての安全保障レジームを提供する欧州安全保障協力機構（OSCE）や平和のためのパートナーシップ（PFP）といった諸制度は，安全保障化に対する防御壁が存在しなかった1945年以前と比較すると明らかに大きな違いがある。

　東欧では，新しい国家や独立したばかりの国家が，歴史的前例のない安全保障関係の様式を模索している。この広大な地域の一部（コーカサス，バルカン半島，ハンガリー周辺，ロシアとウクライナの境界，中央アジア）では紛争のダイナミクスが活発に作用しており，その勃発が近づいているともいえる（Buzan et al. 1990；Wæver et al. 1993, chapter 1）。ソ連崩壊の混乱が落ち着くと，いくつかの新しい安全保障複合体が形成される可能性がある。この過程にとって極めて重要なのは，EUがその統合と崩壊のダイナミクスの緊張をいかにうまく

処理できるかどうかにかかっているということであろう。また，ロシアが独立国家共同体（CIS）のなかで覇権を再び握ることに成功するかどうか，そしてEUとCISがひとつの統合された安全保障地域をつくるのか，あるいは2つの別々の地域をつくるのかという関係性も重要である（Wæver 1996a）。EUとロシアが，冷戦を終結させた両者の関係の脱安全保障化を維持することに成功するのか，あるいは再安全保障化の過程が勢いを増すのかは，いまだに見通せない問題である。

　冷戦の終結は，東アジアのリージョナルな安全保障にも大きな影響を与えているようにもみえる。ソ連の力がなくなり，米国のプレゼンスが低下したことで，この地域の国々は，近代史において初めて，19世紀半ばからこの地域を支配してきた外国のプレゼンスから解放され，ほぼ自由に互いの関係を見直す必要に迫られている。ひとつの可能性は，東アジアが勢力均衡の保たれたリージョナルなシステムに変容することである（Buzan 1994b；Buzan and Segal 1994；Dibb 1995；Buzan 1997）。多くの点で，この地域は19世紀のヨーロッパに類似しており，実質的な大国の集合体である。これらの多くは工業化を進めており，その結果，ナショナリズムの意識は高く，権力の分布は不安定である。この地域のほぼすべての国家が近隣諸国と領土問題，帰属問題，歴史問題を抱えているという文脈において，中央部に位置し，急速に成長するひとつの大国が，他国のほとんどを脅かしている。協力する機運は低く，歴史的な記憶は長く鮮明に残りそのほとんどが否定的なものであり，ASEANを除けばリージョナルな制度は著しく未発達である。軍備の近代化は急速に進んでおり，この地域の多くの国は，必要があれば，すぐにでも核保有国になることができる。

　2つの朝鮮と2つの中国との軍事関係は，すでに強固に安全保障化されている。このような状況では，他の関係も容易に安全保障化される可能性がある。このような過程に対して立ちはだかるのは，日本国内のそれに対する強い抵抗（皮肉にも，他国が認識する中国の脅威を増大させかねない），いくつかの弱々しい様相をみせる地域間組織（ASEAN地域フォーラムとアジア太平洋経済協力），経済発展の勢いを維持するという共通の関心事である。この地域における安全保障の言説には奇妙な二面性があり，協力的な安全保障（例：脱安全保障化）に

関する多くのレトリック（およびASEANのような実際の協力措置）がある一方で，中国と韓国の指導者が公の場で日本の戦時中の残虐行為を共同して想起するときの恐怖と憎しみの露骨で規則的な表明がそれと結びつく場合がある。

　ヨーロッパと東アジアが際立つのは，リージョナルなダイナミクスに及ぼす冷戦の影響が極めて大きかったためである。その影響が解消されると，必然的にローカルな帰結が強く現れる。冷戦終結の影響は，一般的に第三世界ではヨーロッパや東アジアほど劇的ではなかったが，原理的には同じである。超大国のプレゼンスが大幅に弱体化したことによって，ローカルな安全保障のダイナミクスが独自の形態をとり，地域の資源，問題，認識に基づいて行動する余地がより広がった。このようなリージョナルな安全保障の自律性の高まりがもたらす帰結は，決して一様ではない。ある地域では，超大国の撤退が脱安全保障化を促進したように見えるが，別の地域では，より高いレベルのローカルな安全保障化を引き起こしたようにみえる。

　こうした自律性の主たる受益者は，東南アジア，中東，アフリカ南部と考えられる。これら3つのすべての地域では，冷戦の終結と同時に，実質的な脱安全保障化と紛争の根底にあるイシューの解決に向けた動きが顕著になった。中東では，超大国からの支援の喪失や弱体化によって，イスラエルとアラブ諸国が交渉のテーブルにつくようになった。アフリカ南部や東南アジアでは，中央でのイデオロギー対立が崩壊したことで，周辺においても並存していた対立軸が弱まり，ローカルなレベルでの対話と紛争解決が促進された。南アフリカ政府の反共的な姿勢や，アフリカ民族会議（ANC）と共産主義との連携は，ソ連が崩壊したときにその意義を大きく失った。ナミビアやモザンビークでは和解が進んだ。アンゴラにおける和解はローカルな対立に屈したが，この紛争はもはやイデオロギーに基づく外部からの武器供給や介入によって支えられてはいない。同様に，東南アジアでは，ベトナムがソ連のイデオロギー的・軍事的な支援を失ったことで，ASEANへの加盟を目指すようになった。一方でASEANは，米国との結びつきの重要性が低下し，拡大する中国のパワーに対処するために，より一貫したリージョナルなレジームを構築する必要性を認識している。

冷戦後，リージョナルな安全保障のダイナミクスが解放された結果，主たる敗者となったのは，コーカサス，バルカン半島，中央アジアである。これら3つの地域すべてにおいて，ソビエト権力の崩壊は，安全保障化への集中的なプロセスおよび領土，人口，地位をめぐるローカルな紛争を発生させた。国家間（クロアチアとセルビア，アルメニアとアゼルバイジャン）でも国家内部（ボスニア，ジョージア，タジキスタン，ロシア）でも激しい戦争が起こった。戦争が回避された場合でも，安全保障のジレンマが強く根づくこともよくあり，戦争につながりやすい軍事的・政治的な緊張が存在する。また，3つの地域ともマイノリティ問題や未解決の国境紛争が多数存在する。中央アジアでは，アラル海を中心とした河川の水資源をめぐる紛争が発生する可能性が高い。バルカン半島では，特にボスニアやマケドニアをはじめとするいくつかの新しい国家の地位が近隣諸国との間で問題になっており，アルバニアとセルビア，クロアチアとセルビアという2つの国家間およびそれぞれの民族との間の最終的な関係もいまだに不明確なままである。東欧とコーカサスの間では，ロシアとウクライナの対立がくすぶっている状態である。安全保障化を成功させる資源は豊富であり，それに対する抑制が圧倒的とはいい難い。

　第三世界の他の地域においては，より自由でリージョナルな安全保障のダイナミクスの影響は，まだ判断が難しい。南アジアと湾岸諸国では，軍事的な安全保障化をめぐる対立の様式が，以前と同じように長く存在する。インドとパキスタンは超大国の同盟国や支持者を失った。パキスタンはイスラームや中国とのつながりを強化することによって埋め合わせをしない限り，こうした展開は時間の経過とともに，大きな軍事力を元々持っていたインドに有利になるはずである。そうなれば，この地域でも核抑止の姿勢を鮮明にする可能性が高くなる。湾岸諸国では，湾岸戦争後も外部からの介入の動きが強くなっている。石油資源に対する外部勢力の関心は，この地域が大国による継続的な関与を保証させる地域であることを意味しているのだろう。しかし，イラク，イラン，サウジアラビアという基本的にリージョナルな安全保障のダイナミクスは今後も続くと予想され，おそらく南アジアほど短期間では行なわれないだろうが，湾岸諸国でも核武装の脅威は存在する。

大抵の場合，ラテンアメリカの国家間関係は，冷戦の影響をほとんど受けておらず，キューバを除けば，その終結の影響もあまり受けていない。ラテンアメリカの国家間では深刻な戦争が起こることは稀であるが，軍事的な対立や緊張の存在はいささか共通することであり，国内政治において武力行使も行なわれた。この地域における現在の民主化が冷戦終結の産物であるという意味で（権威主義を正当化する反共産主義の基盤が弱体化したという理由で），ラテンアメリカはおそらく受益者であり，重要かつ持続的な脱安全保障化の傾向を享受している。しかし，長期的にこの地域でどのような国際関係が展開されるのかは，まだわからない。一方では，とりわけ，非核兵器地帯やアルゼンチンとブラジルの脱安全保障化への動きにみられるように，リージョナルな安全保障レジームに向けた動きが明確にみられる。他方では，ブラジルは依然としてみずからを大国とする強いイメージを抱き，この地域には多くの領土紛争や帰属をめぐる争いが存在するために，安全保障化のプロセスが周期的に発生する。リージョナルな安全保障のダイナミクスが作用しやすい国際環境では，いずれの傾向も優勢になる可能性がある。

　南部以外のアフリカでは，冷戦終結による直接的かつ軍事的な影響はかなり小さく，長期的な影響がどうなるかは不明である。新生南アフリカとその近隣諸国は，ヨーロッパと同様に徹底された脱安全保障化のプロセスを経て，対立地帯を南部アフリカのリージョナルな安全保障レジームへと転換する方向にかなり進んでいる。しかし，アフリカの他のほとんどの国家は弱体であり，そのなかには崩壊しつつある国家もあるようにみえる。安全保障問題は，国家間問題というよりも国内問題であることが多く，国家間戦争よりも国内紛争からの波及効果の方が大きい。アフリカの角を除いて，リージョナルな軍事安全保障の相互依存の強い様式は出現していない。しかし，西アフリカ諸国経済共同体（ECOWAS）によるリベリアへの介入の初期段階，タンザニアによるウガンダへの介入，そしてルワンダ，ブルンジ，ザイール（現コンゴ民主共和国），ウガンダにおける内政の不安定の相互作用にその可能性をみることができ，やがてこれらは地域安全保障複合体として発展する可能性がある。アフリカの大部分では，ラテンアメリカと同様に，冷戦とその終結は国際政治よりもむしろ国内

政治に大きな影響を与えたのである。

　アフリカの紛争における大国の関与は，ごく少数の例外を除けば，決して大規模なものではなかった。冷戦後，ソ連と，それ程ではないにしても，フランスがこの地域への関与をやめたことが証明しているように，アフリカへの大国の関与はおそらくさらに小さくなっていくだろう。冷戦期，アフリカの多くの国内紛争は国際社会からほとんど無視され，リベリア，シエラレオネ，ルワンダ，ソマリアでの最近の悲劇が示唆しているように，こうした政策は今後も続くと思われる。アフリカにおける国家間のリージョナルな安全保障のダイナミクスは脆弱である。なぜならば，ほとんどの国家が自国の軍隊の多くをその領土を越えて派遣することができないからである。アフリカは，旧ユーゴスラビアのような巨大な規模の領土紛争や人口問題の泥沼に陥る可能性がある。イシューの性質とローカルなアクターに有用である権力の制限は，より強力な国家や権力が優勢な地域にみられる大規模でリージョナルな様式というよりも，多数のミクロ複合体が発生する可能性を示唆している。

　アフリカにおける軍事安全保障は，アフリカの人々が，みずからの文化的様式とヨーロッパによる植民地的な押しつけの結合が残した奇妙な社会政治的遺産をどう生かすのかにかかっている（Buzan 1994a）。バルカン半島，コーカサス，そしておそらく中央アジアにおいてのみ，アフリカの大部分に類似する状況がみられる。危険なのは，外部からの介入ではなく，国際社会がこうした地域を単に無視することである。ソマリア，ルワンダ，そしておそらくボスニアへの人道的介入が失敗に終わったことは，その後に起こりうる他の国内政治秩序の崩壊に対する介入の抑止として機能するだろう。

　弱い国家が徐々に崩壊に向かうようなところでは，軍事安全保障の拡散はグローバル・レベルからリージョナル・レベルで止まるのでなく，ローカル・レベルへと拡散していく可能性が高い。このシナリオは，ロバート・カプラン（Kaplan 1994）によって力説されているが，ボスニア，ソマリア，リベリア，コロンビア，アフガニスタン，タジキスタン，スーダン，シエラレオネではすでに明らかである。そういった失敗国家では，ギャング，氏族，マフィアに道を切り拓く。関係する人々にとって，こうした展開は軍事的な安全／不安が日

常生活の最重要な課題となることを意味し，ホッブズ的無政府状態が持つ多くの特徴を帯びている。このような政治的失敗を外部から改善することは極めて困難であり，コストもかかる。そして，場合によっては，経済の自由化の進展の暗部に潜み，国家の効果的な統制が及ばない国際的に組織化されたマフィアから支持を得ることもある。

　こうしたローカル化のダイナミクスは，経済の自由化の進展があらゆる場所で国家構造を弱体化させ，個人をより「部族主義的な」結社の形態へと向かわせるという，より広範なプロセスの一部とみなすことができる（Horsman and Marshall 1995）。国家が強く，社会がかなり発展し，凝集力が比較的強い場合，こうした弱体化には対処することができるかもしれない。しかし，国家が弱く，社会があまり発展しておらず，分断されている場合には，軍事安全保障のローカル化が政治秩序の基盤の大半を腐食させるという現実的な危険が存在する。アジアやラテンアメリカの一部の地域ばかりではなく，ナイジェリアやザイール（現コンゴ民主共和国）といったいくつかの重要な国を含むアフリカや，中東のかなりの地域が，潜在的にこうした運命をたどるかもしれない。こうした傾向が強まれば，原始的な無政府状態という不安定なミクロ複合体に行き着くことになる。

ま と め

　国家および国家を志向する集団は，伝統的に軍事安全保障の主要な指示対象であり，その大部分は現在もそうである。国家の領土保全は，伝統的な軍事安全保障の対象であり，国家を取り巻く2つの近接する環境——地域と国内——は，このセクターにおいても主要な関心事である。このセクターにみられるサブシステムのほとんどは地理的に凝集しているために，安全保障複合体を構成する。いくつかの同盟関係やリージョナルな組織，国際社会の一般原則も，このセクターの指示対象として一定の地位を占めている。国家が崩壊すると，それよりも小規模なユニットが，軍事的な安全／不安の主要な担い手として登場する。原則として，軍事セクターにおける安全保障化アクターについての曖昧

さはほとんど存在しない。相対的・絶対的な軍事力が安全保障化を促進することはあるが，安全保障化を決定するものではない。地理的・歴史的・政治的な要因も安全保障化のプロセスを形成する。安全保障化が一旦定着すれば，軍事安全保障関係は十分に理解された行動と反応の様式をとるようになる。

　グローバル・レベルがこのセクターを支配してきた長い期間を経て，現在では，リージョナルな軍事安全保障のダイナミクスが優先される方向へ向かっていることは明らかである。地域紛争が沈静化するケースもあれば，悪化するケースもある。いくつかの地域において，脱安全保障化のプロセスはローカルな国家間での軍事安全保障のジレンマをほとんど除去してきた。弱小国家や破綻国家が支配的な地域では，ミクロリージョンを形成する安全保障化とともに，ローカル・レベルでの安全保障が支配的になるという現実的な見通しが存在する。ミクロリージョンのリストのなかに，巨大都市の中心部におけるホッブズ的アナーキーを加えるべきだろう。政治的権威が崩壊すると，とりわけ警察と軍隊の境界がなくなっていくのである。

　主たる結論は，軍事セクターは依然としてリージョナルな安全保障のダイナミクスに支配されているが，弱い国家に対するローカルなダイナミクス，すなわち地域安全保障複合体やミクロ複合体の可能性が高まっているということである。さらなる研究の余地があるのは，このようなミクロ複合体同士が結びついて，国際システムそれ自体が大きく破壊され，いうならば国際社会の構造に穴をあけることになるのかどうかという問題である（Kaplan 1994；de Wilde 1995）。しかし，一般的には，古典的な安全保障複合体理論の論理は，このセクターでは実質的にいまだ有効である。

第4章
環境セクター

環境安全保障のアジェンダ

　環境安全保障を「究極の安全保障」と呼ぶ学者もいれば（Myers 1993a），本来の安全保障に対する汚染と呼ぶ学者もいる（Deudney 1990）。他の多くの学者は，その中間を行き来している。[1] 環境安全保障を政治的・軍事的なレンズを通して考える学者もいれば（Homer-Dixon 1991），社会福祉のイシューとしてみなす学者もいる（たとえば，欧州連合条約第130R条に反映されているように）。さらに，国際関係論の研究において，環境はレジーム理論のケーススタディとして歓迎されているようだ（Haas, Keohane, and Levy 1993）。しかし，環境の価値を安全保障化する試みは，今回取り上げた他の４つのセクターに関してみられるものと比べると，非常に短い歴史しかない。他のセクターにおける言説，権力闘争，安全保障化の試みは，特定の組織，とりわけ国家（Tilly 1990 の観点からすれば，剣と資本の産物），国民（アイデンティティの形成），国連システムによって反映され，時間をかけて醸成されたものである。環境問題への関心がどのような政治構造を生み出すのかは，まだ確定していない。これまでのところ，環境の言説からはエピステミック・コミュニティ，社会運動，政府部門，国際機関などが生まれているが，これらの集団がこの発展の始まりに過ぎないのか，それとも頂点にあるのかは，特に環境に対する脅威の認識が揺らいでいることを考えると判断しがたい。

　このような言説が顕在化したのは，1972年の国連人間環境会議以降である。それから20年以上が経過し，環境は政治を観察するレンズとなるほどの勢いを

獲得している。『環境と安全保障』という新しい専門誌ができたほどである。我々は，環境（あるいは他のセクター）を安全保障化すべきであると主張しているわけではなく，少なくとも一部のアクターがそうしようとしていることを観察しているのに過ぎない。

環境セクターの最も顕著な特徴の1つは，科学的アジェンダと政治的アジェンダという2つの異なるアジェンダが存在することにある。これらは部分的には重なり合い，互いに形成し合っているが，科学的アジェンダは，通常（おもに自然）科学と非政府活動に根ざしている。科学的アジェンダは，おもに科学者と研究機関によって政治の中枢の外で構築され，現在の文明の進化を妨げ，あるいは今後も妨げるであろう環境問題を列挙しているのである。政治的アジェンダは，基本的に政府および政府間のものである。これは，環境問題にどのように対処するかという公的な意思決定プロセスと公共政策から構成されている。そのため，政治的アジェンダは，政治化および安全保障化の程度を総合的に反映している（民間の安全保障化および脱安全保障化の試みとは対照的である）。この2つのアジェンダは，メディアや公開討論の場で重なり合う。最終的には，科学的アジェンダが安全保障化の試みを支えることになるが，政治的アジェンダは，以下の3つの分野に関するものである。(1)科学的アジェンダに関するイシューについての国家と国民の認識（政策立案者，その有権者，その仲介者である報道機関に科学的アジェンダがどれだけ認識されているか），(2)これらのイシューに対処する政治責任の受容，(3)政治的なマネジメントの問題。これには，国際協力と制度化の問題，特にレジーム形成，国家の単独でのイニシアティブの有効性，費用と便益の分配，フリーライダーのジレンマ，強制力の問題などがある。

明らかに，科学的アジェンダは，政治的アジェンダと異なるものではあるが，ともに社会的に構成されたものである。科学的アジェンダは，安全保障化または脱安全保障化の試みに伴う脅威について権威的立場から評価を下す。一方，政治的アジェンダは，こうした動きに対する公共圏での懸念の形成と，提起された問題に対処するための集団的手段の割り当てを扱うものである。

2つのアジェンダの区別は，非常に説得力のある論理として受け入れられて

第4章 環境セクター

いる。政治家や一般市民が，専門家や尊敬する科学者たちから，海は乱獲され，オゾン層に穴が開き，皮膚がんが蔓延し，人口増加は地球の環境収容力を超えているといわれたら（一般的な健全な懐疑心は別として），その報告を疑う理由はない。2年後，新たな調査によって反対の結論が導き出されたとしても，またその人はその結論に従うしかない（あるいは二次的な理由で否定する）。一般の人々は，専門家を信頼するか不信感を持つか，直感的な根拠に基づいて政治的選択をするほかにない。

　このことは，検討の対象となるすべてのセクターに当てはまるが，科学的な議論が環境安全保障の議論を規定する程度は例外的に大きいと思われる。多くの場合，現在の世代を超えた時間枠のなかで脅威を評価しなければならないのと同様に，局地的な開発が地球規模で累積する影響を扱うことが特に困難であるため，このように科学的権威に依存する特殊な形態が生じるのである。ジェームズ・ローズノーによれば，国際システムにおいて，科学的な証明を必要とする傾向がより強くなってきている。「証拠と証明の問題は，グローバルな論争の組織的な焦点となった」(Rosenau 1989：36；Rosenau 1990：425-429も参照）。環境というものが政治化された価値観として登場したのが比較的最近であることから，科学的証明を必要とする傾向は環境セクターにおいて特に強いのではないかと思われる。このことは「エピステミック・コミュニティ・アプローチ」(Haas 1992) と整合的である。このアプローチは，国家アクターが権力と富の追求者であるだけでなく，「不確実性の低減者」でもあるという仮定に基づいている。国際システムが複雑化し，多くのプロセスが個々の政府の手に負えなくなるなかで，政策イニシアティブの有効性が持つ不確実性を低減させることが急務となっている。このような状況は，特にエピステミック・コミュニティのほとんどが国境を越えた活動をし，政府部門が容易に入手できない知識を蓄積することができため，エピステミック・コミュニティの威信と力を高めている。

　この2つのアジェンダは明らかに重なり合い，相互依存しているにもかかわらず，異なるサイクルを辿っている。科学的アジェンダは学術的な基準を満たさなければならない（繰り返すが，それがいかに恣意的なものであろうとも）。政

治的アジェンダは，政府，メディア，国民の判断によって形成されることがあり，これらは短期的な出来事に大きく影響される。政治的アジェンダにとって重要なのは，環境に対する特定の脅威が現実か推測かではなく，想定される緊急性が政治的なイシューであるかどうかである。このような安全保障化の試みは，しばしば，チョルノービリで教訓となったように，環境に対する差し迫った脅威に左右されることになる (de Wilde 1994)。さらに，1992年の国連環境開発会議 (UNCED) でみられたように，政治的アジェンダは科学的アジェンダのなかでもより実質的な部分を扱う。科学的アジェンダの影響は，環境への配慮がさまざまな政府間交渉や国家の政策決定の慣行に入り込んでいるため，あまり目につかないことが多い。たとえば，レジーム構築の初期段階においては，科学的アクターがアジェンダ設定において特に重要な役割を果たす傾向がある。科学的アクターは，科学と政治の両方に関与することがよくみられる。たとえば，科学的なコンセンサスの形成の必要性を認識しつつ，政治的な論理に配慮する科学者がそうである。そのような科学者は，科学的な背信行為をしないように義務づけられてはいる。一般に，こうしたアクターは，科学分野に関連することを専門とする政治アクターと連携する。このように，両者が純粋な形で出会うことなく，科学から政治への連鎖が形成される (Skodvin 1994)。

　政治的アジェンダは，環境イシューのより刺激的で感情的な問題に対処するだけでなく，通常の政治の一部にもなっていることは強調されるべきだろう。政党，省庁，そして多くの企業は，環境政策を信じるかどうかにかかわらず，通常の活動の一環として環境政策を策定しなければならない。このような状況は，安全保障化というより政治化である。環境に対する懸念が，経済的，政治的に確立された慣習やルーチンの外にある限り，環境問題の擁護者は，環境の価値やイシューの重要性を過度に強調しがちであり，おそらくそうする必要があるのだろう。ローマクラブの報告書からブルントラント委員会に至るまで，2つのアジェンダの架け橋となる報告書には，安全保障化を図ろうとする試みが多くみられる。これらの報告書は，『沈黙の春』のような教訓を提示している (de Wilde 1994；Carson 1962)。安全保障化につながるのは，実際の災害ではなく，その予測である。資源不足や持続可能性といった概念は，人々の関心

第4章　環境セクター

を十分に喚起することに成功した。しかし，政府や企業によって取り上げられると，これらの懸念は単に政治化されるだけで，より大きな政治的文脈のなかでサブ・アジェンダを構成することになる。環境セクターでは，急激な安全保障化を試みる傾向が他のセクターよりも顕著であるが，安全保障化の成功例（特別な措置につながるもの）は比較的少ない。このことは，環境に関する言説が公的な議論のなかで，どのような位置づけにあるのかが未確定であることを示唆している。

　2つのアジェンダのなかでの優先順位は必ずしも明確ではない。どのような種類の問題を政治化しなければならないか，どのような問題であれば，直ちに特別な投資を行い，環境保全に向けて潮流を変える必要があるのか，意見が分かれるところである。具体的な災害（チョルノービリやボパールのような）は，明らかに，二度と起こらないようにするための行動を必要とする。一般に，地理的な位置と福祉の水準は，2つのアジェンダにおけるイシューの順位を決定するうえで重要な役割を果たす。貧しい国の政府は，産業における環境政策を贅沢品，すなわち通常の経済政策の付加的な側面であり，自分たちには余裕がないものと認識する傾向がある（MacNeill, Winsemius, and Yakushiji 1991）。川の上流に住む人々は，トルコがユーフラテス川の源流を支配しているために，イラクとシリアに対して潜在的な影響力を持つように，下流の水供給の量と質を制御できることを政治力の新しい源泉と認識することができる（Schulz 1995）。他の国家は，19世紀のライン川とドナウ川の委員会のメンバーのように，共通の水資源の相互依存性を発見し，それを受容するかもしれない。国民社会においても，科学的アジェンダを取り上げることにより，その代価はかなり不均等に分布している。たとえば，漁業管理に関する科学的アジェンダによって，ブリュッセルのホワイトカラー労働者の意識を変えたとしても，ヨーロッパ中の伝統的漁業コミュニティの意識が変わる可能性は低い。

　環境セクターは，非常に多様なイシューを扱うことから，かえって複雑になっている。科学的アジェンダを策定する文章には，部分的に重複するいくつかの重要なイシューが再登場する（de Wilde 1994：161；MacNeill, Winsemius, Yakushiji 1991：131；Boge 1992で示されたアジェンダと比較せよ）。これは，環

境アジェンダの最も広い定式化であり,したがって,本研究がおもに他のセクターで扱うイシューも含まれる。

- 生態系の破壊には,気候変動,生物多様性の喪失,森林破壊,砂漠化,その他の侵食,オゾン層の破壊,さまざまな形態の汚染などが含まれる。
- エネルギー問題には,燃料となる木材などの天然資源の枯渇,(原子力・石油輸送・化学工業を中心とした)産業災害を含む各種の公害,不足や偏在などがある。
- 人口問題とは,地球の環境容量を超えた人口増加と消費,感染症や健康状態の全般的な悪化,識字率の低下,政治的・社会的に制御不能な移住,これには管理不能な都市化などを含む。
- 食糧問題には,貧困,飢饉,過剰消費,これらの極端な現象に関連する災害,肥沃な土壌と水資源の損失,感染症と健康状態の全般的な悪化,欠乏と偏在が含まれる。
- 経済問題には,持続不可能な生産様式の保護,成長志向(これは循環的かつ根本的な崩壊をもたらす)に内在する社会の不安定さ,構造的な非対称性と不公平が含まれる。
- 内戦には,戦争による環境破壊のほか,環境悪化に関連した暴力が含まれる。

当然のことながら,環境安全保障に関するすべての文書がこれらすべてのトピックを扱っているわけではないし,恒久的に安全保障化の対象となるものばかりでもない。また,この包括的なリストに関して,コンセンサスが存在するかどうかも不明である。「生態系の破壊」は最も純粋な環境イシューの領域である。環境アジェンダのいくつかの項目は,他のセクターのアジェンダと重複しているが,ここでは,環境というレンズを通して,そのアジェンダをみる。欧米志向のアジェンダは人口に関するイシューの役割に重点を置き,南側のアジェンダは経済に関するイシューの役割に重点を置いている。ギャレス・ポーターとジャネット・ブラウン(Porter and Brown 1991)は,人口増加と経済活

動の両方がアジェンダ全体の基盤を占めていると主張しているが,おそらくこのことは正しいといえよう。

安全保障アクターと指示対象

一見したところ,環境そのもの,あるいは環境に関する戦略の一部が,環境安全保障の指示対象といえる。これは多くの環境保護者の暗黙の見解である。このことは,高次の政治領域に入ることを意図した緊急に対処するべきイシューのリストの提示の仕方にみられる (Lodgaard 1992 ; Myers 1993a)。しかし,環境保護主義者の議論の多くには,もうひとつの懸念が見て取れる。それは,既存の文明レベルの維持に対する懸念である。この考え方によれば,環境安全保障の究極の指示対象は,人類が達成した文明レベルを失うリスク,つまり,明らかにリスクを回避できるのに,野蛮な社会に逆戻りすることである。

環境安全保障に関する議論は,反核ロビーから文明の喪失に関する懸念を引き継いでおり,映画では核戦争後(『マッドマックス』)から環境黙示録後(『ウォーターワールド』)の蛮行へと移行した。ところが,環境安全保障の議論は,このような北側の中産階級を代表するハリウッドの視点を超えている。この指示対象は,北側のエリートであれ,中流階級であれ,アマゾンのインディアンであれ,達成されたあらゆる文明の水準にあてはまるものである。あらゆる場合に懸念されるのは,達成された文明レベルを維持(あるいはさらなる発展)するために不可欠な生態系が持続可能であるかどうかということにある。すべてがそうであるわけではないが,多くの環境問題の議論には,暗黙のうちにこのような懸念が根底に流れている。それは,環境災害のない開発という観点も含め,達成された文明の水準を維持することが問題になる。つまり,環境安全保障は,「他のすべての人間の事業が依存している本質的な維持システムとしての局地的および惑星全体の生物圏の維持に関係している」(Buzan 1991 : 19-20)。

この究極の指示対象(人間の事業)との関係で,アナーキーな体制における古典的な安全保障のジレンマに内在するようなパラドックスが生じる。環境の

脅威から社会を安全に保障する唯一の方法は，社会を変えることである。20世紀において，文明は石器時代から現在への螺旋状の進歩のプロセスとして素朴に受け止められていたが，今日では自滅的な姿にたどり着いたおそれがある。このことは，文明全体にもいえることであり，特に，身近な環境にある小さなローカル・コミュニティにもいえることでもある。

　ここで重要なことは，環境安全保障とは，自然や「母なる大地」に対する脅威を意味するものではないということである。地質学的な観点からは，何の問題も存在しない。地球は何十億年も前からその場所にあり，たとえば，産業革命以降に地殻で起こっていることは，むしろ重要ではない。また，核の冬も，地球温暖化も，オゾンホールも，恐竜の消滅も，人類の未来も，地殻そのものにとっては比較的意味のない出来事である。

　このように，環境セクターでは，環境そのものと文明と環境の結びつきという2つの異なる種類の指示対象が，環境運動のなかの2つの派閥を代表しているのである。これまでのところ，これらの派閥は連合して共存してきた。しかし，この連合は，もともと調和的なものではないことに留意する必要がある。特に，ゾウ，クジラ，サイなどの絶滅危惧種の保護に関わる場合，環境保護を念頭に置く人々と，人間の事業の安全保障を最優先とする人々とが衝突する。

　しかし，人間の事業が環境条件によって左右されるだけでなく，環境そのものを条件づけしているという根本的な問題意識については一致している。この事実が認識されたのは，比較的最近のことである。環境の構造的な条件と政策オプションとのあいだの一方的で直線的な因果関係（古典的な地政学）ではなく，環境と政治のあいだには，動的で相互依存的な関係が存在する。文明は，みずからの環境の構造的な条件の一部に対して責任を負っており，それが発展の選択肢を制限したり拡大したり，協力や紛争の誘因に影響を及ぼしている。

　環境イシューには多くの論争がつきまとう。安全保障化アクターに加え，環境に関わる脅威を最も重視する試みに異議を唱えたり無視したりすることで，安全保障化の試みに反対するアクターもいる。もちろん，これは軍事セクターにもいえることで，平和運動は，国家の安全保障化の試みを（脅威の正当性を否定することで）打ち消そうとし，国家自体に安全保障化に敵対させようとす

る(軍拡競争や戦争のリスクを高めるなど,安全保障化そのものを脅威として指摘する)こともある。しかし,環境セクターでは,環境イシューが安全保障の地位を占めていると主張したのはごく最近のことであり,社会的深化がないために,その主張に対する反発には,はるかに脆弱である。ポーターとブラウン(Porter and Brown 1991)は,このような考え方をとらえるために,主導的アクター,拒否権アクター,拒否権連合という用語を用いている。(彼らの正確な用語では,拒否権を持つのは国家であるが,彼らはこの用語を企業やその他の機能的アクターにも適用している)。これらのカテゴリーは政治的な試みと安全保障上の試みの両方を体現しているが,環境セクターにおける安全保障上のアクターについて有益な洞察を与えてくれる。

主導的アクターは,環境イシューに関する個別の案件について,国際社会が効果的な行動をするように強くコミットすることがある。このような主導的アクターは,国家の場合もある。たとえば,オーストラリアは,南極大陸のレジーム構築で主導的な役割を果たした。スウェーデンとノルウェーは,国境を越えた大気汚染,特に酸性雨に関する国際的な行動を推進した。しかし,科学的アジェンダに関連して,主導権を握るのは国家ではなく,幅広い環境問題の緊急性を調査し,アジェンダを構築し,そのアジェンダを報道機関や政治エリートに伝えるグローバルな環境エピステミック・コミュニティ(Haas 1992)である。この緩やかな「コミュニティ」のメンバーが大きな政治的影響力を行使できることはすでに実証されているので,環境セクターにおいて,この「コミュニティ」を独立した政治的な勢力として考えることは重要である。政治的アジェンダについては,活動家やロビー活動を行なう非政府組織(NGOs)が重要な主導的アクターとなっており,グリーンピースや世界自然保護基金は,その最も代表的な例である。環境の安全保障化はこのような組織が得意とするところである。

ポーターとブラウン(Porter and Brown 1991:36-37)は,主導的アクター,特に,その1つである国家がとるべき戦略をいくつか挙げている。まず,研究資金を提供し,対象国の世論に情報を提供することによって,イシューに対する認識を高める(すなわち,科学的アジェンダを動員する)。この目的のために,

これらのアクターは，海外で自分たちの立場を賛同してもらうために，環境エピステミック・コミュニティを利用できる。これらのアクターは，一方的に行動を起こすこともあれば（手本を示す），外交を利用してイシューを国際機関のアジェンダに取り上げたり，拒否権アクターを孤立させたりすることもある。しかし，ほとんどの場合，これらのイニシアティブは安全保障化の試みと呼ぶことはできず，政治化にとどまる。このことは，国際システムにおける環境レジーム形成の実践全体にみられる特徴である。

拒否権アクターは，環境イシューを軽視しようとする産業・農業ロビーのようなNGO（たとえば，米国を拠点とする地球気候連合）の形をとることもあるが，その主役は国家と企業である。当然のことながら，国家と企業の拒否権は異なる。企業は形式的な主権をもたないからである。しかし，技術の知識と技術の実現について独占または準独占しており，あるいは効果的なロビー活動によって，自分たちの立場を賛同する国家を味方につけ，実質的に拒否権を持っている場合もある。

主導権を掌握している場合や拒否権を行使できる場合というのは，特定のイシューに限定される傾向がある。したがって，環境政治は，固定的な覇権構造や勢力均衡構造に支配されるものではない。その立場は戦略的である。日本は捕鯨に関連する拒否権連合で主導的なブロック国家であり，「ブラジル，インド，中国は，自国の開発計画における化石燃料の使用を抑制することを拒否することによって，気候変動に関する国際合意を阻止できる」（Porter and Brown 1991：17）。1950年代と1960年代には，国際海運会議所や国際海洋フォーラムとして組織された国際海運と石油メージャーのセブン・シスターズが，海洋（油）汚染に関する環境レジームをまず阻止し，次にその内容を決定した。1970年代と1980年代，オゾン層保護に関する国際的な行動は，クロロフルオロカーボン（CFC）を生産する化学会社19社，特にデュポン（世界生産の25％），アライドケミカル，インペリアルケミカルインダストリー（ICI），グレートレイクスケミカルによって阻止された（Porter and Brown 1991：65-66；Benedick 1991）。同様に，生物多様性（たとえば，熱帯林の開発に携わる国家や企業），酸性雨（二酸化硫黄と窒素酸化物の排出量が多い産業），河川汚染（上流の国家や企

業),さらには人口増加に関連して,特定の国家(特に中国,インドネシア,インド)の政策によって差が生まれる場合に拒否権アクターを特定することが可能になる。

　地政学的には,環境問題の物理的な発生源の周辺に拒否権アクターが存在すると考えられるかもしれない。それらは,漁船団の母港,安全でない原子炉の位置,熱帯林を伐採する企業の職場など,地理的・機能的に特定することが可能である。主導的アクターは,一般に環境悪化の影響を受けている地域,つまり問題が発生している地域にいるか,その周辺にいる。すなわち,環境悪化の直接的な被害者は,最前線にいることが予想される(たとえば,酸性雨をめぐるスウェーデンとノルウェー)。ただし,このことは,このような被害者が自分たちの存立を脅かす,より差し迫った脅威への対応に追われていない場合に限られる。

　被害者が環境問題に対して主導する資源をもたない場合(ほとんどの発展途上国がそうであるように),彼らは支援アクターとなる可能性が高い。主導的アクター,そしてさらに支援アクターが危険な場所にいるとは必ずしもいえない。特に,イシューが地球規模のもの(オゾン層破壊など),経済的なもの(熱帯林イシューの需要側),道徳的なもの(捕鯨など)である場合,これらのアクターはどこにでも存在する。しかし,そのアクターは一般的に,遠方の問題にエネルギーを注ぐ余裕のある国と,そうする自由がある人々を指す。このような立場はイシューごとに異なるので,(これまでのところ)全体的な権力の集合体に集約されることはない。また,軍事,経済,アイデンティティの利害関係がそうであったように,環境的価値が社会全体を意識的に秩序づける道具になることも(今のところ)ない。

　軍事セクターと同様に,環境セクターにも機能的アクターがたくさんある。大きな分類としては,経済的アクター(多国籍企業[TNCs],国営企業,農業,化学,原子力産業,漁業,鉱業など)があり,その活動は環境の質に直接関係している。これらのアクターは,生態系に影響を与える行動をとるが,一般にその活動を安全保障化することはおろか,政治化することも意図していない。このようなアクターに共通しているのは,いずれも大規模な経済アクターである

ことから，一般に利潤追求を動機としていることにある。これらのアクターは人間の居住環境を構築または維持するために生態系を利用する。環境に関する議論の多くは，これらのアクターがどのように活動するかに関わるものである。どのような搾取が許容され，どのような限界があるのだろうか。自然の資本を消費するのではなく，自然の利益によって生きる（可能であればその利益を増やす），持続可能な方法を見つけることはできるのだろうか。このようなアクターは，環境安全保障の議論において，しばしば否定的な意味でスポットライトを浴びることになる。

　もう1つの機能的アクターは，政府とその機関，そして一部のIGO（政府間国際機関）で構成される。政府は，経済主体に対する環境ルールを設定し，そのルールがどの程度よく（あるいはどの程度悪く）実施されるかを決定する。政府は，環境問題の（副）担当部局の設置，国連環境計画（UNEP）のようなIGOの設立，国際法の整備，FAOや世界銀行のような既存のIGOに新しい任務を追加することによって，環境安全保障の懸念をある程度制度化できる（White 1996, chapter 10）。しかし，政府とその機関は，経済アクターの役割と責任の一部も共有している。また，軍事的機能との関連では，核実験，軍事演習，核・化学・生物兵器の生産，余剰兵器や退役艦艇の投棄などの活動を通じて，環境を搾取する主要な存在となる。

脅威と脆弱性の論理

　原則として，3つの脅威の関係性が，環境安全保障の可能な世界を決定する。

　1．人間活動によらない自然環境から文明への脅威。地震や火山も含まれるが（ただし，ここでも人間の仕業かどうかの議論はある），最も確実な例は，大規模な隕石の衝突のおそれと，自然が大規模な氷河期サイクルに逆戻りすることへの懸念である。

　2．地球の自然システムや構造に対する人間活動の脅威によって，自然システムや構造が変化し，文明（の一部）に存立の脅威をもたらすと思われる場合。

グローバル・レベルでは，温室効果ガスの排出や，フロンなどの産業排出物のオゾン層への影響などが，その明らか例として挙げられる。地域や局地レベルでは，より小さな生態系の環境収容力を超えた環境開発（採取，投棄，偶発的破壊）が国の経済基盤や社会構造を動揺させる。

3．地球の自然システムまたは構造に対する人間活動の脅威によって，自然システムや構造への変化が文明に存立の脅威をもたらすと思われない場合。たとえば，さまざまな鉱物資源の枯渇は不便かもしれないが，技術の進歩によってほぼ確実に処理できる（たとえば，電子産業における銅からシリコンへのシフト，一部の工学的用途における金属からセラミックスへのシフトの可能性など）。

これらの関係のうち最後のものは，さまざまな動物（特に鳥類と大型哺乳類）の絶滅に対する懸念という顕著な例外を除いて，環境安全保障の言説にほとんど登場しない。第1の脅威はよく知られているが，その理解は端緒についたばかりである。科学的アジェンダによって，この脅威が憂慮するべき問題として説得力のある理由づけをしたり，この脅威に関心を持つ安全保障化アクター（たとえば，宇宙防衛ロビー）の影響力が高まったりすれば，このアジェンダはさらに発展するであろう。

第2の脅威の関係は，環境安全保障について語るおもな理由である。文明と環境の間には循環関係があり，そのなかで文明は自然を操作し，ある意味では自己破滅的な状況に陥っている。グローバルな視点でみると，この循環的な関係は，おもに2つの展開の結果として生じている。20世紀後半，世界の人口と経済活動は爆発的に増加した。過去2000年の間に，世界人口は推定1億人から約60億人に増加した。その前の1万年間には，世界人口はわずか400万人から1億人に増加した（Ponting 1991：90, 92, 241；Porter and Brown 1991：4）。それ以前の1万年の間に，世界人口はわずか400万人から1億人に増加した（Ponting 1991：90, 92, 241；Porter and Brown 1991：4）。1960年から1990年のあいだに，推定世界総生産は約6兆ドルから約20兆ドルへと，ほぼ4倍になった（Porter and Brown 1991：5）。環境問題を経済計算に組み込むという発想はかなり新しいが（van Dieren 1987），20世紀後半に公害統計が増加したことにより，

その傾向が強まっている。

　環境安全保障を理解するうえで重要なことは，人間の力が及ぶ範囲内で潮流を変えることができるという認識である。この問題は，人類が自然に対してではなく，みずからの文化のダイナミクスと戦っているということである。その問題は，おもに経済的，人口学的な側面で現われ，どれほど国際システムとそのサブシステムの秩序に影響を及ぼしうるのかという文明の問題なのである。

　人口の集中や経済活動の集中が生態系の環境収容力を圧迫し，あるいは超過しているというこの基本原則は，グローバル・レベルだけでなく，あらゆるレベルの分析において基礎となるものである。たとえば，都市化は典型的には人口過剰という局地的な問題に，公害は概して局地的な産業問題に，土壌侵食は概して小規模な経済と人口圧力に関連している。

　一見すると，第1のタイプの脅威である自然災害にも多くの余地があるように思われる。自然は文明を脅かし，それによって安全保障化が図られる。多くの社会は，地震，火山，サイクロン，洪水，干ばつ，疫病など，繰り返し発生する極端な自然現象にさらされる構造になっている。国家はこのような現象に[2]脆弱であり，国家の歴史とは，このような自然との不断の闘いに関するものであることが多い。このようなリスクは，しばしば明示的に安全保障化され，制度化されている。たとえば，オランダでは，海や氾濫する川から身を守ることが国益の上位を占めており，日本では地震から身を守ることが国益の上位を占めている。

　しかし，何らかの形で安全保障化や政治化が行なわれると，つまり，運命や神の役割に代わって何らかの人間の責任が問われるようになると，この種の紛争も社会的な性格を帯びてくる（第2のタイプの脅威）。1995年に低地諸国で発生した河川洪水の後，オランダでは堤防の政治的責任について議論が交わされた。誰が悪いのか，何をすべきなのか。日本では，1995年初頭の神戸地震の後，地震の早期警報システム，建築技術，政府の市民緊急事態計画の設計者が非難を浴びることになった。自然の脅威に対処する手段が存在すると考えられている場合，安全保障の論理は自然に対してよりも，責任があると考えられている人間のシステムの不具合に対して働くのである。さらに，人間の活動と「自

然」災害の関連性が疑われ,自然災害と人為的災害の区別が曖昧になりつつある。したがって,人々が何の疑問ももたずに自然災害を被る場合を除き,環境安全保障が「敵なしの脅威」(Prins 1993)であるという論理は誤解を招きがちである。

人類は地球規模の観点からすれば地球の環境収容力を超えて生活をしており,それが環境安全保障の基本的な根幹をなす。このような事態は,局地的・地域的な環境において,いっそう顕在化することが多い。環境収容力という概念の正確な意味については議論があるが,現在のコンテクストにとって,地球の自然システムが劣化することなく維持できる総消費パターンと定義できる(Ehrlich 1994を参照)。これらの消費パターンには,総人口,生産形態,一人当たりの総消費レベルなど,いくつかの変数が関わっている。つまり,環境収容力は人口,技術,ライフスタイルに左右される。よく知られているE＝PAT方程式(環境悪化＝人口×豊かさ×技術の種類)と比べてみると,運用面での評価に対する批判はあるものの,環境安全保障アジェンダの3つの主要な要素をいまだにとらえている。10億人の欧米人がシステムを崩壊させるのに十分であり,低所得経済圏の約40億人が同様の結果をもたらすだろう。成長限界シナリオ(Meadows, Meadows, and Randers 1992；Meadows et al. 1972)は,これらの変数のトレンドの組み合わせごとに,地球の環境収容力の限界点を明らかにしようとしたものである。

安全保障に関する議論では,このような予測の信頼性(たとえば,Meadowsの研究には広く異論がある),限界点を回避するための予防,予防に失敗した場合の脆弱性の軽減策などが議論されている。これらの議論における究極の問題は,文明が生み出した問題から抜け出すために,文明的な方法があるかどうかにある。人々は環境の新たな制約にどのように適応していくのだろうか。この課題に対して,これまでのところ脅威と脆弱性に関する2つの議論が提起されている。どちらの場合も,脅威がどれほどの水準であり,それはどれほどの確率で発生するのか,さらにはどのような対策が合理的に取られうるかについての知識不足が大きな影響を及ぼす。

2つの議論のなかでも第1の議論とは,経済的・自由主義的な観点から,

我々は何かなすべきなのかを問うものである。『エコノミスト』誌（1995年4月1日〜7日号）は，将来のことは割り引きして考えることで，現時点では不必要に巨大で，おそらくは経済的破壊をもたらす支出を避けるべきであると論じている。この主張は（おそらくより大きな資源とより多くの知識を持つ）未来に自分たちのことを任せようというものである。今まさに生じている問題に対処するために，将来世代の能力に無制限の信頼を寄せることを，批評家たちは「テクノフィックス神話」と呼んでいる（Smith, Okoyo, de Wilde, and Deshingkar 1994）。

　第2の議論は，中心（西洋）に対抗する周辺からの強力なアジェンダという形をとっており，多くの研究がそのように論じている（たとえば，WCED 1987；Adams 1990；MacNeill, Winsemius, and Yakushiji 1991；Myers 1993a, 1993b [1984]；Williams 1993；Smith, Okoyo, de Wilde, and Deshingkar 1994）。南北関係における新たな新国際経済秩序（NIEO）の議論の機は熟しているようである。経済，政治，軍事部門における非対称性と不公平は，西欧の価値観の世界的支配によって正当化されているが，それは，さまざまな理由から環境の悪化を進行させる貧困と富裕の構造を映し出している。このような議論は局地的にみれば，エリート，中産階級，貧困層の間にある国内の利益バランスと，それぞれが環境に与える負担に関するものである。

　これらの議論の大きな違いは，原因を論じるか結果を論じるかにある。環境ロビーの本質は，自然が災害によって社会を変えてしまう前に，協調して社会を変えようとする原因に対処することにある。この政策には多くの安全保障化の試みがあるが，おもに政治化だけに終わる。環境問題の原因を政治化するという点では，多くの出来事が起きているが，ほとんどの脅威は安全保障化に至るにはほど遠い。環境イシューはしばしば不特定かつ比較的遠い将来を指し示しており，したがってパニック政治を伴わない。今すぐ行動しようが，来年行動しようが，ほとんど問題にはならないと考えられている。したがって，「緊急性」は「普通の政治」の一部として再び用いられる。もちろん，これこそ急進的な環境保護主義者が問いかけるものである。環境保護主義者は，行動を起こすことが文字通り緊急の問題であると主張し，そのレトリックは間違いなく

安全保障化の1つである。手遅れになる前に，通常はまったく受容できないような不快な措置をとらなければならないときでも，脅威の性質上，行動しなければならない。

　しかし，一般に「緊急措置」は，依然として通常の政策論争の領域で設計され，開発されている。特に，（世界や地域レベルの）レジーム形成や（局地レベルの）環境問題担当部局の仕事をみると，この仕事を安全保障化と呼ぶのは難しい。明らかに，グリーンピースのような環境NGOは，原因だけでなく結果も安全保障化しようとする。ワールドウォッチ研究所のような機関も，やや洗練された方法で同じことを行なっている。特に，小島嶼国連合（AOSIS）のような政府間組織は，環境イシューを存立の脅威という観点からとらえる明確な理由があるが，全体としては，政治化以上の成果は得られていない。

　危機によって，原因に関する議論から結果に関する議論へと変化せざるをえなくなると，安全保障化の焦点は他のセクターへと移行する傾向がある。AOSIS諸国が実際に海面上昇に飲み込まれると，その問題の環境的側面を安全保障化しようとしても，もはや意味がない。ここでのイシューとは，政治的・社会的な崩壊，移住，生存のための新しい土地の発見や征服となる。しかし，もはやこれらは環境安全保障のイシューではない。

　災害の影響には2つのタイプがあり，それぞれ異なる形態の安全保障化を伴う。第1のタイプは，突発的な災害の場合である。その初期の段階では，突発的な危機管理または災害管理という形で，災害に関する安全保障化が進行している。事前に危機管理計画を立てることは必ずしも安全保障化ではないが，それを実行することは安全保障化である。準備段階は，消防団や警察や軍隊の規模や財源を議論するようなものである。安全保障化によってのみ資源配分が可能になるのでなければ，それは通常の政治の一側面である。しかし，ひとたび火災や暴動や戦争が起きると，有事への対策が優先され，通常の政治に取って代わる。

　第2の現象は，環境に忍び寄る災害であり，ゆっくりと，しかし着実に生活環境が悪化していく。ここでの影響のほとんどが，おもに環境によらない方法で安全保障化される。多くの場合，環境に忍び寄る災害は，火災，暴動，戦争

とは比較にならず,むしろゆっくりとした衰退と比較できる。たとえば,土壌侵食や人口過剰は一朝一夕に生活環境を危険にさらすものではなく,ある閾値や臨界点を通過するのに時間がかかるが,その時点で危機管理計画を立てるには遅すぎる。侵食や乱用が明らかに紛争を引き起こしている場合,こうした環境問題を安全保障化する試みは行なわれていない（スーダンでの戦争はその一例である）。ほとんどの場合,安全保障化は他のセクターの紛争に焦点が当てられている。環境悪化は,国家間戦争,民族紛争,政治的崩壊や内戦,経済的剥奪（飢餓や貧困）につながる可能性がある。ヒルケ・トロムプ（Tromp 1996）は,環境紛争は社会の伝統的な断層線に沿って現れると論じている。災害管理が不可能であったり,遅すぎたり,準備されていなかったりする場合に,環境問題の影響が徐々に現れることに対応して安全保障化の試みが生ずるのであれば,この議論はもっともらしいといえるだろう。さらに,環境問題への関心が顕在化した歴史は浅く,ほとんどのアクターの集合体がイシューに特化していることから,環境問題に対する敵のイメージがしっかりと根付いているとはいいがたい。

　このことをいい換えれば,環境セクターは,他のセクターで顕在化した存立の脅威の根本原因を明らかにするためのレンズを提供してくれる。この点は,経済セクターと同様である。これは,あるときは誤認やスケープゴートとしての機能（たとえば,1930年代の経済恐慌をユダヤ人のせいにする）を意味し,またあるときはあるセクターから別のセクターへの波及を意味する。たとえば,希少な水の配給に失敗すれば,人間の基本的欲求が損なわれ,「我が家優先」の政策,すなわち過激主義を刺激することになる。環境安全保障を,文明が達成した水準を維持するために必要な生態系の維持という観点から定義する。そうすると環境安全保障が破綻したとき,あるいは,どこかで環境安全保障が破綻したら,文明の水準に対する脅威をめぐる紛争が生じる。それは,すなわち環境に関する存立の価値ではなく,他の存立の脅威をめぐる紛争となる。環境は,人間の干渉によって改変され,社会・政治・経済的な生活のための条件を設定する。これらの条件が悪化すると生活も貧しくなる。

第4章　環境セクター

リージョナル化のダイナミクス？

　現代の環境アジェンダは，もともとグローバルなものとして構想されたものである。このようなグローバルな環境アジェンダが登場したのは，局地的な発展がグローバル化した結果ではなく，逆に，一見無害に見える個人や局地的な行動がグローバルな影響をもたらすことが突き止められた結果である。このことは，もともと局地的な性格を持っていた問題が徐々にグローバル化した結果，他の安全保障アジェンダが発展したこととは対照的である。たとえば，軍事安全保障では，戦争がグローバルな規模で発展するまでには数世紀を要した。それゆえ，政治的アジェンダのレトリックによって，我々は本質的にグローバル化されたセクターを相手にしているのだと信じ込まされているのである。アンドリュー・ハレルとベネディクト・キングスバリー（Hurrell and Kingsbury 1992：2）の言葉を借りれば，多くの書物が以下のように主張している。

　人類は現在，さまざまな環境問題に直面している。それらは，すべての人に影響を与え，世界のすべての国，あるいは少なくとも非常に多くの国の協力に基づいてのみ効果的に管理できるという極めて地球規模の問題である。気候変動の抑制と温室効果ガスの排出，オゾン層の保護，生物多様性の保護，南極やアマゾンなどの特別地域の保護，海底の管理，公海の保護などがその例である。

　このようにいうと聞こえはいいが，必ずしもそうではない。ここでの懸念はグローバルなものであるが，ほとんどの汚染に関する問題は，何よりもまず，高度に工業化された国家のみによる共同行動を必要とする。南極の保護は，オゾンホールを除けば，原則としてそこに法的権利を持っている7カ国に任せればよいのである。アマゾン地域（ひいては生物多様性）の保護は，基本的にブラジル政府と一部の企業に委ねられているため，そのままにしておくことが最善であろう。グローバルな次元は存在するが，よくいわれるほど圧倒的なものではない。

　環境セクターにおける脅威と脆弱性は，特定のイシューに特化したものであり，普遍的なものであることはほとんどない。さらに，原因と影響は異なるレ

ベル，異なる地域に存在することもある。地球規模の事象が，核の冬のような全面的な影響をもたらすことはめったにない。気候変動や大規模な移住を含むほとんどの地球規模の出来事は，2つの世界大戦や世界恐慌のような出来事と比較することができる。地球上のすべての人々が影響を受けるが，その程度は同じではない。たとえば，第一次世界大戦では，オランダ人は戦線から200キロしか離れていなかったにもかかわらず，オランダ人よりもオーストラリア人の犠牲者の方が多かった。地球環境危機の多くは，このように影響や関与の度合いにばらつきがある。したがって，適切な評価を行なうためには，あらゆる場合において，因果関係の連鎖を明らかにし，その連鎖に沿って，その関わりの直接性と本質性の観点から，アクターと地域を位置づけることが必要である。

環境セクターにおける安全保障複合体を追跡するための出発点として，災害シナリオが有効である。オゾンホールが広がり，海面が上昇し，大規模な移住が発生し，チョルノービリのような事故が起きたらどうするのか。そのとき，誰が被害を受けるのか。被害はどの程度続くのか。地域的な政治的影響はどのようなものか，世界的な影響はあるのか。いい換えれば，その影響が生じる最も高いレベルはどこか。

環境破壊の原因はどのようなレベルにあるのか。これが次の問題となる。オゾンホールや海面上昇などは，何が，誰が原因なのか。これらの場所は，ときにまとまった地域でつながっていることがある。たとえば，北欧の酸性雨は英国と中央ヨーロッパに由来する。原因と結果の複合体に，あまりまとまりがない場合もある。たとえば，オゾンホール（効果）は地域を特定できるが，原因は累積的で世界中に散らばっている。

原因と結果が必ずしも一致しないため，第3の問い，すなわち，実際に行なわれる安全保障化の試みについて考える必要がある。潮流を変える可能性はあるのか。当面のコストはどれくらいか。成功はどのように評価するのか。誰がその費用を負担しなければならないのか。誰が責任を負うのか。原因と結果が必ずしも同じレベルにあるとは限らず，また同じアクターが関与しているとも限らないという事実の下では，最後の2つの問いは特に重要である。たとえば，チョルノービリ事故の防止には，原子力発電所を適切に管理することが必要で

あり，これは局地的な問題である。しかし，管理不能による被害の大きさは，ヨーロッパ全体を巻き込む国際的なイシューとなる。原子力発電所を適切に管理するための地域的なレジームが必要なのである。つまり，原因が安全保障化されるのか（たとえば，地域の環境安全対策），結果が安全保障化されるのか（たとえば，地域的な国際レジーム）の違いである。

　第3の問いは決定的に重要である。それは，ここで相互の安全保障に対する懸念が政治的な相互作用の集合体として形成されるからである。誰が脅威を感じているのか。行動を効果的に行なうには，これらの当事者は誰と協力しなければならないか。効果と原因は，誰が誰とどのように関与するかを決定するうえで重要な条件であるが，結果を完全に規定するものではない。安全保障化の確保は常に政治的選択を伴う。したがって，アクターは，政治的または実際的な理由から主要な原因を無視することを選択するかもしれず，その結果，効果と原因に関する知識に基づいて予想されるものとは異なる安全保障における相互作用の集合体を形成することになるかもしれない。

　ときには，プラグマティズムがグローバルな行動を決めることもあるが，その場合でも，グローバルなイシューをその原因と結果のコンテクストに従って細分化することが必要である。たとえば，地球温暖化の原因究明には，地球規模のコンテクストが必要である。温室効果の原因である化石燃料による二酸化炭素の排出は，地域差がかなりあっても地球規模の問題である(4)。地球温暖化の原因究明は，グローバルなレジームを緊急に構築することを必要とし，それは1994年3月に発効した気候条約が署名されたUNCEDで確認された。しかし，ベルリンでのフォローアップ会議（1995年3月28日〜4月7日）では，UNCEDで宣言された目的を守ることがせいぜい最適な目標であった。そのため，さらなる意思決定とレジームの構築は，1997年に東京で開催される第3回気候サミットに先送りされた。この先送りは，予防のための代償を払うべき者と失敗のための代償を払うべき者が異なるという事実が一因である。

　地球温暖化の影響は，道徳的な面や二次的な影響の面においては地球規模の問題かもしれないが，直接存立に関わる影響はもっと局地的なものである。沿岸部には，数十センチメートルの海面上昇でも脆弱な地域がある。海面が1メ

ートル上昇した場合，これらの地域の多くは高波や高潮のために消滅するか，人が住めなくなる。一方，ロシアやカナダにとっては，温暖化によって広大な永久凍土が融解し，恩恵がもたらされる可能性もある。このような局所的な影響の違いは，もちろん，国際的なレジームの構築を成功させるうえで大きな影響を与える。コンセンサスを得ることは困難であり，最も脆弱な35カ国がAOSISに参加したことは驚くにはあたらない。

　災害（の可能性）を原因や安全保障と結びつけることを目的としたイシュー固有の問いかけは，決して新しいアプローチではない。このような考え方は，機能主義の伝統に基づく国際関係（IR）理論に典型的なものである。(5) また，環境の価値をめぐる多くの地域レジーム形成の実践を反映している。たとえば，海洋汚染対策における13の地域的取り決めがその例である。ほぼすべての海域で非常によく似た取り決めが必要であるという事実だけで，我々は共通の問題に対処していると結論づけることができる。しかし，これは地球規模の問題なのだろうか。イエスでもありノーでもある。いや，必ずしもイエスではない。それは，地域レベルでの効果的な環境の管理が可能であるからである。バルト海の浄化は，地中海の浄化を条件とするものではないし，その逆もまた然りである。したがって，両海域を含む包括的なスキームを交渉するインセンティブは存在しない。両海は，セクターごとに独立した地域の安全保障複合体である。一方，両海域は，同様の知識，研究開発（R&D），投資，政治的協力，法的スキームなどを必要とする。つまり，科学的なアジェンダでは，海洋汚染は地球規模の課題として提示されることが予想されるが，政治的なアジェンダでは，特定の地域におけるコンテクストに集約されることになるであろう。

　確かに，環境に関する地域的，世界的な活動のすべてが安全保障政策というレッテルに値するわけではない。たとえば，1980年代に南極の海洋生物資源の保存に関する条約（CCAMLR）が締結され，その後，1991年に南極環境の保護に関するマドリッド議定書が締結されたが，これらの出来事は政治化を意味するものであって安全保障化を意味するものではない。むしろ，安全保障化の必要性を回避するための行動ととらえた方がよいかもしれない。潜在的な問題を適時に管理することで，パニック政治を回避することができるのである。たと

えば，マドリッド議定書では50年間鉱業活動が禁止され，CCAMLRでは（食物連鎖の主要なリンク）であるオキアミの採取に関するルールを設定しようとしている。

　「グローバルに考え，ローカルに行動する」という人気のあるモットーは，環境セクターに非常によく当てはまる。すべての災害のシナリオとそれを防ぐ方法は，いくつかの局地的な特徴を考慮したものである。第1に，結局のところ，他のグループよりも行動を変えなければならない特定のグループ（特定の職業や産業）に焦点を当てる議論が多い。すべての社会の人々が同じ代償を払うことを期待されているわけではなく，具体的な方策の実施が当然必要になる。このことは，環境保護主義者のメンバーに企業経営者がほとんどいない（もちろん引退した経営者は除く）ことの説明にもなる。また，ガリシアの漁師たちが，ニューファンドランド沖でのオヒョウ釣りをやめる必要性を感じないのも，このためだろう。7000人の雇用が失われる可能性があるからである。[6]

　これは，環境セクターにおいて，ローカル化のダイナミクスがあることを示す最初の例である。一般的な利益のために特定の利益集団が廃業に追い込まれる場合には反対が予想される。このような反対運動の多くは，地元の団体や企業によってもたらされる。そこで問題となるのは，公共圏における一般的な利益のための施策が，それに対する地域の反対にもかかわらず，適切に実施されうるかどうかである。このような対立は，セクターを超える対立になることがよくある。環境安全保障政策に対する地元の反対は，他の安全保障セクターの緊張を引き起こしたり，悪化させたりするおそれがある。特に，地元の反対は，政治的緊張（政治体制の正当性が問題となる），経済的緊張（特定集団の生活が問題となる），社会的緊張（影響を受ける集団が民族的・文化的アイデンティティを持っている場合）に結びつくことがある。

　このようなローカル化のダイナミクスが花開くかどうかは，環境基準だけで決まるものではない。より重要な要因は，関係国の弾力性であると思われる。国家が強ければ強いほど（ブザンの用法で），環境問題が局所的（国家よりも低い）レベルの政治的不安を生み出す可能性は低くなる。環境問題に起因するローカルな紛争を回避するためのもうひとつの修正点としては，NGOやIGOの

活動が挙げられる。国家の力が弱い地域（サハラ以南のアフリカなど）では，このようなグローバル・アクターやサブシステム・アクターが特に重要であり，ユニット・レベルの手薄な部分を埋めてくれる。

　一般的な利益に関して言及することは重要であるが，そのことは局地的な紛争がより広いコンテクストを反映したものであることを示唆している。災害の原因に対処することは，高強度の災害を避けるために，予防的な低強度紛争につながる。環境安全保障の政策に取り組む場合，その実施や対立の舞台はおもに局地的なものであるかもしれないが，環境セクターの安全保障が結実するのは，局地的なレベルではない。地域的，地球的規模での累積的な悪影響に対する恐怖が，政策を動かしている。

　もちろん，小規模な環境問題にも対策が必要である。しかし，環境災害に耐える，あるいは逆に持続可能性に貢献するという現実的な観点からすれば，局地的なレベルは実質的にはほとんど無視できるものである。これは，科学的課題の論理を左右するものでもなく，一部の特殊なケースを除いて，政治的課題を左右することもほとんどない。カメラがあるときだけ，ローカルなドラマは象徴的あるいは神話的に重要な機能を果たすことができる。さらに，同じような状況が世界中に存在すれば（たとえば，都市化した地域の汚染問題を考えてみよう），ネガティブな経験もポジティブな経験も社会的な学びの手がかりとなりうる。しかし，その前提として，報告者（記者，研究者，外交官）の存在と，より広範な規模の聴衆が必要である。したがって，政治的アジェンダという点では，地域的・世界的なコミュニケーション・ネットワークが，ほとんどの局地的な環境災害のコンテクストを決定している。このネットワークがなければ，ごく少数の局地的な経験（それもネガティブなもの）が，地域的あるいは世界的に実質的な影響を及ぼすことになる。クウェート以外の国で，湾岸戦争時の300を超える石油湖と砂漠の大火災を覚えている人はいるだろうか。

　このような原則には，1つの重要な例外がある。それは，局地的な事象が累積したりエスカレートしたりして，より大規模な問題に発展するリスクである（たとえば，多くの小さな火災が大きな火災になったり，1つの小さな火災が拡大したりする）。都市化問題はその重要な例である。2000年には世界人口の50％が

都市に住むようになると、世界は都市化問題にどう対処するのか。アラル海とカスピ海地域の破壊もその1つで、さまざまな採水プロジェクトが積み重なり、2つの内海が干上がってしまう。また、バレンツ海の海底に沈む原子力潜水艦のような核廃棄物に関連した局地的な事故も挙げなければならない。このような場合、海流によって汚染が拡大し、地域的なリスクとなる可能性がある。

このようなローカル化、リージョナル化、グローバル化のダイナミクスの本質をよりよく追跡するためには、イシュー領域ごとに実証的な研究が必要である。環境セクターにおける安全保障のダイナミクスを具体的に評価するためには、以下のような一連の問いに答える必要がある。

1．(a)災害シナリオはどのようなものなのか。時間的・空間的にどのように現れるのか。これはおもに科学的アジェンダに関わり、イシュー領域の構造的（物理的）特性を示すものである。(b)災害シナリオは政治化・安全保障化されているのか（されると予想されるのか）。いい換えれば、このイシュー領域において、どの時点で環境安全保障が語れるのであろうか。これは政治的アジェンダに関わることになる。

2．(a)このイシュー領域において拒否権アクターやその他の機能的アクターとは誰か。いい換えれば、誰がこの問題を引き起こしているのか。この問いに答えることにより、この問題の構造的な特徴が明らかになる。(b)実際の、あるいは潜在的な主導的アクターと支援アクターは誰か。これは、そのイシュー領域の政治的特徴を示すものである。その結果として得られるアクターの類型は、政治アジェンダのローカル化、リージョナル化、グローバル化のダイナミクスを強く示唆するものである。アクターがこれらの安全保障イシューをめぐって政治的な集合体を形成し、相互に関連するようになれば、それは安全保障複合体と呼ばれる。

3．どの程度独立したイシュー領域を扱っているのか。(a)構造的なイシューのリンケージはあるか。たとえば、貧困に関連する砂漠化では、侵食に関するイシューは、人口増加や国内および南北の経済的非対称性の問題と連動している。これもおもに科学的アジェンダに関わることである。(b)政治的イシューと

のリンケージはあるか。たとえば，熱帯雨林の生物多様性が債務交渉とリンクしているように，構造的には無関係な問題が拒否権アクターや主導的アクターによって相互に結びついている場合がある。このようなリンケージは，政治的アジェンダから示されることになる。

　これをもとに，環境問題が集中している重要な地域，しばしば安全保障化された地域を示す地図が作成されることが期待される。すでに述べたように，海面上昇の潜在的な被害者についての地図も作成される。このようなエリアは，国際システムの地域的でない部分集合を形成している。水に関する政治については，他の例も挙げることができる。1990年代半ば，国際的な水イシューには未解決のものが多くある。最も引用される例は，中東に位置するものである。イラク，シリア，トルコの3カ国は，ユーフラテス川とチグリス川の共有権をめぐって紛争を起こし，水の安全保障複合体を形成している。イラク，シリア，トルコはユーフラテス川とチグリス川の共有権をめぐって紛争を起こし，安全保障上の相互依存関係にある。安全保障の相互依存の関係には，ダム，水流の減少，塩害，水力発電のイシューが含まれる。ヨルダン，ヤルムク，リタニ，ヨルダン川西岸帯水層は，イスラエル，ヨルダン，シリア，レバノン，ヨルダン川西岸のパレスチナ人を結ぶ別の水の安全保障複合体で，水の割り当てをめぐって紛争が起こっている（Ohlsson 1995）。ヨルダン帯水層のいくつかの図がイスラエル軍によって最高機密と認定されているのは，その典型である（Warner 1996）。水の安全保障複合体が出現した他の例としては，エジプト，エチオピア，スーダン（ナイル川をめぐって），インドとパキスタン（インダス川，ジェルム川，チェナブ川，ラヴィ川，ビース川，サトレジ川をめぐって），ビルマと中国（サルウィンをめぐって），カンボジア，ラオス，タイ，ベトナム（メコンの洪水や灌漑，水力発電をめぐって）などさまざまである（Ohlsson 1995：21）。

　これと同様の地図は，環境悪化のほぼすべての側面について作成することができる。土壌侵食と砂漠化の地図は，14の「侵食のホットスポット」（Myers 1993b）を示しており，ヒマラヤ山麓やサヘルから米国の一部まで，地域的な

サブシステムが形成されている。これらのホットスポットに対処するためには，地域的なレジームが最も効果的であると考えられる。ヒマラヤでは森林破壊が，サヘルでは風食が，米国では穀倉地帯の土壌への持続不可能な圧力が問題である。しかし，累積した損害が長期的に影響を及ぼすことから，このようなレジームを構築するインセンティブは明らかに世界的なものである。地域的な環境安全保障複合体の地図を描くもう1つの方法は，イシューを関連づけることである。これは，旧ソビエト連邦について行なわれたものである（Feshbach and Friendly 1992）。

中央アジアは，「歴史上最大の単一かつ人為的な生態系の大惨事」（Feshbach and Friendly 1992：88）に直面している。アラル海の乾燥は「エコ・ドミノ効果」を引き起こし，最終的には「スカンジナビアから黒海に至る生態系劣化の統一戦線」（Wolfson and Spetter 1991, quoted in Does and Gerrits 1994：409）を形成することになるであろう。レイネ・ドウスとアンドレイ・ゲリッツ（Does and Gerrits 1994）は，この地域における環境関連の紛争を3つのタイプに分類している。(1)中央アジアの水と土地の分配，カスピ海と黒海の汚染と経済開発，アルメニアの原子力発電所，セミパラチンスクをめぐる国家間紛争，(2)CIS加盟国間の地域間紛争（特にクリミア，カルムイキア，ダゲスタン，カラカルパクスタン），(3)カラカルパク人と北方のマイノリティに対する「民族虐殺」である。

前述したリサーチ・クエスチョンとホットスポットの地球物理学的な地図を用いることにより，より具体的に環境の地域安全保障複合体を突き止めることができる。多くの場合，地球規模の原動力（遠因の政治化の影響）と，局所的で比較的独立した問題を抱えているエリアや破滅的な慣行が相互に作用している。また，他の多くの場合，局所的なドラマがそれ自身のために強く安全保障化され，さらに他の場合，環境問題が山積した地域では，国家が最も文字通り自国の保護に直面しながら，深刻な安全保障の相互依存に巻き込まれる場合もあるであろう。

まとめ

　環境セクターではシステム・レベルが支配的であると思われる。それは，環境問題のアジェンダを立案し安全保障化する国際的な環境エピステミック・コミュニティが存在する結果，安全保障化の試みのほとんどがシステム・レベルで行われることになるからである。しかし，このコミュニティの政治的パワーは限られており，その結果，環境エピステミック・コミュニティの科学的アジェンダと，このアジェンダが公共圏や多国籍企業にハイポリティックスとしてどのように受容されるかという政治的アジェンダの２つを区別する必要がある。このため，環境セクターでは，ユニット・レベル，すなわちローカル化のダイナミクスが第２の支配的なレベルに変化する。環境安全保障にとって極めて重要なのは，国家，主要な経済アクター，そして地域社会が科学的アジェンダを受け入れるかどうかである。いい換えれば，地球規模の問題であっても，その政治的な関連性は局地的なレベルで決定される。

　グローバルなレベルでの安全保障化の試みは，かなりの政治化をもたらしたが，安全保障化の成功は限られている。安全保障化の成功はおもに局所的なレベルで起きており，そこでは実際に災害が生じ，持続可能性の閾値が越えている。しかし，それでも，安全保障化されるのは必ずしも環境ではない。しばしば，環境紛争は政治的混乱や民族紛争を装って行なわれる。

　地域的な環境レジームは，その強いリージョナル化のダイナミクスのために，部分的にしかグローバルな構造から派生していない。このように，地域が立ち現れるきっかけとなった関心と知識はグローバルなものであり，認知の次元もグローバルであるが，安全保障複合体の規模はボトムアップで決定される。安全保障複合体は，特定の環境イシューに対処できる最小限のエリアをカバーしており，地域の安全保障が相互に依存していることを最もよく表している。たとえば，海洋汚染対策における協力のための地域的取り決めは10以上あるが，これは世界的な競争や世界的な包括的取り決めを作れないからではなく，地域的アプローチの方が効果的であることが証明されたからである。

第4章　環境セクター

　地域サブシステムの地球儀を作るのは難しいが，それは地域が存在しないからではなく，地域が非常に多くの異なったイシュー領域から成り立っているからである。水イシュー，土地イシュー，汚染，森林破壊，人口圧力などに関連する地域の世界地図は存在する。

　環境安全保障を地域別に分析することのもう１つの難しさは，環境イシューの原因と結果がしばしば異なる地域や異なるアクターに関係することにある。環境破壊を引き起こすアクターと被害を受けるアクターは別である。ある地域には，特定の環境問題の原因に対処しようとする場合，安全保障上の相互依存性が高いアクターが存在し（たとえば，半乾燥地域の農業政策），一方，悪影響の拡大による失敗の場合には，別の地域の別のアクターが関与する可能性がある（たとえば，不作で飢餓から逃れる環境難民など）。このことは，安全保障のリンケージのパターンがより大きく，より複雑になることを意味する。

　どのような安全保障複合体が生まれるのか。地球温暖化には世界的な原因によるが，その悪影響のおそれは世界的なものでない。逆に，多くの場合，絶滅危惧種の保護のように，厳密に局所的または地域的な問題が，生物多様性に関するグローバルな議論のなかで安全保障化される。エクソン・バルデス事故，チョルノービリ，ムルロア島でのフランスの核実験など，局地的なドラマも同様である。NGOの活動とメディアの報道が相まって，こうした局地的なイシューがグローバルな問題へと発展していく。このような環境セクターの地球村のイメージは，地域的ではない特徴として強く印象づけられる。しかし，顕在化した存立の脅威の多くは局地的なものであり，人々は通常，これらの局地的な問題に取り組むためにグローバルなレベルの解決策を待つ必要はないのである。

　要するに，安全保障化の試みはほとんどすべてのレベルで試みられているが，そのほとんどはグローバルなレベルである。しかし，成功した安全保障化のほとんどは，局地的なものである。地域的，あるいは地域的ではないサブシステムの形成も見られる。

注

(1) 過去10年間，環境安全保障に関する論文や書籍は，記述的なものもあれば，より理論的なものもあり，目覚しい成果を上げてきた。包括的なリストはここでは提供できないが，本章で直接的に言及したさまざまな文献に加えて，以下を参照されたい。Brock (1991), Worldwatch Institute の『ワールドウォッチ地球白書』(Brown et al. 1993など), Brown et al. (1993), Brown (1989), Carroll (1988), Kiikonen (1992, 1994), Levy (1995a, 1995b), Lodgaard (1992), Lodgaard and Omiis (1992), Matthew (1995), Matthews (1989), Sjostedt (1993), Thomas (1992), Westing (1988, 1990).

(2) しかし，自然災害が人類に与える影響については，俗説が流布している可能性があるので注意が必要である。災害や自然のハザードに関する研究において，20世紀 (1900-1990年) に報告された災害による死亡者数の比率を計算したところ，内戦が48.6％，飢饉が39.1％，残り12.3％が地震 (4.7％)，火山噴火 (2.1％)，サイクロン (1.75％)，疫病 (1.65％)，洪水 (1.6％)，そしてその他のハザード (0.5％) であったという (出典：Disaster History, "Significant Data on Major Disasters Worldwide". Washington D.C.: Office of Foreign Disaster Assistance, 1990；Blaikie et al. 1994：4より引用)。戦争関連死のほとんどが2つの世界大戦中に発生したことを考えると，飢饉は人間の生命に対する潜在的な脅威として，より深く際立っている。

(3) 人口：低所得国は1991年31億2700万人 (2000年36億8600万人)，中所得国は1991年14億100万人 (2000年15億6100万人)，高所得国は1991年8億2200万人 (2000年8億6400万人) (World Bank 1993：288-289)。

(4) 1991年には，経済協力開発機構 (OECD) 諸国が排出量の49.5％を，旧ソ連と東欧が21.1％を，中国が11％を，その他の途上国が約18.4％を占めた (これらの割合は，Thomas 1992：171の数字から)。一人当たりの寄与率でみると，OECDは世界人口の20％未満を占めているので，その割合は倍である。気候変動枠組条約で表明された1990年レベルまで排出量を削減するという意思に沿うものはなかった。一方，途上国の排出量の割合は，工業化と人口増加の結果，2025年には約50％に増加すると予想されている。最も悪い例である中国の排出量は，1980年から80％増加し，1994年には世界第2位の排出国になった。ブラジルの排出量は1990年から1993年の間に8％増加し，インドは13％，トルコは16％増加している (Flavin and Tunali 1995：13)。

(5) 国際関係論の機能主義の伝統は，1920年代から1930年代にかけてデイヴィッド・ミトラニー (David Mitrany) やフランシス・デライジ (Francis Delaisi) のような人々によって始まった (de Wilde 1991)。この伝統は1940年代後半から1950年代にかけて栄え，新機能主義の統合理論 (Haas) や社会コミュニケーション理論 (Deutsch) に発展したが，1960年代にはヨーロッパ統合の進展が停滞したことにより信用を失った。1970年代

に入ると，国境横断主義（トランスナショナリズム）や相互依存論（Keohane, Nye, Rosenau）といったテーマで復活し，レジーム論（Ruggie, Krasner, Keohane; Hansenclever, Mayer, and Rittberger 1996参照）へと発展していくことになった。コヘインの制度論的アプローチは，このプロセスの最新のステップである。

(6) 1995年5月，カナダの漁民とカナダ当局との間で衝突が起きた。カナダ当局は環境問題を理由に特別措置を正当化し，一方，漁民は主権と国際法の観点から抗議を正当化するという，よくみられるセクターを超えた利害の衝突が起こった。

(7) 1900年には，世界人口のわずか14％しか都市部に住んでいなかった（Myers 1993a：197）。

(8) セミパラチンスク21は，カザフスタンの秘密核都市クルトハトフの別名である。カザフスタン最大の実験場であったが，それだけではない。ドウスとゲリッツ（Does and Gerrits 1994：423）によれば，カザフの全領土2億7000万ヘクタールのうち2000万ヘクタールが実験用に確保されたという。1949年から1962年まで113回の地上核実験が行なわれ，部分的核実験禁止条約以降，さらに343回の地下核実験が行なわれた。1989年，反核運動「ネバダ・セミパラチンスク」が結成され，それ以来，重要な政治勢力となっている。

第5章
経済セクター

経済安全保障のアジェンダ

　経済安全保障という考えは，全般的に，極めて論争的であり政治化されている。資本主義システムでは，その概念こそが複雑な問題と矛盾をはらんでいる。特に，市場におけるアクターは不安（insecure）を感じることになっており，そうでなければ，市場はその効率性を発揮しないのである（Buzan 1991, chapter 6 ; Cable 1995 ; Luciani 1989）。本章では，経済安全保障に関する論争が主にどこから発生し，その論争には主にどのような立場があるのかを素描する。第2章の定義を用い，真に経済安全保障と考えられるものを，単に政治化された経済状況とも，経済セクターから他のセクターへの安全保障の波及とも区別しよう。

　経済安全保障という考えは，国際政治経済に関わる，解決困難で高度に政治的な論争に直結している。つまり，アナーキーという政治構造と市場という経済構造はいかなる関係にあるのか，という論争である（Buzan 1991 : 230）。論争の主要な立場には，国家・社会と市場のどちらが優先されるべきか，また，民間経済アクター自身の安全保障上の主張は市場の裁定に屈しなければならないのかという点について，異なる見方が反映される。直截にいえば，その立場は以下のようにまとめられる。

　重商主義者および新重商主義者は政治を最優先する。そのため，国家は社会的・政治的目的のために富を生み出すとともに，企業と市場の運営に必要な安全保障を提供する存在であると見なされる。こうした観点からすれば，経済安

全保障はたんに国家安全保障ないし「国民」の安全保障の一部にすぎず，後者に優先順位が与えられる。そして，経済的な成功はたいてい誰かが利益を得れば，誰かが損をするゼロサム関係と見なされる。

　自由主義者は経済を最優先する。そのため，経済が社会基盤の根幹であるべきで，市場はできる限り自由に，国家の介入なしに運営されるべきであると論ずる。国家が必要なのは，法および政治・軍事安全保障を提供するため，また，市場による社会基盤の維持がうまくいかない分野において，社会基盤を下支えするためである。エリート資本家の地位を守ることが自由主義の本旨なのかは議論の余地もあるが，上述の観点からすれば，経済安全保障の主たる目的は，ルールを発達させることで，国民経済における生産要素の移動を可能にすることである。自由主義者は経済効率性を重視し，皆が利益を得られるポジティブサムの経済関係は可能だという見方をとる。

　社会主義者は，ぎこちなく上記二者の間に位置する。経済は社会基盤全体の根幹に位置すると論じつつ，国家には，経済の論理に縛られずに済む範囲で，経済を制御し，正義と公正という社会的・政治的目標を追求する役割があると論ずる。社会主義者にとって，安全保障は経済的弱者を中心とするものであり，強者とは対立する。

　かなり広い意味で考えれば，社会主義者も重商主義者も経済ナショナリズムの一種と見なし得る。両者は異なる目的を追求するものの，経済より国家を優先しようとする点では同じである。社会主義を標榜する国家のほとんどが，経済ナショナリズムの政策を推進してきた。特に共産主義政府の下では，社会変革という事業のために厳格な経済統制が必要とされた。これらの観点は両立不可能なイデオロギー的立場があることを示しており，経済安全保障について異なる論理と優先順位を生み出す（McKinlay and Little 1986）。さまざまな方向へと引っ張る言説があるものの，経済セクターにおいて安全保障化の言説が実質的に存在していることは否定すべくもない。ときに応じて，個人，国家，国際経済が安全保障化の対象となる。

　西側諸国が冷戦に一方的に勝利したことで，イデオロギー論争上は社会主義的な要素が周縁化され，経済ナショナリズムの要素も弱められたが，決して根

絶されたわけではない。レトリックにおいては，その勝利がイデオロギー論争の多くを（おそらく一時的に）後景に押しやり，経済安全保障をめぐる言説は概して自由主義的な関心によって形づくられ，自由主義的なルールの下で国際政治経済を運営しようという試みに影響されるようになった。さらにいえば，現に流行っているのは，かなり純化された自由主義の一形態である。19世紀の自由主義に比べると，国民経済への執着は非常に弱く，第二次大戦後にブレトンウッズ体制として具現化された「埋め込まれた自由主義」（Ruggie 1982）はほとんど脇へ追いやられてしまった。現在の自由主義は，場合によっては，より悪い形態となり，カール・ポランニー（Polanyi 1957 [1944]）の見た悪夢，すなわち社会的価値を完全に市場価格に従属させるという状態を再び創出しようとしている。

　実際には，経済ナショナリズムはかなり残存している。なぜなら，自由主義は曖昧で，経済ナショナリズムという政治的立場が居場所を見出すこともできるからである。たとえば，国家はどのくらい大きな役割を担うべきか，市場はどの程度までならば国家や個人の安全保障をないがしろにすることが許されるのかは定かではない。貿易は自由主義と保護主義の間の激しい反発を呼び起こし続けているが，生産と金融は（後者においてよりいっそう）グローバルかつ国境横断的になり，どんどん制約が解かれるようになってきている。自由主義的な理想とは，究極的には，生産要素の移動に対する制約や排他的な通貨を伴う国民経済を解体し，財，資本，サービス，そして（ためらいがちではあるが）人々の移動に対する制約がより少ないグローバル経済へと移行することである。問題は，経済的および政治的安定をいかに維持するか，国家から多くの権力と機能をはぎ取っていくと同時に，制約のない市場が生み出し拡大する富裕層と貧困層の格差をいかに管理していくか，である。そのため，国際政治経済学（IPE）の主題は，自由主義的な国際政治経済の秩序と安定をいかに維持するかである。そこで，当初，注目されたのが覇権的アクター（Kindleberger 1973, 1981 ; Gilpin 1987），次にレジームと制度であった（Keohane 1980, 1984）。

　こうした展開のなか，経済安全保障をめぐる言説の大部分は，いまや自由主義的アジェンダの支配下にあり，貿易，生産，金融分野のアジェンダを実施し

ようという試みの帰結として形づくられている。自由主義の優位において，とりわけ特徴的なのは，経済安全保障をめぐる現代の言説が不安定と不平等に対する懸念を中心にまわっていることである。不安定に関しては，覇権国である米国の経済面における相対的な衰退や，世界経済のさらなる統合と自由化によって生ずる国内外での経営問題が課題として浮上している。不平等に関しては，国家の役割という国内的な問題や，第三世界諸国のほとんどが経済的に不利な立場に置かれているという国際的な問題が課題となっている。

米国の相対的な衰退は，そもそも1944年に打ち立てられたグローバルな優位が分不相応であったことの当然の帰結である。その地位は，第二次世界大戦から復興したヨーロッパと日本の両者から挑戦された。また，新たに脱植民地化し，効果的に近代化する道筋を見つけつつあった国々からの挑戦も受けた。一部のアメリカ人は，すでに1970年代には，石油輸入，貿易赤字，ドルへの圧力に対して脅威を感じ始めていた。このプロセスが安全保障化されがちなのは，部分的には，米国が経済的相互依存のもたらす苦悩にまったく免疫がなかったからである。ただし，その原因の大部分は，覇権の衰退および衰退した米国がグローバル秩序にいかなる影響を及ぼすのかという不安が募ったことに求められる。

米国の衰退と並行して，1970年代，貿易と金融分野を皮切りに，グローバル経済の統合と自由化が進展した。この状況は2つの結果をもたらした。第1に，国民経済が徐々にグローバル市場における他の生産者との競争にさらされ，より強大な多国籍企業や金融市場とも競争しなければならなくなった。その結果，失業および産業の空洞化が促進され，うまく立ち回ることができていない人々は，次第にグローバル経済を福祉と主権への脅威と見なすようになってきた。グローバル経済を国家それ自体に対する脅威と見なす人々，それ程ではなくとも，伝統的に国家が担うべきだと考えられてきたことに対する脅威と見なす人々もいた (Cerny 1995)。第2に，国民経済が開かれたグローバルな貿易・金融システムに順応させられると，もはやその命運はシステムが安定し，円滑に機能し続けるか否かに委ねられることとなった。そのため，グローバル経済に順応した国民経済にとって，財と資本の世界的な流通を攪乱する事態が発生

し，システムが危機に陥ること，その可能性自体が脅威となる。

　第三世界諸国が陥っているひどい窮状は，一次産品の供給者という従属的地位に置かれたせいである。その一次産品の多くは，植民地時代から受け継がれたものである。第三世界諸国は，自分たちが不利な貿易条件に閉じ込められ，経済的および社会政治的な発展が妨げられていると気づいている。視点を変えれば，第三世界諸国は，政治的には独立したが，海外の市場と政治的利益が大いに幅を利かせており，加えて，近代的な政治経済を発展させる基盤となる指導力の伝統・技術・資源に乏しく，国内的に分裂した社会が重荷になっているということに気づいている（Galtung 1971）。

　こうした一般的な状況からさまざまなアジェンダが生じ，経済安全保障に関して，以下のような具体的なイシューが提起されている。

1．国家がグローバル市場で自国の軍需品生産能力を維持することができるか，より広い見地からいえば，国民経済と国家の軍事的動員力との関係を維持することができるか
2．グローバル市場（特に石油）への経済的依存が政治的目的で利用される可能性があるか，より広い見地からいえば，供給に関わる安全保障の問題。つまり，国家が自給・自立という非効率だが安全な方策を放棄し，代わりに外部の供給源に依存するという効率的だが不安な方策を採用する際に生じる安全保障上の問題
3．グローバル市場は勝者よりも敗者を多く生み出し，すでに存在する格差をさらに拡大するのではないかという恐れ（国際的には，米国の覇権の衰退に対する恐れから，途上国の搾取，債務危機，周縁化に対する恐れ，また，国内的には，恒常的な失業や社会の分極化の進展に対する恐れなどが挙げられる）
4．(a)資本主義の暗部および（特に犯罪組織を強固にする薬物や小型武器の）違法取引に開かれた貿易秩序に対する恐れ，(b)軍事的に重要な（特に大量破壊兵器の製造と運搬に関する）技術貿易に対する恐れ，(c)工業化と大量消費が広まることで地球環境にかかる負担への恐れ（第4章を参照）

5. 政治的指導力の低下や保護主義的な反発の増加，グローバル金融システムの構造的な不安定などのいくつかが組み合わさることによって，国際経済それ自体が危機に陥ることに対する恐れ

　何が自由主義の下で経済安全保障を特徴づけるのか。特に自由主義ならではといえるのは，自由主義がアクター間の容赦のない競争を可能にするような安定的な状態を作り出すことである。経済安全保障をこうした観点からとらえると，それは旧体制および19世紀のヨーロッパにおける軍事安全保障に通じるところがある。旧体制の君主たちは，戦争を一定の範囲内に制限するルールの必要性を認識していたが，それは戦争を避けるためのルールではなかった。同様に，ヨーロッパ協調は，特定の（ヨーロッパ大陸の大国間の）戦争だけを避けることが意図されていた。ただし，1914～45年の「ヨーロッパ内戦」の後，外交的な成功か否かはさておき，かつて外交の正当な手段とされていた武力衝突が初めて禁止されることとなった。

　経済安全保障をめぐる言説の大部分は脆弱性と効率性の間の緊張関係に由来するが（Buzan 1991：236-237），その核心にあるのは経済的自由主義の旧体制的な特徴である。世界経済にグローバルな福祉システム（すなわち，グローバルな社会保障）が欠如している限り（そして，この構造的特徴は今後も長く残るだろうが），国家と個人はみずからが利益を得るために十分に効率的であると期待できる場合にのみ，効率性への賛意を示すことだろう。覇権的アクターが自由貿易を主張する傾向にあるのは，1つにはこういう理由があるといえる。

　国家は，覇権的権力あるいは権力バランス一般と関連する経済安全保障上のジレンマに直面している。相対的な経済成長が，国際システムにおける国家の権力バランスを決定づける主要な要因だからである（Kennedy 1989；Gilpin 1987）。しかし，軍事力とは対照的に，相対的な豊かさが常にゼロサム的な性質を持つわけではない。たとえば，日本の台頭によって他のOECD諸国が貧しくなったわけではない。もし明日，日本経済が崩壊しようものなら，それによって生じる資本と市場の損失が，他のOECD諸国の経済も道連れにすることだろう。いい換えれば，軍事的相互依存関係における敵と味方の区別に比べ，

経済的相互依存関係においては白黒がはっきりしない。そのため，経済的安全保障という概念は，軍事的安全保障よりも非常に曖昧である。自由主義システムにおいては，日米間の緊張を伴う貿易関係が示すように，共同利益を確保しようという姿勢と，自身の利益を確保しようという姿勢がせめぎあっている。

多くの場合，経済的イシューを安全保障化しようというさまざまな試みは，より広い政治的文脈，すなわち経済政策をめぐるリベラルとナショナリストの争いと絡まりあっている。冷戦中は，超大国間の対抗関係によって保護主義的な主張が抑え込まれていた。すべての資本主義諸国が，ソ連に対する軍事安全保障および政治安全保障を最重要視し，共通の関心を有していたからである。ソ連の脅威が存在する限り，資本主義諸国にとっては仲間内での商業的競争よりもソ連に対する不安の方が大きかった。しかし，1989年以後，イデオロギー闘争が歴史となるにつれ，もともと競争関係にある資本主義経済を曲がりなりにもまとめ上げていた共通利益が，著しく弱まった。

本章の中心的な問いは，「経済安全保障」として議論されていることが，実際，どの程度，その名称にふさわしい議論といえるのか，ということである。その際，焦点となるのは，昨今の支配的な純粋自由主義（新自由主義）を前提した場合，この問いにどのように答えられるのか，ということであろう。議論を先取りすれば，市場の本質は競争関係であるため，「経済安全保障」をめぐる議論はせいぜい政治化の段階に止まり，厳密な意味で安全保障化に進展することはほとんどない。政治化を越え出ることがあるとすれば，それは，多くの場合，他のセクターに波及した結果である。極端な自由主義の下では，純粋に経済安全保障といえるものはほとんどあり得ない。

安全保障アクターと指示対象

経済セクターに関して，忘れてはならない重要なことがある。各セクターには固有のユニットが存在するが，そのユニットも地歩を固めれば，他のセクターで主要な役割を果たせるということである。国家はすべてのセクターにおいて注目すべき存在であり，たとえその根幹が政治セクターや軍事セクターにあ

るとしても，経済セクターにおける主要なユニットの1つである。

　経済セクターは指示対象にあふれており，個人や階級，国家，そして，グローバル市場という抽象的かつ複雑なシステム自体も指示対象に含まれる。指示対象が重なり合っていることも多い。グローバル経済がそれ自体に対する不安から安全保障化されることもあり得るが，国民経済の観点，あるいは国民経済における集団（たとえば，離職者）の観点から安全保障化されることもあるだろう。経済セクターの特殊性として真っ先にいえることは，自由主義の論理の下，経済セクターの最も代表的なユニットである企業が，比較的，安全保障の指示対象になりにくいということである。なぜなら，企業はそもそも手段であり，一時的に存続すればよいのであって，安全保障の根拠となる存立の脅威という論理とは折り合いが悪いからである。自由主義の視座からすれば，企業は根本的に便宜的な組織である。非常に大きな組織に成長し，長く存続するかもしれないが，どんなに古く大きな企業であっても市場に従属し，非効率的になれば，あるいは需要のある製品やサービスを生産しなくなれば，解散したり，新たな企業に取って代わられたりする。もちろん企業は生き残りをかけて戦う。しかし，パンアメリカン航空（Pan Am）やオースティン（Austin），トライアンフ（Triumph）のような業界を代表する企業が消失し，衝撃や悲嘆をもたらしたとしても，それを不自然だとか間違っているなどと考える人はほとんどいない。アップル（Apple）やIBMが新たなコンピュータメーカーに取って代わられても，ほとんど混乱はないだろう。

　安全保障化を試みる場合，通常は2種類の論理においてのみ，企業を指示対象の地位に押し上げることができる。1つ目はローカルな論理で，企業の倒産によって個人や町に直接的な影響があるという主張である。個人，労働組合，地方政府，中央政府の地方出身代議士は，その企業を助けようとして，倒産は安全保障上の問題だと訴えるかもしれない。2つ目は国民的な論理で，政府からすれば，国家の産業基盤における企業の位置づけが問題となる。たとえば，もし政府が軍事的動員のために高水準の自給・自立を維持することに熱心であるなら，その論理は非常に広範囲に適用され，靴メーカーや造船所，電子機器メーカーなど，多様な企業を含むことになるだろう。その場合，安全保障化ア

クターは(補助金や政府調達を求めている)渦中の企業自体かもしれないし,労働組合や(雇用に関心のある)地方政府の代議士かもしれない。はたまた,軍事安全保障を追求するために,先手を打とうという国家かもしれない。経済ナショナリズムに基づく政府はそうした議論を活用する一方で,自由主義的な政府はそうした議論に抵抗する。おそらく自由主義的な政府にとっての例外は,主に巨大製造企業やとりわけ銀行であり,それらの破綻が経済全体の安定性を脅かす場合,また,銀行の破綻が国際金融システムの安定性を脅かす場合である。

　ここで難しいのは,安全保障のレトリックが単に雇用や地域開発,利益誘導などの政治的目的を追求するために乱用されるかもしれないということである(乱用というのは,存立の脅威から臨時の対抗措置に至る全般的なプロセスを経ないため,本当の意味で安全保障化を試みているわけではなく,安全保障という単語がかなり緩やかに使用されているにすぎないからである)。自由主義経済において,上述のローカルな議論は,通常,国民的な論理と結び付くことがなければ失敗に終わる。他方,国民的な論理は,国家が厳しい戦争を戦わなければならないと考えている限り,強い論理であり続ける。一国で戦わなければならないとなれば,なおさらである。ただし,国家がリベラルな安全保障共同体の一員である場合(ちょうどヨーロッパと西側諸国がそうであるように),軍事的自立の必要性は弱まり,武器および他の軍需物資の供給については他国を当てにしようという姿勢が強まる。伝統的に自立心の強いヨーロッパ諸国でも,武器や軍需品に関しては相互依存が進み,米国依存も深まってきている。したがって,自由主義システムの下では,企業が市場システムそのものの安定性に決定的な影響を及ぼすことが予見されるような特別な状況においてのみ,企業の安全保障化が達成され得る。

　階級「闘争」というマルクス主義の論理は,階級を指示対象の地位に押し上げる論理として読むこともできよう。その際,どの階級が指示対象となるかは流動的である。このレトリックは何世代かの間は政治的な影響があったものの,国際安全保障の面ではあまり支持を集めることはできなかった。このことは,労働者も知識人も1914年の社会主義インターナショナルには参集せず,国家と

国民を安全保障の象徴とすることを受け入れたという事実が最も雄弁に物語っている。あからさまな労働者階級の安全保障化が失敗したということであれば，事態は，経済効率性と安定に関する自由主義的なレトリックを隠れ蓑に，暗黙裡に国際的な資本家階級の利益が安全保障化されたということなのかもしれない。こうした議論は，経済ナショナリストであればたいてい耳を傾けるだろうが，市場の効率性は共同体に広く恩恵をもたらし，利益を得るのはエリートだけに限らないと考える自由主義者には拒絶されるだろう。階級が経済安全保障の指示対象となり得ることは否定できないが，これまでのところ，階級を安全保障化する試みはせいぜい不完全で一時的な成果をあげただけであった。ここで注記しておくべきは，非貨幣経済（特に自給農業）のユニットが家族あるいは拡大された家族だということである。諸地域（特にサハラ以南のアフリカ）は全体としてこの原理を基盤としているが，地域主体型開発に関する文献を除けば，経済活動が政治化されたり安全保障化されたりすることはない。

　ユニット・レベルで考えると，国家は企業や階級よりもはるかに，経済安全保障の主要な指示対象に相応しい。これは，自由主義者でも認めるだろう。たとえば，GATT（関税と貿易に関する一般協定）違反を正当化するために安全保障の議論が利用される場合，理由として主張される安全保障の論理は，企業の利益よりもむしろ国益に関連づけられる。その場合，主たる理由は経済セクターとは別のセクターに求められる。たとえば，軍事力に関する懸念（特に大国にとって），はたまた政治的地位（覇権の衰退や途上国の周縁化）や政治的影響力（たとえば，石油，食料，武器供給者が輸入依存状態を利用）に関する懸念が持ち出される。そもそも国民経済そのものが安全保障化の基準を満たし得るのかは興味深い問いであり，次節で取り上げる。

　経済セクターでは，システム・レベルおよびサブシステム・レベルの指示対象に対しても，ほぼ同じ問いが浮上する。その指示対象には，より具体的なものとより抽象的なものがある。具体的なものの代表例は政府間組織（IGOs）だが，ここではレジーム（最恵国待遇［MFN］の取り決め）から条約（GATT，北米自由貿易協定［NAFTA］），常設組織（WTO，世界銀行，EU）までのすべてを

含むこととする。抽象的なものの代表例は自由主義国際経済秩序（LIEO）であり，これは開かれた貿易と金融のためのあらゆるルールと規範をまとめ上げたものを意味する。これらサブ／システム・レベルの指示対象は，通常，IGOs職員や国家の代表，あるいは産業界や資本家階級によって，そのシステムを維持するために安全保障化される。

とはいえ，安全保障化の要請は，主として経済的な理由に基づくのか，あるいは他のセクターにそもそもの理由があるのか。繰り返すが，軍事的・政治的関心との関連は強固である。いまだに1930年代の事例がよく持ち出されるが，国民経済の閉鎖的ブロック化という手法はLIEOにとって脅威であるという警鐘が鳴らされた。この事例になぞらえれば，部分的には，繁栄の程度と世界恐慌再来の恐れが関心の的であるということだが，それだけでなく，コーデル・ハル（Cordell Hull）の有名な格言「モノが国境を越えられなければ，兵士が越える」が訴えている懸念も反映されている（Buzan 1984）。ここでの主要な懸念は経済的な大混乱それ自体なのか，ブロック化経済が政治的・軍事的関係に及ぼす衝撃なのか，必ずしも明らかではない。

経済を安全保障化する試みは，次のように明確に論じる場合，最も強力になる。すなわち，経済の安全保障化は経済的な損失に関わる。したがって，生活という日常的な営みにも関わるが，それは程度の問題ではなく，福祉が崩壊するかどうかに関わっている，と。この議論はLIEOとの関係でも利用可能であり，特定の国家や個人の集団を指示対象とすることもできる。たとえば，こんな具合である。次世代の情報技術についていかなければ，グローバル経済から取り残され，経済は確実に衰退していく，その結果，福祉の水準を維持することはできなくなるだろう。そうなれば，最終的には，社会が不安定化し，秩序が崩壊し，革命すらも起こり得る，と。これは経済セクターに止まらない政治的脅威ととらえることもできるし，経済セクターにおける階級の安全保障化ととらえることもできるだろう。実際，上記のような見え透いた主張は，たいてい我々の経済的・政治的地位を潜在的な脅威から守るための議論なのである。

同様の議論は，EUなどの地域機構を対象にしても可能である。ヨーロッパ統合を基礎づける際，公式に用いられた論理の1つは，ヨーロッパの基幹産業

（鉄，鉄鋼，石炭，原子力）を結合し，一国が独力で軍事的動員をできないようにする，ということであった。このような経済構造と軍事・政治安全保障の連結は，国際政治経済の本質をめぐる自由主義と重商主義の議論にさかのぼる。自由主義者は，大概，1930年代の新重商主義政策と世界大戦への転落を結びつけて優位に立っていたが，その転落のきっかけは不安定な自由主義システムが失敗したことだったという事実についてはうまくはぐらかしてきたのである（Polanyi 1957 [1944]）。

　要約すれば，経済セクターにおける指示対象は幅広く，ユニットからサブシステム，システムまで含むが，そのうち最も重要だと思われるのは国家とLIEOである。安全保障化アクターもすべてのレベルに見出される。ただし，一般的には，国家およびIGOsの代表が最も有力であり，より目立たずにではあるが，ときに企業も強い影響力を持つ。LIEOのような抽象的な存在は発言する力を持たず，指示対象としてのみ現れ得る。自由主義の下，経済セクターの最も代表的なユニットである企業は，主に安全保障の機能的アクターという役割を担い，経済安全保障のダイナミクスに影響を及ぼす。とりわけ注目すべきは，企業が途上国経済にとって悪魔にも救世主にもなり得るということである。国家もIGOsも，こうした役割を担っている。国家は門番として，国境横断的な経済取引をどの程度まで許容するかを決める。その差配が，IGOsおよび国際政治経済全体の基礎的条件となる。問題は，安全保障化を促す動機はそもそも経済セクターと他のセクターのどちらにあるかである。この問いにはまだ答えていないので，次節で検討する。

脅威と脆弱性の論理

　経済セクターにおける脅威と脆弱性は，はたして安全保障化の基準を満たすものなのか。特に，存立の脅威は？　前節で見てきたように，経済的イシューは明らかに他のセクターにおける安全保障につながっていく（そして，注目すべきなのは，逆もまた然りであり，環境危機や戦争は実戦であろうと冷戦であろうと，地方経済，国民経済，世界経済に深刻な被害をもたらし得るということだ）。た

だし，そもそも経済セクター自体が難解で矛盾に満ちた領域であり，そのなかで，どこに政治化と安全保障化の境界を引けるのだろうか。不安が市場経済における生活の基本的特徴だとするならば，いかにして経済イシューは単純な技術的問題から政治化された問題，安全保障化された問題へとスケールアップしていくのか。

　何が経済面での存立の脅威となるかは，指示対象次第である。個人の経済安全保障は，ベーシック・ヒューマン・ニーズという観点からみると最も理解しやすい。人の生死（あるいは，子どもが栄養不良になり，人間としての成長が著しく損なわれるかどうか）は，生命を維持するのに不可欠な基本的必需品，すなわち十分な食料，水，衣服，住居，そして教育が提供されているかどうかによる。いわゆる食糧安全保障，そして大規模な飢餓を根絶せよという要求は，災害救助と同様，明らかにベーシック・ヒューマン・ニーズのなかに含まれる。ただし，こうした基本を越えて，個人が経済セクターで純粋に安全保障化の対象となり得るかは定かではない。福祉の相対的な充実度，他国の資源へのアクセスに関する格差，ひいては失業なども，個人にとって，また，実際は社会にとって，ものすごく重要な問題となりそうである。しかし，経済的な観点からすると，生死には関係がない。存立が問題とならない以上，経済的または政治的（さもなければ，社会的または環境的）イシューにとどまり，安全保障上のイシューにはならない。

　自由主義的な視座からすれば，企業は，前述のように大手銀行などの倒産が経済そのものの脅威となる場合を除き，存立が問題となることはなく，安全保障化に必要な特質を欠いている。安全保障という言葉は，経済関係においても頻繁に用いられ，投資では特に目立っている。投資には，経済的リスクと政治的リスクの両方がつきものである。後者は，いまでは国家のイデオロギー的色分けよりも内戦の可能性，いい換えれば，国家が強いか弱いかという尺度に関連している（Buzan 1991 : 96-107）。他に政治的リスクになるのは，集団的な不買運動である。リビアとイラクに投資していた人々は，国際的な不買運動によって損失を被った。現在のところ，あからさまに国家を国際経済から排除するような傾向は見られない。また，そうした動きが許され，世界経済そのものに

脅威を与えるほどの重要性を帯びるようになることも考えにくい。しかし、地域的なサブシステムが危険にさらされる可能性はある。過去には、国連加盟国が南アフリカでそのリスクを冒したこともあった。とはいえ、投資「安全保障」には、国際安全保障と同じような特質はない。

　企業とは異なり、国家には安全保障化に必要な特質が備わっている。国家は（常時というわけではないにせよ）恒久的な基盤構造であることが期待されている。実際、国家は解体できないと考えられているために、国家がグローバル経済のアクターという役割を担うことで問題が発生する。仮に企業が経済アクターとして経済ゲームでうまく立ち回れず、倒産することになっても、企業は消え去るだけだろう。ところが、国家はそうはいかない。理論的には国家の破産は起こり得るが（たとえば、メキシコは債務危機に陥り、1995年にも危機の一歩手前までいった）、国家が解体され、その結果、住民が解雇されるという事態はあり得ない（多くの人が移住を試みるだろうが）。買収（支配権の奪取）は困難かつ稀であり、イラクがクウェートで悟ったように、敵対的買収（支配権の強奪）はいまや違法行為とされる。ドイツ民主共和国（東ドイツ）の終焉は、ある国が他国を成功裡に買収するという近年では極めて稀な事例である。多国籍企業がローカルな政治と軍事安全保障を支配しようとすれば、そのコストは大きく、脱植民地化の触発と同じような副作用に直面する。企業は、海外資産が不意に国有化されるリスクよりも、統治責任を負うというコストを高く見積もるものである。結局、国家と企業の役割分担という自由主義の議論は、ある強力な論理が核心となっている。国家と企業のいずれも、他方の仕事を効果的に実行できない、ということである。

　したがって、国家は、経済セクターの他のアクターが抱える存立の脅威には特段影響されない。もし国家が破産すれば、政治安全保障が脅かされたり（IMFや世銀に主権を侵害させてしまうことで）、軍事安全保障が脅かされたりするかもしれないが（いまでは容認されないが、植民地時代の砲艦外交のように強制的な債権回収の脅威が高まることで）、経済安全保障に大した影響はない。

　国家の経済安全保障の論理は個人のそれと似通っている。異なるのは、国家が（実際はほとんどないが）原理上、完全に自足的な経済システムを形成し得

るという点である。事実上,国家にもベーシック・ヒューマン・ニーズと同等の欲求がある。国家が自国の人々や産業に十分な資源を提供できない場合,資源を国外から調達する必要がある。そうした資源への欲求が脅かされれば,国民経済はあからさまかつ合法的に安全保障化され得る。

　しかし,この基本的な欲求を越え出た場合,自由主義者がどのように経済安全保障を正当化するかはわかりにくい。経済ナショナリストが国家をだしに経済安全保障を掻き立てることには何ら困難はないが,自由主義者が同じことをしようとすれば,自身の効率性への傾倒,ひいては自由な競争へのこだわりが制約となる(というか,なるべきである)。そして,原則に則るならば,多種多様な経済イシューや政治イシューは,ともすれば深刻な問題と見なされ得るとしても,安全保障化の対象から除外されるべきである。つまり,国家がいかにうまく,あるいはひどく産業化および開発競争を行おうと,いかにうまく市場占有競争を行なおうと,いかに公正に,あるいは不公正に貿易および資金調達と投資を行なっていると思われようと,直接および間接外国投資が経済的に有害であろうと,グローバルな競争が開発にとって都合が悪かろうと,経済上,絶対的利得よりも相対的利得の方が重要であろうと,こういったイシューは安全保障化の対象から除外されるべきである。

　おそらく,自由主義者が経済安全保障の問題として扱えなくもない唯一のイシューは,国際経済に後れをとらないように国民経済を改良し続ける必要があるということである。そうした改良を行なわなければ,国家は周縁化され,場合によっては,債務不履行や投資の損失,通貨の不安定化などによって経済が荒廃するリスクすらある。ただし,こうした状況も滅多に存立の脅威とはならず,通常の政治からの逸脱を正当化するのに十分なほど大規模かつ厳しい事態に至ることもない。先に例示したイシューと同様,国家あるいは国民経済の存立が争点となるよりも,絶対的および相対的な観点から国家がいかにうまく,あるいはひどく行動しているかという議論に止まる可能性が非常に高い。そうした経済的イシューが明らかに存立の脅威と見なされるようになるとすれば,それは経済セクターそのものに与える影響よりもむしろ他のセクターに与える衝撃が大きい場合である。経済的な安全保障化が試みられるとき,安全保障化

アクターはしばしば安全保障の論理をここぞとばかりに利用し，印象的な分岐点を示すことだろう。これは福祉の水準に関わる。だが，段階的あるいは徐々に進むなどという話ではない。景気後退への道を選ぶのであれば，存立が脅威にさらされる状況に至るのである。

　経済セクター内の単に経済的あるいは政治的な事柄も，他のセクターにおいて安全保障上の含意を持つことがあるかもしれない。より多様な価値観が存在する社会は，国際的な自由主義市場化の衝撃から生き延びることができるのか。国際経済の破綻は，戦争に帰結するのか。大量消費市場経済の拡大は，地球全体の生態系を破壊する恐れがあるのか。自由主義は，効率性の対価として経済的な不安を受け入れているため，論理的な困難を抱えており，それが経済セクターにおけるイシューを安全保障化する試みの足枷となっている。安全保障化が不可能なわけではないが，自由主義者よりも経済ナショナリストの方がその試みには向いている。自由主義者が知的な一貫性を失うことなく経済安全保障について語るのは難しいのである。

　経済セクターの興味深い特徴の1つは，システム・レベルの構造（市場，貿易システム，金融システム）および関連する制度が，定期的に，安全保障の対象として喚起される点である。政治セクターの言説とは対照的である。なぜなら，政治セクターでもさまざまなレジームや制度，ひいては国際社会そのものが指示対象となり得るが，アナーキーという構造自体が喚起されることはほとんどないからである（主権への執着とアナーキー構造への支持は関連しているにもかかわらず）。抽象的な市場であろうと具体的なIGOsであろうと，経済システムが安全保障の指示対象として構成される場合，何が存立の危機になるのかという問いに答えるには，そうしたシステムを組織化している諸原則に目を向けるしかない。LIEOは国際的な財，サービス，金融取引に課される国境制限の除去を大義としており，その大義に背くものは何でもLIEOの存立にとって脅威となり得る。また，もう少し細かくいえば，独占が進むことで，競争と効率性というシステムの根本的原理が損なわれ，LIEOが脅威にさらされることもある。したがって，LIEOは保護主義への衝動および独占への衝動との恒常的な緊張関係にとどまらなければならない。これらの衝動が優勢になればなるほど，

LIEOは弱体化され，事実上，失われる。同じ論理が，IGOsにも当てはまる。経済セクターにおいて，EUのようなものは，単一市場を形づくっているルールと合意がバラバラにされるときにはいつでも，存立の脅威にさらされているといってよい（第8章も参照）。

このような安全保障化の基準は，論理的には明快だが，実践はそれほど単純ではない。少なくとも2つの疑問が浮かび上がってくる。すなわち，ある脅威が真の安全保障上の問題として取り扱われるのに十分な規模となるのはいつか，システムの危機やそれがシステム内のユニットに及ぼす影響をいかに取り扱うかという疑問である。

規模は，安全保障について考える際には常に問題となる。論理的には，隣国の有しているあらゆる武力が軍事安全保障への脅威となり得る。しかし，実際上は，その武力で他国を侵略したり大規模な損害を与えたりすることができ，敵意を持っていることがわかっている場合でなければ，安全保障上の脅威であると安易にいうことはできない。自由主義的経済システム内では，独占や保護主義に向かうあらゆる行動が安全保障上のイシューとして扱われ得るが，実際にそうとらえ始めると，小規模な軍事力の場合と同様，パラノイアに陥る危険がある。国際市場システムの著しい複雑さを考えれば，システムを組織する基本的な諸原則の周辺で，考慮すべき動きがあるのはいわば常態である。国家によっては，一時的に保護主義的な方策をとることで，より大きな枠組みのなかでの調整を容易にする必要がある場合もあろう。こうした要求は，自由主義の全体的な枠組みのなかで制度化され，容認されることも可能であり，必ずしも安全保障化という反応を引き起こすものではない。「埋め込まれた自由主義」という戦後レジームは，システムの秩序を脅かさずに，そうした調整が可能となるような免責条項を含んでいた（Ruggie 1982）。

さらに，冷戦期には，たとえ世界の大部分（共産主義圏）が参加していなくても，「世界」経済が繁栄し得るということが示された。システムも，人間や企業，国家と同様に，存立の脅威を感じることなく損害を被ることはある。このようなシステムに対する安全保障上の脅威が発生するのは，主導的なアクターや多数のメンバーがシステムの構成原理に疑問を抱き始めるときか，もしく

はシステムを支えるルールや慣行を破ったり，支持できなくなったりし始めるときである。

　安全保障化の試みが，それほど重要ではない脅威に対してなされることも稀にある。そうした試みは大抵，失敗するが，グローバル自由主義経済秩序に反対する人々への対抗措置を正当化するために機能する場合もある。これは米国の対キューバ政策の中身や，スイスの銀行政策に対する国際的な態度の硬化をみると，わかりやすい。

　システムの危機は，上記のような反抗的な行為から生じるかもしれないが，システム内の機能不全やお決まりの行動が繰り返されることから生じることもある。システムの構造（の大部分）に影響を与える混乱は，安全保障上のイシューと見なされるべきなのか，そうであるならば，何あるいは誰が存立の脅威にさらされているといえるのか。ここでは，多国籍企業などの個別のアクターや特定の貿易関係は重要ではないだろう。むしろ主要なイシューは，商品，金，サービス，人のグローバルな往来の安定性である。「安定」とは，変化が想定範囲内だけで起きていることを意味する。つまり，個別のアクターや個別のアクター間の関係が不運に見舞われようと，それが連鎖的な損害を引き起こすことなく，システムを脅威にさらさない状態である。「想定範囲」とは，経済活動のリスクが社会的に受け入れられている，あるいは計算に入っていることと解釈できる。大恐慌は，その連鎖反応が，計算されていたリスクを越えて，経済構造全体を寸断していった典型的な事例である。いまとなれば，1987年10月のブラック・マンデーが示すように，類似の危機を巧みに乗り越えられないわけではないが，無傷とはいかない。1980年代初頭の国際債務危機も典型的な事例であり，経済的な損害が国際経済システム中をいっきに駆け巡ってシステムの強靭性が試された。

　そのような連鎖的な損害が1930年代のようにシステムを崩壊させる場合，疑問の余地なく，存立の脅威という安全保障の論理に合致する。連鎖的な損害の可能性があれば，（自由主義の無防備さの危険に注目する）経済ナショナリストの立場も，（システムの危機の原因と思われる）保護主義を安全保障化する自由主義者の試みも，多くの場合，支持および正当化されよう。こうした見方から

すれば，システム全体を脅かすほどではないが，連鎖反応を引き起こし得る出来事に対して，安全保障化を正当化しようとする反応があるのもわからなくはない。

　ただし，自由主義的な経済安全保障なるものに内在している矛盾が，事態をわかりにくくする。システムの組織化原理そのものが，システムが危機に陥る蓋然性を高くしているのに，自由主義的な安全保障の議論はそんな欠陥のあるシステムにどのように対処するのか（Polanyi 1957 [1944]）。システムがそれ自体の脅威である場合，システムの安定を守るということは何を意味するのか。この疑問は，国際政治経済学（IPE）の中心にある本質的なイデオロギー論争を呼び戻す。たとえば，LIEO に同様の欠点があるかという議論が可能である。執拗に自由貿易を追求すれば，結局，国家に圧力をかけて調整と損失を強い，社会の分極化を招き，システムの基本原理に対する反発を引き起こしそうである。あるいは，金融自由化によって，一部のアクターが自己利益を自由に追求できるようにすれば（皮肉にも，その候補者として有力なのは，先物「証券」取引を行なう人々である），その結果，システムが正常に機能する許容範囲を超えて，システムを崩壊させることにならないか。典型的には，現在，先物やデリバティブに巨額の資金が賭けられているが，それが信用崩壊の連鎖反応を引き起こすこともあるだろう。難しいのは，そうした見通しは，いかなる意味で経済システムへの脅威なのか，そもそも脅威と考えられるのか，ということである。一例として，LIEO が促進する共同利益が脅かされている，と考えることはできるかもしれない。

　安全保障の観点から脅威について考える場合，もう1つの理路としては，視点を変えて，システムの危機がシステム内のユニット（国家，企業，IGOs）にとって脅威になると考えることもできる。その際，重要なのは根本的な変化がいかなる速度と規模で発生するのか，すなわち衝撃度の議論もあり得る。もし明日，日本が世界経済から姿を消したら（たとえば，仮想上の大陸アトランティスを沈めるような自然災害の結果），システム全体が混乱することはありそうだ。ただし，日本のような経済大国がゆっくり段階的に，つまり，英国がそうであったように（二度の世界大戦のせいでもあるが），一世代か二世代かけて衰退し

ていくとしたら，経済システムはその過程に適応できるだろう。

したがって，突然かつ大規模な構造変化は，他のレベルの場合と同様に，経済安全保障上のイシューととらえられるかもしれない。突然の失業は自宅が焼け落ちるのをみるくらい大きな不安をもたらすが，一年前に通告を受け取っていれば，時期を見ながら調整することは可能だ。システム内のユニットにシステム上の予期せぬ混乱が降りかかっても，安心を提供する仕組みはたくさんある。保険会社が昔ながらの例である。ただし，典型的な保険会社は，地震やハリケーン，戦争など，広範囲に保険請求が生じるような災害の多くを対象から除外している。社会保障システムは失業の痛手を和らげ，経済紛争を政治紛争へと波及させないためにも重要である。銀行は企業に対して同様の役割を演じるだろう。しかし，これらの例はいずれも，トラブルに陥った個別のユニットを助けるための手段である。そのほとんどは，システム自体が崩壊してしまえば，機能が停止するか一掃されるかどちらかしかない。

世界経済のさらなる国際化と1920年代と同様の崩壊に対する恐れは，LIEOの安心保証システムのさらなる制度化をもたらした。IMFと世銀は経済的なトラブルに陥った国家を支援し，GATT-WTOはルール形成と紛争解決を通じて，危機に対する強靭性を高めることに貢献している。中央銀行の運営はますます各国政府から独立するようになっており，銀行の代表者は国際決済銀行(BIS)や証券監督者国際機構(International Organization of Securities Commissions)などの会合で定期的に議論し，政策を調整している(Underhill 1995)。さらに，OECD諸国の大手銀行はホットラインでつながっており，危機の場合には，即座にコミュニケーションをとり，対策を練ることができる。そうした手段が示唆するのは，経済安全保障への脅威に対し，システム・レベルで本格的かつ継続的な対応がとられているということである。鋭い観察者であれば，こうした申し合わせに関わっている人々を，かつて軍事安全保障の世界を住みかとしていた「核戦略マフィア」になぞらえるだろう(Healey 1989：413)。

システムの危機を安全保障化する場合，前述の議論にまた直面することになる。経済セクター内では，存立の脅威を構成する条件がかなり狭く限定される

ということである。ただし，LIEO の特徴的な性質と脆弱性を考慮すると，LIEO というシステム・レベルこそが経済セクターの安全保障化を最も強く正当化する指示対象の候補になる（さらに，他のセクターにも影響がある）と思われる。経済セクターの他の側面も安全保障化され得るが，それは比較的まれで，極端な場合のみである。自由主義経済の基本的性質のため，経済安全保障上のイシューと見なされるものの多くは，実際には，通常の経済関係か政治化された経済関係のいずれかである。このセクターにおける安全保障の特徴とは，真に経済安全保障上のイシューといえるものは比較的少ないが，多くの場合，通常の経済活動あるいは政治化された経済活動が他のセクターに波及し，安全保障上の帰結をもたらすということである。また，別の特徴として，多様な指示対象を取り上げながら，頻繁に安全保障化の試みがなされるものの，その試みが広範な支持を得ることはほとんどないという点があげられる。そうした安全保障化の諸言説は，政治経済政策をめぐるイデオロギー論争の一環である。純粋な自由主義が支配的な状況においては，どんな経済安全保障の主張も，不安はグローバル市場経済に参加するために支払うべき対価だという（理論的）障壁を乗り越えられないだろう。この論理の下では，敗者もゲームの一部であり，彼らが自身の苦境を安全保障化しようとしても，それはゲームのルールを変える試みだということで却下されてしまう。

リージョナル化のダイナミクス？

　経済セクターの安全保障ダイナミクスにおいて，主流となるのは，ローカル，リージョナル，グローバルのいずれなのか。この疑問に答える際に問題となるのは，安全保障の論理を競争的な経済関係に適用することが，本来的に難しいということである。もう一つの問題は，前述の通り，厳密に経済の論理で安全保障を語ろうとすれば，その範囲はかなり狭くなる一方，経済のダイナミクスが他のセクターの安全保障に多くの影響を与えるということである。こうしたつながりは，IPE がセクター横断的な学問分野であることを根拠づけている。経済安全保障のアジェンダを他のセクターから隔絶し続けることは容易ではな

く，一般的には良い考えともいえない。

グローバル化する傾向

　一見したところ，現代の経済安全保障のダイナミクスに関して期待されているのは，LIEO を全般的に特徴づけているグローバル化の傾向が支配的になり，それが力強く推し進められることのようである。軍事および政治関係とは異なり，経済関係はいまでは地理や距離にほとんど影響されない。今日，世界規模の海運やコミュニケーションはとても安価になっており，LIEO における大企業の多くは地球全体を動き回っている。多くの市場（とりわけ金融市場）はいまや地球全体で稼働しており，もはやグローバル経済システムについて語ることは誇張でも何でもない。実際，地球規模での分業が，国家を周縁化するくらい進展しているとみる識者もいる（たとえば，Cerny 1995）。

　グローバル市場経済の出現と拡大は現代における主要な発展の一つであり，そこで浮かび上がってくる安全保障上の問いは，この競争的かつ協力的な関係の複雑なネットワークが安定的か否かというものである。これまでずっと，米国という覇権的リーダーの衰退（もしくは腐敗）にともない，リベラル国際経済秩序もいずれ不安定化するのではないかと議論されてきた（Hirsch and Doyle 1977；Keohane 1980, 1984；Strange 1984；Gilpin 1987；Kindleberger 1981）。冷戦の終結とともに，この論争は皮肉にもレーニン的なねじれを帯びるようになってきた。つまり，共産主義とソ連の力に対する共通の恐怖が取り除かれたことで，資本主義勢力の主要な中心地では，かえって仲間内の競争が激化し，まとめて危機へと陥っていく可能性があるということである。市場シェア競争（Strange 1994）という流行りの議論は，帝国主義に関するレーニンの考えに急接近しており，ほとんど，飽和状態にあるグローバル市場を再分割し，深い不安感を生み出そうと争っているようなものである。また，国際政治経済学の制度論者が心の中心に抱いている希望をもむしばんでいく。それが元から弱々しいものであることは周知されているが，彼らは，共通理解および共有されたイデオロギーに，ひとまとまりの国際レジームと国際制度（G7，世銀，WTO，IMF）を組み合わせることで，集合的な覇権を基礎としたリベラル国際経済秩

序を存続させることができるのではないか，という希望を抱いているのである（Keohane 1984）。

　そのため，おぼろげに見え始めているのは，グローバル政治経済に重大な危機が訪れ，冷戦期に発展し，自由主義化を促してきたレジームが実質的に崩壊するという可能性である。どうやら，その弱体化しつつある冷戦期の経済秩序には，同時に二重の圧力が覆い被さりつつある。1つは貿易競争の激化であり，ほぼあらゆる生産分野で供給者が増加していることが原因である（Paye 1994）。西洋以外の地域における産業化の成功とともに，市場規模は拡大してきた。ただし，それ以上に，多くの産業で余剰生産能力が生み出されてきた。余剰生産能力は競争を激化し，結果的に古参の生産者が競争力を失うと，産業の空洞化を招くことになる。

　このように経済効率性がグローバル化することは消費者にとっては良いことだが，国家と社会は途方もない圧力で順応を迫られ，みずからが生計を立てる手段を再構成し続けなければならない。自由主義経済論者はいともたやすく忘れてしまっているようだが，消費者であるためには交換あるいは販売するものを生産しなければならない。ヨーロッパのように早くから開発が進んだ地域では，貿易競争の激化が，国家と社会に，社会的および政治的価値に関する疑問を突き付けている。たとえば，自動化が進み，高い技術を必要としない農業や工業の仕事が人件費の安い他国に流出した結果，失業者が増加しているが，どうするのか。延々と続くGATTウルグアイラウンド交渉の物語は，このような危機の高まりを予示していた。つまり，経済効率性の追求は社会的・政治的コストを生み出し，民主政治の下で，そうしたコストを支払い続けることはますます難しくなっているのである。1993年12月のラウンド交渉がかろうじて出すことのできた成果には，さらなる自由化が全体的な成長を刺激し，社会的・政治的な問題の蓄積をかろうじて食い止めてくれないだろうか，という一縷の望みが反映されていた。しかし，経済面と社会・政治面の間の根本的な緊張関係や，その緊張関係によって強まっている保護主義を求める圧力に関しては，結局，何もなされないままであった。

　もう1つの圧力は，1970年代から続く金融自由化に関係する。国家の金融規

制が徐々に取り除かれていくことで、ブレトンウッズで描かれた戦後のグローバル政治経済の青写真も色あせていった。ブレトンウッズで構想されたのは、不安定な金融から国家を守り、福祉国家を確立することであった。規制がなく不安定な金融が、1920年代後半に大暴落を引き起こしたからである。貿易は規制緩和するが、金融はしない、そして安定した為替相場システムによって貿易を促進するという構想であった。

金融の規制緩和は福祉国家の土台を（英国などのいくつかの国では、意図的に）掘り崩すとともに、為替相場の安定という望みも吹き飛ばした。地球規模で組織された力強い金融市場が形成され、いまや各国通貨を気の向くままに攻撃することも、ヨーロッパ為替相場メカニズム（ERM）などの計画をつぶすことも可能である。ERMがうまくいけば、為替取引と投機から得られる利益は大幅に縮小することになる。また、規制緩和は、金融管理のために国家が使える手段を奪ってきた。残っているのは金利と財政政策のみだが、よく知られている通り、金融管理に用いるのは難しい。なぜなら、これらの手段は国内経済に対して即座に大きな効果を発揮するものの、各国の経済循環のリズムは異なっているため、調整が難しいからである（Cox 1994；Helleiner 1994a；Webb 1994；Stubbs and Underhill 1994）。こうした展開は、2つの方向から貿易危機を深刻化させる。まず、福祉国家の能力を弱体化し、熾烈な競争の国内への影響に対処することを難しくする。そして、為替相場を混乱させ、貿易および産業政策を複雑にする。また、こうした展開が信用取引の過剰な拡大を可能にし、大恐慌を引き起こしたときと同じような、重大な金融危機に行きつく可能性すらある。

上述の3つの要因、すなわち米国の指導力の弱体化、余剰生産能力、金融の不安定さの結びつきは、一方で経済的な不安が蔓延しながらも、同時に共産主義の打倒と歴史の終わりに自由主義的な高揚を感じるという、一見、奇妙な組み合わせを説明してくれる。（国際経済に）厳しい「災厄のとき」が訪れると予見している人たちもいる（Wallerstein 1993；Huntington 1993, 1996；Spence 1994：4；Kaplan 1994）。危機が訪れるかどうかはわからないが、その可能性があるという意識は、LIEOをシステム・レベルで支えているレジームや協議

の仕組み,組織を安全保障化する際の基盤となる。重大な経済破綻は経済セクターのみならず,政治および軍事安全保障においても反動をもたらすだろう。そのような破綻を予防し,LIEO のこれまでの生産効率性を保持しようという試みは,経済安全保障を求めるグローバルな動態において主流となっている。

地域のダイナミクス

興味深いことに,LIEO の安全保障に対するグローバルな関心と地域レベルにおける安全保障化のダイナミクスには,強い結びつきがあるように見える。経済的地域主義 (Helleiner 1994b; Anderson and Blackhurst 1993; Fawcett and Hurrell 1995) は,NAFTA の設立に加え,EU 統合が1980年代後半から深化・拡張してきたことで,再び脚光を浴び始めた。そのうち,最も野心的なプロジェクトである EU は,どんな困難にもかかわらず,前進し続けており,ヨーロッパの安全保障において紛れもなく中心的な関心事となっている (Buzan et al. 1990; Wæver et al. 1993)。上記の2つの地域的プロジェクトは,グローバル政治経済の核心をなし,類似のプロジェクト(東南アジアの AFTA,太平洋諸島諸国と北米を結びつける APEC,南米の南端部コーノ・スールに広がるメルコスール)を生み出すともに,他の地域経済圏(西アフリカの ECOWAS,南アジアの SAARC,南アフリカの SADC,旧ソ連圏に広がる CIS)に関する多くの議論を誘発してきた。東アジアは難解な地域であり,公式の経済的地域主義が欠けている(それゆえ,脆弱である)と考える論者もいれば,独特で非公式な,国家という枠を超えた地域統合モデルを発展させているとみる論者もいる。

リージョナル化には多様な統合の形があり,アイデンティティや深化,制度化の程度は千差万別である。おそらく,その差異が最もはっきりするのは,ルールと制度を伴う公式の統合(EU など)と,東アジアのように,「社会的・経済的相互行為のあてどないプロセス」(Hurrell 1995:333-338) による非公式の統合である。地球規模の場合と同様,地域統合はそれ自体が安全保障化されることも,国家や個人の安全保障化と重複することもあり得る。欧州通貨統合をめぐる議論には,この重複がよく表されている。

輸送およびコミュニケーション費用の安さを考えると，経済的地域主義に対する熱意が明白に存在することは，一見，奇妙に思える。多くの経済要素がそもそも可動的であることを考えると，純粋に経済的な観点から，英国がEUだけでなく，北米や日本と結びつくのは極めて理に適っているといえる。

　経済がこれほど強くグローバル化を推し進めている時代に，なぜ経済的地域主義が生じるのだろうか。最も明快な答えは，経済的地域主義はグローバル化への応答であるということだ。地域主義の助けがあることで，国家はLIEOの成否に対処できるだけでなく，日常的に向き合わなければならない課題にも対処できる。国家がLIEOの破綻を恐れるならば，対案として地域ブロックを構築するのは堅実である。この戦略にはいくつか危険があるが，よくいわれる最悪の事態として，このように保険をかける方法が経済ナショナリズムの様相を帯び始め，その方法自体が恐れていた破綻の原因となってしまうということもあり得る。ただし，LIEOの破綻が国内にまで影響を及ぼす事態を目の当たりにしたいとは誰も思っておらず，地域はわかりやすい防波堤である。

　もし危機が起きず，LIEOがうまく機能すれば，地域的な統合はグローバル経済の運営と交渉のためのより堅固な足場となり，追加的な利益をもたらす（繰り返すが，それが重商主義に転化する可能性はある）。アンドリュー・ハレル（Hurrell 1995：346, 356）が論じているように，地域統合は，グローバルな自由化がもたらす共同管理の問題を扱うために，より実現しやすい規模の制度を醸成するとともに，特定の政治経済構造（たとえば，EUのケインズ主義的な福祉国家）を維持する手段をも提供し得る。また，潜在的には，各地域において支配的な経済大国（たとえば，ドイツ，米国，インド，南ア，日本）と隣国が肩肘張らずに経済関係を整えていく方法を提供することもできよう。加えて，専門的な議論が，強力なグローバル化の動きがあるにもかかわらず，なぜリージョナル化の傾向が見られるのかを説明している。ある場所では，ローカルな知識と社会文化の親和性に基づいて，貿易と投資を地域的な様式で行なう方が好まれることもある。他の場所では，運送費用が問題となることもある。たとえば，東南アジアのいわゆる成長の三角地帯では，資本，労働，原料の供給源に互換性があり，隣接している場合，運送費用を減らすために生産過程を統合するこ

とが求められている（Ariff 1996：4）。

したがって，地域主義の経済的な論理とは，主にグローバル化という抗いがたい枠組みによる上からの脅威に対する反応と考えられる。ただし，それだけではなく，EU で見られるように，下から地域主義を支える重要な論理も存在する。経済的地域主義が自由主義を標榜し続ける限り，この2つの展開は両立可能である。1930年代の状況とは異なり，現在の地域ブロックのほとんどは自由主義に適う国際貿易構造を有しており，いろいろな形で世界市場に開かれている。地域ブロックの目的の1つは，規模の経済を犠牲にすることなく，開かれたグローバル経済の圧力を和らげること，もう1つは，開かれたグローバル経済を管理するために多大な要求がなされているが，その管理をなるべく地域規模で，より親密な関係のなかで行なうことによって，過剰な要求を和らげることである。経済的に言えば，地域的な貿易構造とは，より堅固な足場を構築することで，グローバルな貿易・金融市場におけるかつてなく厳しい競争に参加するためのものである。さらに，地域ブロックは，万が一，グローバル自由経済が貧弱な管理能力や金融混乱，貿易競争の激化によって立ちいかなくなった場合に，退却するための砦となる。まさに経済安全保障に関わる機能が組み込まれているのである。もちろん，それは機能の一部で，グローバル市場での競争という政治経済的な論理のなかで優位に立つことも目的とされている。

リージョナル化が支配的な傾向になることもあり得るが，むしろ自由主義から経済ナショナリズムに移行して政治経済をみるように要求し，その結果，経済安全保障の対象になるものを再定義するかもしれない。差し当たり，リージョナル化は LIEO に対する脅威というよりも LIEO の派生物といえる。それでもなお，経済的地域主義の地理的な要因が自由主義者を心配させている。なぜなら，グローバル市場の効率性に逆行しているように見えるからである。実務家も心配している。なぜなら，第二次世界大戦の前兆となった新重商主義的な経済ブロックの響きがあるからである。ただし，こうした1930年代との類推は見当違いであろう。現在の経済ブロックは，戦間期のものとは決定的に異なっている。帝国主義と戦争に影響した誘因が，現在とは異なっているのと同様である（Buzan 1991：258-261）。

現在の経済ブロックは戦争の準備には向かっていないものの，実際には，1930年代にもそうであったように，他のセクターの安全保障に一枚かんでいる。たとえば，経済ブロックは，政治文化的な防衛メカニズムとして自由市場の強力な均一化効果に対抗する。自由主義者は，理想として，グローバル市場を統一されたルールと普遍的な行動原理の場と考えたがる。ただし，経済的地域主義の一面は，文化的に基礎づけられているといえそうである。エリック・ヘライナー（Helleiner 1994b）の指摘によれば，3つの主要な経済グループは，すべて際立った特徴を有している。ヨーロッパは大幅に制度化され，社会民主的価値によって運営されている。北米は少し制度化され，自由主義的価値が反映されている。東アジアはほとんど国境横断的な諸関係に頼っており，国家開発という価値が反映されている。

　そうであるならば，現在の経済的地域主義の一部は，社会安全保障を維持するという欲求に基づいているということかもしれない。こうした視座からすれば，イスラーム経済も将来的には，リージョナル化の傾向を持つ独特な経済圏という位置づけを与えられるかもしれない。ただし，本書の第3，6，7章で論じている統合対分裂のダイナミクスがもたらす帰結次第ではある。少なくとも銀行業に関して，イスラームの規範と原則はときに資本主義とは異なる（たとえば，イスラーム経済では，貸し付けの利息を計算することは禁じられている）。イスラーム経済と資本主義経済をどうにか相互に関連させようというのは，IBMとマッキントッシュのコンピュータ・システムを連携させようとするようなものである。両者は敵対的というより，むしろ互換的ではあるが，常に変換の費用がかかる。そうした差異がリージョナル化を促すかもしれない（同じシステムの使用者の間では，より高度な経済的相互依存が促される）。

　より伝統的な軍事・政治的観点から，リアリストは，リージョナル化を超大国建設の試みと見なしてきた。EU内のより極端な連邦主義者も米露内の潜在的なEU対抗派も共通して，EUをそうした試みと見なしてきた。こうした議論は，冷戦期，大きいものが美しかった時代には説得力があったが，ソ連の崩壊および統合の深化に対するヨーロッパ内の抵抗にともない，多かれ少なかれ，説得力を失ってきている。

ローカル化のダイナミクス

　グローバル化の圧倒的な影響力とそれに対するリージョナル化の反応を考慮すれば，重要な安全保障のダイナミクスがローカルなレベルで生じる余地はほとんどない。少し前まで国家はこのレベルで非常に強く決定に関与していたはずであるが，その国家でさえ自由化という命令にほとんど降参するようになっており，いまや国内の論争もシステム・レベルの議論によって圧倒されている状態である。ところが，経済安全保障が自由化にもたらす影響として，ローカルなレベルで明瞭に表れるものがある。きっと次のような要因を見ればわかるだろう。ベーシック・ヒューマン・ニーズの充足が不可能になること（たとえば，飢饉），産業の空洞化や金融危機が地方にもたらす影響（たとえば，メキシコやロシア），一人当たりGDPが減少している国における経済開発への反発（たとえば，アフリカ）などである。安全保障の論理から見れば，これらの状況がベーシック・ヒューマン・ニーズの充足や国家の存続を脅かす場合には，明らかに安全保障上のイシューとなり得る。また，グローバル経済秩序の規制緩和によって国家が弱体化するにつれて，ローカル・レベルのアクターが政治的影響力を持つ余地は大きくなっていくかもしれない。

まとめ

　自由主義的な経済関係の本質ゆえに，経済安全保障はとりわけ難しい主題である。この困難さは，一面では，経済ユニットの道具的な性質および市場関係に内在する不安に関わっている。また，もう一面では，経済活動が他のセクターにおいても広範囲かつ実質的に影響を持つことに関わっている。非常に基本的なレベルを別にすれば，経済セクターのなかだけで生存の論理を主張するのは難しい。経済上のイシューを安全保障化する試みは，本質的に，IPE内の政治イデオロギー的な政策論争の一環であるといえる。こうした文脈からいえば，安全保障化に関する言語体系は，経済政策論争において，自由主義的な統一見解に対する表面的な誓約を放棄することなく，経済ナショナリズムの立場をとるために使うことができる。おそらく，こうした状況の例外としては，主にシ

ステム・レベルの指示対象，たとえば，LIEO の制度や組織が考慮される場合である。その場合，必然的に明白かつ苛烈な帰結がもたらされる，という生存の論理がはっきりと表明される。それは，自由主義的な秩序は崩壊し得るのだというものである。政治レジームおよび制度についていえば（第 4 章〔訳者注：第 7 章の誤植〕の「脅威と脆弱性の論理」を参照），拒絶，暴力，挑戦に弱く，また，ドミノ理論の論理にも流されやすい。いかなる暴力や背信行為，経済破綻，信頼の危機が地滑りを起こし，システム全体を白紙に戻す原因となるかは，誰にもわからない。こうした文脈においては，地域主義もそれなりに安全保障の性質を帯びることとなるだろう。

　自由主義の下では，厳密には経済安全保障のアジェンダといえるものはほとんどないが，経済活動は，いとも簡単に，他のセクターにおいて生存に関わるイシューを誘発する。それはときには経済的に失敗した場合（たとえば，飢饉，負の開発）であったり，ときには経済的な成功が根底にある場合（たとえば，文化的な均一化，軍需品生産における自律性の喪失，汚染，国家機能の骨抜き）であったりするだろう。このように他のセクターに漏出する性質が示すのは，「経済安全保障」として語られることの多くが，実は経済セクターではなく，他のセクターにおける生存の論理に関わっているということである。現在，経済安全保障のアジェンダといわれているイシュー（「経済安全保障のアジェンダ」参照）を列挙してみれば，こうした漏出の影響は歴然である。

1. 国家が独自の動員能力を維持できるかどうかは，生産のグローバル化によって左右される。グローバル化のおかげで，国家は，低品質だが高価格な国内製の武器と，完全あるいは部分的に海外で生産された高品質だが低価格な武器のどちらを選ぶこともできる。LIEO において，供給の安全保障を下支えするのは，国内生産の管理ではなく，余剰生産能力と買い手市場の存在である。
2. ほとんど同じ論理が，供給の安全保障に対する不安にも当てはまる。グローバル市場における経済的従属（とりわけ石油）とそれが政治目的で利用される恐れは，ほぼすべての日用品を供給する能力と買い手市場の

存在によって相殺される。
3. グローバル市場が勝者よりも多くの敗者を生み出し，今後も不平等を拡大するという恐れも，ベーシック・ヒューマン・ニーズの充足を不可能にするようなことがなければ，生存に関わるイシューにはならない。結局，勝者と敗者を必要とする経済システムの政治的な帰結にすぎない。
4. 薬物や大量破壊兵器の貿易に対する恐れは，経済安全保障というよりも，むしろ社会政治的および軍事的安全保障のイシューである。また，汚染の恐れも環境安全保障のイシューであって，経済安全保障ではない。
5. 国際経済が危機に陥ることへの恐怖のみが，明らかに経済安全保障のイシューといえる。

経済安全保障は難解で不鮮明だという説明はもっともだろうが，そういったところで，あまり役には立たない。せいぜい，経済セクターにおける安全保障化の試みの利用と受容に警告を発したり，注意を促したりする程度である。ただし，事実として，経済的自由主義の安全保障上の影響はたいてい他のセクターで顕在化する。この事実は，経済セクターを政治から切り離したいという自由主義者の願望を踏まえると，一時的な関心事ではすまされない。自由主義経済は，政治から切り離されることで，かろうじて純粋に見える状態を維持できる。そして，ほとんどの場合，より広い文脈に置かれたときにのみ，自由主義経済の安全保障上の影響が明瞭に可視化される。以上の結論は，第9章で改めて取り上げる。そこでは，安全保障の経済セクターからの波及というテーゼを敷衍することで，より幅広いアジェンダが作り出す安全保障という現象の背後に常に存在している至上命題を読み解くことになるだろう。

第6章
社会セクター

社会安全保障のアジェンダ

　国家安全保障は，安全保障問題の全体的な領域にわたる重要な概念として確立されているが，逆説的に，安全保障のユニットとしての国民／民族（ネイション）については，ほとんど考察されてこなかった。国家という政治的，制度的なユニットに焦点があてられた結果，政治セクターや軍事セクターに対して目が向けられるようになった。しかし，ネイションというユニットに焦点をあてれば，社会安全保障というもう一つのセクターが浮かび上がる。社会安全保障は，政治安全保障と密接に関連しているが，それとは異なる。政治安全保障とは，国家や政府システムの組織的安定性および政府や国家に正当性を与えるイデオロギーに関するものである。

　国家と社会の境界が一致することは極めて稀である。このことは，（たとえばクルド人の安全保障を考える際に）社会安全保障を真剣に考慮する第1の動機となる。しかしながら，第2にいえることは，「同じ人々から成る」国家と社会といえども，その2つは異なるものである（そして，それらが安全保障の指示対象である場合に，2つの異なる論理を生み出す）。国家は固定された領土と正式なメンバーシップに基づくが，社会統合はもっと多様な現象である。それは，より小規模でも，大規模でも起こりうるし，ときには空間的な次元を完全に超越することさえある。国際安全保障分析にとって，社会にとっての鍵は，個人を社会集団の構成員として識別する考え方や慣行である。社会とは，アイデンティティ，共同体の自己認識および共同体の一員として個人が認識されること

である。このようなアイデンティティは，しばしば政府と関係する明確な政治組織と絡み合うが，それとは異なるものである。

　社会セクターにおける中核的な概念はアイデンティティである。社会の不安が現れるのは，どのような種類の共同体であれ，ある展開や潜在的な可能性を，共同体としての存立に対する脅威としてみなすときである。現在あるいは過去から受けた印象にもかかわらず，定義それ自体は，ネイションという観点からではない。定義のうえでは，社会安全保障とは，大規模で自立したアイデンティティ集団のことであり，これらが経験的にどのようなものであるかは時代と場所によって異なる。現代ヨーロッパ（この概念が最初に考案された場所。Wæver et al. 1993を参照）では，これらの集団は主としてナショナルなものであるが，他の地域では宗教的集団あるいは人種的集団のほうに重要な意味がある。この概念は「アイデンティティの安全保障」としても理解できる。

　社会（societal）という用語に関する2つの誤解は，避けられるべきである。第1に，社会安全保障は社会保障とは違う。社会保障は個人に関するもので，主として経済的なものである。社会安全保障は，集団とそのアイデンティティに関するものである。個人の生活に関する社会的条件が集団の同一化のプロセスに影響を与える場合，経験的なつながりが存在することが多い（Wæver et al. 1993, chapter 2）。しかし，社会安全保障（societal security）の概念は，このような個人のレベルや主として経済的な現象ではなく，集団的アイデンティティのレベルや，そのような「我々のアイデンティティ（we identities）」を守るためにとられる行動を示している（個人の安全保障が，どの程度，そしてどのように我々の研究のなかに取り込むことができるのかに関しては，第2章，第5章，第7章で論じられる）。

　第2に，社会（societal）を用いる際の問題点は，関連する用語である社会（society）がより広範で漠然とした国家の住民を示すために使われることが多いためである。国家の住民は，アイデンティティを伴うとは限らない集団を意味することもある。たとえば，この用語法においては，スーダン社会とは，スーダンという国家に内包されるが，多くの社会ユニット（societal unit）（例：アラブ系や黒人のアフリカ人）から構成されるものである。これは，我々の社会に

関する用語法とは異なる。本書では社会という用語を，アイデンティティを有する共同体に対して用いる(1)。

　ネイションという用語にも同じような曖昧さがある。なぜならばこの用語は実際には異なって作用するからである。すなわち，同じ国家に住み，同じ国家に忠誠を誓う人々という観点からネイションを自己定義するものもいれば，言語，血統，文化から構成される民族的で有機的な共同体として定義するものもいる。前者の場合，感情的な愛着は非有機的で政治的なものに対して向けられるが，他の事例では——ときに同じ事例であっても競合する集団間では——「本当のXの人々」という民族共同体は，たまたまその領土に住んでいるすべての人たちという，より漠然とした集団と対比される。

　このような用語上の複雑さは，結局のところ，アイデンティティに基づく共同体の性質に由来する。そうした共同体は，自己構築される「想像の共同体（imagined communities）」である（Anderson 1983）。国民性（nationhood）とは，何らかの抽象的で分析的なカテゴリーを，おおよそうまくあてはまる事例に適用する問題ではない。国民アイデンティティの考え方には，言語や場所といった客観的な要素が関与しているかもしれないが，歴史的・現代的な結びつきとは対照的に，ある特徴を強調することによって，何らかの共同体に帰属する政治的かつ個人的な選択であることに変わりはない。したがって，アイデンティティに対する脅威はいつも「我々（we）」を脅かす何かを構築する問題であり，「我々（us）」の構築や再生産に実際に資することも多い。我々のいかなるアイデンティティも，さまざまな方法で構築することが可能であり，安全保障上の対立が生じるかどうかを決定する主たるイシューは，ある社会においていずれの自己定義が勝利するのかということである。もしロシアが，西欧的な見地から自己定義する場合には考えられないのだが，スラブ主義者やヨーロッパ・アジア主義者によって定義される場合には，いくつかのイシューが安全保障上の問題を構成するだろう。一方で，多くの場合，自己の再定義を行なうことが重要な安全保障戦略であり，他方で，アイデンティティが非常に安定しているために，他者がこの安全保障上の懸念を考慮することが最善の安全保障戦略となる場合もある（Buzan and Wæver 1997）。

社会安全保障のアジェンダは，異なる時代や地域におけるさまざまなアクターによって設定されてきた。ここでは，社会安全保障に対する脅威として考えられてきた最も共通するイシューを概説する。

1. 移民：Xの人々がYの人々の流入によって圧倒され，その存在が希薄化されたりする。Xの共同体は，他者が集団を構成するために，以前のような形にはならないだろう。Xのアイデンティティは，人口構成の変化によって変化する（例：チベットへの中国系移民，エストニアへのロシア系移民）。
2. 水平的競合：ここに居住しているのはいまだにXの人々であるが，隣国のY文化圏からの文化的・言語的影響がかなり大きいために，彼らはみずからのしきたりを変えるであろう（例：ケベック人が英語圏のカナダを恐れ，より一般的には，カナダ人がアメリカ化を恐れるということ）。
3. 垂直的競合：より広いアイデンティティ，あるいはより狭いアイデンティティへのいずれかに人々を牽引する統合プロジェクト（例：ユーゴスラビア，EU），あるいは分離独立主義的な「地域主義」プロジェクト（例：ケベック，カタロニア，クルディスタン）が存在するために，人々はみずからをXとみなすのをやめるだろう。これらのプロジェクトの一方は求心的で，他方が遠心的であるといえるが，円をどれだけ広く描くのか，あるいはアイデンティティの同心円は常に多数存在しているために，どこに重点をおくのかをめぐって争いが起きるという意味で，どちらも垂直的競合の事例である。

第4のイシューとして考えられるのは，疫病，戦争，飢饉，自然災害，あるいは絶滅政策による人口減少である。人口減少は，その担い手を脅かすことによってアイデンティティも脅かすが，社会セクターのアイデンティティという論理の一部ではない。ただし，絶滅政策がアイデンティティを排除したいという願望に突き動かされている場合や，ウガンダにおけるエイズ蔓延のように量が質に転化する極端な場合は例外であるといえるかもしれない。失業や犯罪と

同様に，これらは主として個人に対する脅威（社会のなかの脅威）であり，社会の崩壊の恐れがある場合にのみ，社会安全保障上のイシューとなる。

　分析的には別個のものであるが，実際にはアイデンティティに対するこうした3つのタイプの脅威は容易に組み合わせることができる。また，これらの脅威は，意図的，プログラム的，政治的なものから，非意図的で構造的なものへと至るスペクトラム上に位置づけることができる。たとえば，移民は古代からの人間の物語である。経済的な機会から環境的な圧力，信教の自由に至るまで，さまざまな理由によって人々は移動することを個人として決断する。しかし，チベットの中国化や中央アジアとバルト諸国のロシア化のように，国家の人口を同質化する政治的プログラムの一環として移動する場合もある。水平的競合は，一方では大規模でダイナミックな文化が，他方では小規模で時代錯誤的な文化が相互に影響し合うことによって生じた意図せざる効果を単に反映しているのかもしれない。しかし，占領された敵国の作り直し（例：日本やドイツのアメリカ化）や，現代の貿易政策の文化的側面のように，意図的に行なわれることもある。垂直的競合は，スペクトラム上の一方の極にある意図的なものにみられる可能性が高い。

　民主的であろうと帝国的であろうと，国家に適合する共通の文化を形成しようとする統合プロジェクトは，文化的再生産のための仕組み（例：学校，教会，言語的な権利など）の一部または全部を支配しようとするかもしれない。より抑圧的な事例では，多数派が国家を利用して教育，メディア，その他のシステムを多数派の文化に有利なように構成するために，少数派はみずからの文化を再生産する能力を失うかもしれない。このように，社会安全保障のイシューには，個人の心のなかで争われるものもあれば，アイデンティティに影響を与えるより具体的な事柄について争われるものもある。最初の事例では，脅威は転向に関するものであり，人々は自分自身を別の何者かとして考え始める。第2の事例において，政治的決定は，アイデンティティに影響を与える。例えば，文化的再生産に必要な制度の統制を欠くある文化の再生産をくじくために，移民や政治構造を利用する場合である。社会安全保障のイシューは，いつも最終的にはアイデンティティに関わるものである。ある場合には，それらが争われ

る媒体もアイデンティティであるが（水平的・垂直的競合），別の場合ではそうとは限らない（移民，再生産のインフラ）。

　社会はそのような脅威に対して，2つの方法で対応することができる。すなわち，共同体それ自体によって実行される活動と，脅威を国家のアジェンダに位置づけることで，イシューを政治（そして潜在的には軍事）セクターに移す方法である。たとえば，国家レベルでは，移民の脅威は，立法や国境管理を通じて対処することができる。国家志向の対応はかなり一般的であるために，社会セクターは政治セクターと徐々に融合していくことが多く，分析することが困難になる。

　しかしながら，場合によっては，社会がアイデンティティの脅威と認識するものに対して，非国家的手段で対処することを選択することもある。その一例としては，少数派はみずからの国家から分離独立しようとはしないが，独自の文化として生存する戦略を有するときがある。一般的に，少数民族は3つの基本的な選択肢のいずれかを選ぼうとする。すなわち，既存の政府を支配する（例：ツチ族，アパルトヘイト政策下の白人），独自の政府を形成する（スロベニア人，シオニスト），あるいは干渉されずに放置される（伝統的にヨーロッパのユダヤ人）。中国人は海外で少数派を形成する際，ホスト社会の制度を利用しないことが通常であり，自分たちで法，秩序，社会保障の独自のシステムを運営しようとする。

　社会の脅威を，社会それ自体の課題としてとらえるか，既存の国家の課題としてとらえるか，あるいは国家としての地位を獲得する，あるいはそれを取り戻すための議論としてとらえるかという選択は，リージョナルなダイナミクスに決定的な影響を与える可能性がある。我々の専門用語でいえば，その選択は，どのようなアクターに頼るべきか，また社会セクターと政治セクターの間に緊密な結びつきを築くべきかどうかの問題とみなすことができる。我々がヨーロッパに関する以前の分析のなかで示したのは，以下の点である。すなわち，いかにこれらの2つのセクター間の強い結びつきとアイデンティティのイシューに関する国家の再動員が，ヨーロッパ統合にとっての脅威となる一方で，社会安全保障という観点から，より分離された安全保障化の方が統合の進展に適合

する可能性があり、その結果、社会と国家のさらなる分化が促進されることになる（Wæver et al. 1993, chapter 4）。

安全保障アクターと指示対象

　社会セクターにおける指示対象とは、この「我々」が脅かされているという社会的に強力な主張を生み出す形態やその程度で、主体の忠誠と献身を担うより大きな集団である。我々は社会セクターに関して語るという理由で、この「我々」はそのアイデンティティこそ脅かされなければならない。歴史的にみて、このような指示対象はかなり狭いものであった。大半の人々にとって、それらはローカルな基盤や家族をもとにしてきた。すなわち、それらは村、一族、（国際的な意味ではなくローカルな意味での）地域、あるいは都市国家である。ある時代には、これらの対象は政治構造（都市国家、氏族など）と密接に結びついていた。また、政治的忠誠が王や皇帝に向けられ、「我々」としての人々の忠誠が主として家系や宗教に結びついていた古典的な帝国のように、政治的忠誠が社会形態とは異なる形で機能していた時代もある。共産主義者たちは階級に応じた動員を試みたが、ほとんどが失敗した。

　現在の世界システムでは、社会セクターにおける最も重要な指示対象は、部族、氏族、ネイション（およびマイノリティと呼ばれるネイションにも似た民族のユニット）[2]、文明、宗教、人種である。これらの異なる社会の指示対象がどのように作用しているのかは、以下の節で詳述される。そこでは、さまざまな地域が観察され、社会セクターにおける対立の特徴的な様式が概観される。

　ネイションはときとして国家と密接に結びつき、そのような場合、ネイションやそのアイデンティティは国家権力を担う人物によって言及されることが多い。国家指導者は国家と主権に言及する場合もあれば、ネイションとアイデンティティに触れる場合もある。この相違自体が興味深く、探究に値する。対立する政治勢力、すなわち国家権力を追い求めてはいるが、それを保持していない伝統的な政治形態のアクターが、国家よりもネイションへの言及を多く用いる様式もあるかもしれない。国家と主権の擁護は、権力者を強化する傾向があ

る。権力者が国家の安全保障を危うくしていると主張することは可能だが，複雑さを伴う。国家安全保障の論理は，国家を守るために何をするべきかという自然な解釈者としての権力者に対して，特権を与える傾向がある。国家が危機に瀕していると主張することは容易い。現在の指導者がこうした状況に十分な注意を向けていないという理由で，我々を政権の座に就かせるべきだというのは，国家主義的な政治家の典型的なレトリック戦略である。国家と結びつきながらも，それから分離されることもあるネイションは，こうした対立的な政治工作にとって理想的である。

これらの事例が国家へ接近するためにネイションに言及したのに対して，国家権力を追求しなくてもネイションへの脅威を訴えることはできる。ナショナリスト，文化，反EU，反移民など，さまざまな社会運動がそれにあてはまる。国家とネイションが一致しない場合，少数派の人々は，分離あるいは独立を達成しようとする（それによって新たな国家エリートになろうとする）反エリートから，マイノリティの文化的アイデンティティを擁護する集団に至るまで，さまざまなアクターにとっての参照点となるだろう。

これらすべての事例において，メディアは状況の定義づけに大きく貢献する重要なアクターである。紛争の当事者は誰か，何についての紛争であるのか。単純な物語を好むメディアは，「我々」と「彼ら／彼女ら」，外国のニュースの場合は「セルビア人」と「イスラーム教徒」といった観点からニュースを伝えることが多いだろう。ある状況を理解する解釈の手段として，民族や宗教のカテゴリーが設定されるとき，メディアはしばしばその役割を担ってきた。

宗教的な同一化は，宗教的共同体を代表して発言できると主張する，公式または半公式の（しばしば論争の的となる）指導者と一致することが通常である。しかしながら，多くの場合，一般的に認知された強固な階層関係は存在しない。それゆえに，さまざまなローカルな集団（たとえば，エジプトの原理主義者）がすべてのイスラーム教徒の名において独自のアピールを行ない，欧米やそのローカルな追従者に対抗する形で安全を動員することができる。公式化され，一般的に認められた権威の系統に関して，主要な宗教はさまざまである。部族ではさらにその多様さは増し，その場合，安全保障化アクターについて一般的な

意味でいえることはあまりない。

脅威と脆弱性の論理

　社会が異なれば，それぞれのアイデンティティがどのように構築されるのかによって，脆弱性も異なる。みずからのアイデンティティが分離的なもの，すなわちそれが人里離れた孤独なものに基づいている場合，ごくわずかな外国人の混血であっても問題視されるだろう（例：フィンランド）。国家を統制しているが，わずかな数の差でしかない国民（例：ラトビア）や，多数派を抑圧している国民（例：コソボのセルビア人）は，競合する人口（例：ロシア人，アルバニア人）の流入や出生率の高まりに対して脆弱である。もし国民的アイデンティティが特定の文化的習慣に結びついているのであれば，欧米のコカ・コーラ（あるいは最近ではマクドナルド）帝国主義のような同質化された「グローバル」文化が脅威となる（例：ブータン，イラン，サウジアラビア）。言語が国民的アイデンティティの中心であるならば，増大する社会の相互浸透と結びついた現代の英語のグローバルな勝利は問題となるだろう（例：フランス）。もし国民が，固有の生活の歴史を動員する多数の民族集団の統合のうえに築かれている場合，ナショナリズムや民族自決思想の一般的な広がりは致命的となりうる（例：ソビエト連邦，ユーゴスラビア，チェコスロバキア，英国，インド，ナイジェリア，南アフリカ）。もし国民が，異なる集団の１つの新しい集団への溶け込みを意味するメルティング・ポットのイデオロギーのうえに築かれたものであれば，既存の国民的アイデンティティは，人種的・文化的な固有性や非同一性の復活に対して脆弱になる（例：米国の多文化主義）。もしネイションが国家と密接に結びついているのであれば（例：デンマーク，フランス），国家から独立して活動し，複数の政治的な階層を持つ伝統がある場合（例：ドイツ）よりも，政治統合のプロセスに対してより脆弱になる。

　社会の脅威の差異を比較する以下の議論では，さまざまな種類の脆弱性に留意する必要がある。一般論として，ある種類の脅威はある特定の距離において他の脅威よりも非常に大きいが，ある特定のユニットは，近接する脅威よりも

遠方の脅威をより懸念していると論じられるかもしれない。なぜならば，その種類の脅威に対してより脆弱なためである。

　こうした留意点を念頭におきながら，すでに述べた3種類の社会の脅威（移民，垂直的競合，水平的競合）を，意図的な脅威から構造的なものまでスペクトラムに沿って分類したうえで，異なる脅威に関するリージョナル化とグローバル化のダイナミクスを比較することは可能である。移民は，ヒスパニック系住民の米国への流入や，北アフリカや旧ソ連からの移民に対する西欧諸国の懸念のように，地域内や近隣地域のダイナミクスとして最も激しく作用する。しかし，長距離を移動してくる移民も存在し，その数は増加しているかもしれない。かつての都市部への大陸間移動のパターン（例：南アジアやカリブ海諸国から英国へ，北アフリカからフランスへ，インドネシアからオランダへ）のように，かつての植民地時代の重層性を反映しているものもある。しかし，南アジアや東南アジアから湾岸諸国へ渡る移民や，ラテンアメリカや中国から米国へ渡る移民のように，長距離を移動する移民は経済的動機のパターンに対応しているにすぎないのである。それらには，増大する政治難民も加わることになるだろう。

　垂直的競合は，政治統合プロジェクト（例：EU，旧ソ連と現在のその多くの承継国家，スーダン，ある意味ではインドやパキスタン），あるいは分断的・分離主義的なプロジェクト（例：旧ユーゴスラビア，ベルギー，スリランカ）が存在する場合に最も激化する。EUの文脈における西欧の下位国家レベルのアイデンティティ・プロジェクトと同様に，分断と統合は，同時に起こることもある（例：カタロニア人，スコットランド人，コルシカ人，北イタリア）。

　水平的競合はあらゆるレベルで起こる。国家内部のマイノリティ（例：ウェールズ人，ケベック人）は，支配的な文化（イギリス人，カナダ人）の影響について懸念する。小さな隣国（例：カナダ，マレーシア）は，大きな隣国（米国，中国）から受ける影響を心配する。グローバルなレベルでは，「文明の衝突」（Huntington 1993, 1996）が出現し，イスラームや東アジアの一部の国家はアメリカ化・西欧化の影響を懸念する。意図的な，特に強制的な脅威に対する懸念は，統合的な国家プロジェクトとマイノリティとの間の緊張に集中しがちであ

るが，文化的イシューが保護主義として構築される場合，国際貿易交渉において表面化することもある（例：米国対フランスおよび日本）。

リージョナル化のダイナミクス？

　他の条件を同じくする軍事的な脅威が長距離よりも短距離を移動しやすいように，社会セクターにも空間的な次元がある。移動は長距離よりも短距離の方が容易であり，文化的な衝動は遠方の国よりも隣国へと向かう。「我々」が誰であるかという一致しない考え方は，同じ人間がヒンドゥー教徒，インド人，南アジア人，あるいはヨーロッパ人，イギリス人，スコットランド人とみられることはあっても，スウェーデン人，オーストラリア人，イスラーム教徒とみられることはまずないのであり，同じ人間がロシア人，ラテンアメリカ人，仏教徒とみられることはまずありえないという意味で，通常はリージョナルなものであろう。しかし，空間的要因は，軍事セクターに存在するのと同様の意味の地域を必ずしも生み出すわけではない。たとえもし空間的要因が地域を生み出すとしても，必ずしも軍事セクターと同じ地域を意味するわけではない。これが本書の基礎となるパズルであった。我々が社会安全保障に関する著作（Wæver et al. 1993）を執筆したときに，分離された社会安全保障複合体を創出したくなかったのである。そして，社会安全保障を研究する際に，ひとつのセクター横断的な複合体が存在することさえ我々は確信できなかった。そこで我々は，主として政治と軍事のセクターで安全保障複合体を生み出し（そこでは安全保障複合体が機能することが分かっていた），そうして構築された複合体のなかに社会安全保障の問題とダイナミクスを加えるという簡易な方法をとった（Wæver et al. 1993, chapters 1, 10）。しかし，軍事セクターと政治セクターがもはや支配的でなくなり，他のセクターが非地域あるいは異なる地域である場合，安全保障複合体はまとまりを失うかもしれないし，セクター別の複合体を研究することを考える必要があるかもしれない。

　したがって，本節の指針となる問いは，社会安全保障のイシューはリージョナル化されたダイナミクスを生み出すのかどうか，そうであれば，どのような

パターンをもち,どのような地域なのか——他のセクターのそれと同じか,それとも異なるのか——ということである。

アフリカ

　アフリカでは,主たる社会の指示対象は,前近代的な拡大家族,村落,氏族,部族および近代的な「国家—ネイション(state-nation)」の混合物である。[3]政治的権威を構築する試みのほとんどは,国家建設という形態をとり,通常はそれに続いて国民形成が試みられる。一部の社会階層,特に高位階層と軍人は,収入と名声を得るために大きなユニットに対して忠誠を誓う。それ以外の階層は,国家の境界を越える,あるいは少なくとも国家というユニットを分断するような民族的アイデンティティに忠誠を誓う傾向が強い。

　第3章で論じたように,(南部アフリカ,アフリカの角,そしておそらくはマグレブを除く)アフリカには,ある国家が他の国家を脅かすという典型的なタイプの安全保障複合体の脅威はほとんど存在しない。軍事的な脅威は,(軍事力の投射能力が低い)国家間よりも,(国家権力をめぐる闘争として)国家内で発生することが多い。本書の他の章(本書の第8章;Wæver 1995c, chapter 11)で論じたように,経済あるいは社会のイシューは,送り手と受け手が他のセクター(例:軍事セクター)における紛争の結果として,すでに安全保障の観点から相互認識している場合,経済あるいは社会が不安定となる可能性が高い。したがって,社会セクターにおいて,アフリカ諸国は,他国からの脅威よりも,垂直的に競合する忠誠心(部族やその同類)からの脅威を懸念することが一般的である。この競合は,国家政治の民族化(政党が事実上の民族政党となる)という形態をとることもあれば,より直接的には,国家の中枢部と他の権威の所在との闘争(例:国家統制の脱集中化や崩壊,分離独立)という形態をとることもある。

　部族という他の指示対象からみれば,社会の不安定の原因は,他の部族あるいは国家(国家・国民建設)である。部族間の脅威の具体的な形態は,移民(例:南アフリカ),政治権力の支配(政治セクターへの統合,例:ナイジェリア),領土(例:ガーナ)であったりする。国家からの脅威は垂直的なものが典型的

であり，国家はしばしば競合する忠誠心を構築しようと試み，人々を旧来のアイデンティティに向かわせず，新しいアイデンティティを重視するように仕向ける（文化的手段）。そして国家は，部族共同体を解体するために，自由裁量で行使可能な強制的手段（スーダンのような政治的・軍事的手段）を用いることができる。

ロバート・カプラン（Kaplan 1994）が主張するように，国家以外のユニットは，地図上とは異なる新たな分断線を生み出している。第三世界において急成長を遂げる巨大都市は，郊外に巨大なスラム街を抱え，氏族や部族とも，国家や国民とも異なる大きな集団を生み出している。こうした人々は（イラン，アルジェリア，エジプト，トルコのように）宗教的動員の支柱となっている場合もあるが，多くの場合，彼らのアイデンティティの基準はほとんど定まっていない。目先の物質的な生存欲求に焦点をあわせる大規模な集団は，アイデンティティとは関係のない要素となり，後になって突如としてアイデンティティを獲得し，あるいはそれを生成するときに，ジョーカーとして社会政治的な領域に参入するかもしれない。

カプラン的なアナーキー，特にアフリカにおける疾病―犯罪―人口―移民の循環がもたらすもう1つの効果は，北米とヨーロッパの人々が，アフリカとアフリカ人というカテゴリーを，「我々の世界」から遮断されるべきアナーキー，危険，疾病の主要地帯と定義することによって，大西洋と地中海の間に非公式な壁を築くことである。これまでのところ，これは主として外部から操作されるアイデンティティのカテゴリーであった（それによって，危険で前近代的な第三世界に対する「我々という豊かな北部の人間」の部分的な同一化を構成する）。しかし，この壁が本来の目的通りに機能する限り，すなわち，アフリカ人が壁に立ち向かう限り，その反対側において同じようなメガ・アイデンティティの形成に寄与する可能性がある。グローバル・レベルにおける文明の衝突のようなパターンを除けば，こうした社会の脅威が生み出すパターンは，軍事セクターのそれと似ている。それらは一般的にはかなり小規模な安全保障複合体を生み出す。すなわち，アフリカの複合体でもなく，たとえば4つか5つの複合体からなるアフリカでさえなく，1つの国家内部に焦点をあてた

ミクロ複合体，あるいはアイデンティティが国境を越える小さな国家群である。

ラテンアメリカ

　ラテンアメリカもまた，このセクターでは異色の大陸である。アフリカのようではあるが，理由は異なる。軍事安全保障のダイナミクスは比較的弱く，ある意味では伝統的な安全保障複合体を形成しているようだが，その輪郭は明らかになっていない。安全保障のダイナミクスは弱いが，他のセクターにおける不安を増幅してはいない。

　社会セクターでは，2つの重要な脅威が認識されている。すなわち，支配的な社会のなかには，米国の文化帝国主義やその他の帝国主義による地域間の脅威を認識している層もあれば，米国の先住民に代表される一部の主流とはみなされない非国家社会は，支配的な社会の国家建設と近代化プロジェクト（彼らの土地，生活，資源に対する攻撃というかなり直接的で残忍な形で，また文化的形態の再生産をますます困難にするという間接的な形をとる）によって脅かされている。その他の社会の脅威はほとんど存在しない。移民は主として国内問題であり，人々は大都市に移住している。中米，つまりメキシコから米国への移動を除けば，国際的または地域間の移動はほとんどない（米国のラテン系住民は南米系が少なく，ほとんどがメキシコ系や中米系である）。

　垂直的アイデンティティに関する大きな脅威は存在しない。すなわち，ラテンアメリカのアイデンティティに関するプロジェクトもなければ，分離独立主義やミクロな地域主義という他の形態の代表的な事例も存在しないのである。地域協力のための経済プロジェクトには長い歴史があり，古い統合に関する文献のなかには，ラテンアメリカがヨーロッパに続いて2番目に統合される地域であるという楽観的な見解がみられる。しかし，そうはならなかった。壮大なプロジェクトは存在せず，「我々」ラテンアメリカが何であるのかも明確ではなかった。カトリック教会は何らかの接着剤的な役割を果たしているが，一般的に文化的な地域が分断されているのは，言語的な要素と，ブラジルをラテンアメリカではあまりに巨大な世界規模の大国として，覇権的な観点からあるい

第**6**章　社会セクター

は地域から離れて考えるべきなのかという大きな問題のためである。地域的な経済統合が再び始動すると，NAFTAがメキシコからチリ，そしてどこかの国へと，徐々に新しい加盟国を認めていくことになる。もうひとつの形態は，南米南部共同市場（メルコスール）を中心とするヨーロッパにも少し似た同心円状のもので，次の地域協力の層を形成するエリートが形成されることである（Pefia 1995）。この統合が地域的なアイデンティティを持っているのかどうか，持つとすればそれはラテンアメリカに基づくのか，コーノ・スール（ラテンアメリカ大陸の南端部）なのか，それとも半球的なのか，それを述べるのは時期尚早である。このように，ラテンアメリカの場合，地域主義はかなり不透明である。ローカル（民族間）および地域間（文化，犯罪および麻薬）の脅威は存在するが，中間レベルではあまりみられない。

北　米

北米は，社会セクターにおけるとても興味深い事例であるが，リージョナルな安全保障分析においては無視されることが多い。この地域は一極化しているという理由から，安全保障のジレンマや勢力均衡といった通常のメカニズムはほとんど機能していない。軍事安全保障や政治安全保障でさえも，主要なアジェンダが米国のグローバルな役割によって形成される北米では，かなり重要性が低い。しかし，社会セクターでは，国家およびリージョナルな規模でのダイナミクスがみられる。

社会安全保障にとっての指示対象とは何か。北米における「我々」とは誰か。カナダや米国への忠誠心もあれば，ケベックやテキサスへの忠誠心もある。アフリカ系アメリカ人，ヒスパニック系アメリカ人，アジア系アメリカ人，ネイティブ・アメリカン（「ファースト・ネイションズ」），その他の民族・人種的集団が，支配的なヨーロッパ系白人の特殊主義の隠れ蓑と疑われる，一般的な米国の社会規範や「普遍的」なルールに対して，自分たちの文化，ニーズ，社会的相互作用のルールを独自に定義することを要求している。そこでは，民族・人種的かつ多文化的な愛着がますます強まっている（Taylor 1992）。これらに対して，リージョナルな差異，とりわけ重要なことは，米国南部という古い概

念を加えるべきである。州のアイデンティティが表に出ることはめったにないが（その大半は否定的なもので，連邦の権威が他の理由で侵害されたときに，その権威に対する防衛として動員される），カリフォルニア州，マサチューセッツ州，ニューヨーク州，テキサス州などではある種の州へのパトリオティズムが存在する。このように，米国における政治の領域は，重なり合い，横断し合うアイデンティティ集団の複雑な布置状況として構成されることが多くなっている。こうした布置状況では，安全保障化アクターは通常，比較的小規模に活動する集団であるが，指示対象は，それぞれ人口の12.4％と9.5％を占めるアフリカ系アメリカ人とヒスパニック系アメリカ人という，かなり大規模な集団である (Bureau of Census 1996)。

　これらのイシューはすべて，安全保障のイシュー以上のものである。それらは政治的・文化的アジェンダにおける一般的な問題であるが，特定の文化（先住民，アフリカ系アメリカ人，他方では，新たな特殊主義に脅威を感じる白人男性のアメリカ文化）の生存という観点から議論されるために，安全保障の側面を帯びることがしばしばである。主流のリベラル派は，国家がその内部の異なる文化の生存を保証すべきかどうかという議論に終始する (Taylor 1992)。大半の人間は，経済セクターの論理と驚くほど同様に，「立憲民主主義国家は広い意味での文化的アイデンティティを尊重するが，いずれに対しても生存を保証しない」と主張するだろう (Gutmann 1994：x)。

　米国における古典的な分断，すなわち分離された州からなる国家は，波状的に政治化・脱政治化されることはあっても，近年，実際に安全保障化されることはなかったのに対して，文化的・人種的カテゴリーは，政治化を超えて安全保障化へとエスカレートする可能性が高い。オクラホマシティの爆弾テロ事件や民兵組織の拡大が示すように，あらゆる類の退廃的な人種的・性的マイノリティや，「本物の」米国生活を送る昔ながらの白人アメリカ人の自律性を抑制するリベラルな国家を愛する人たちの連合体とみなされるものから，「真の米国」を防衛するという議論によって，かなり暴力的な行動が導き出される。民兵の再動員（モンタナ州民兵，ミシガン州民兵）は，州の重要性を示すものとして理解されるかもしれないが，テキサス州を除いて，しばしば劇的な行動がと

られるのは，州やその主権という名においてではなく，人々や生活様式，すなわち真のアメリカ人や自由という考え方の名においてである。それらは，憲法や独立宣言によって認められているが，さまざまな誤った解釈によって侵害された国民アイデンティティとして投影される。

したがって民兵は，国家（米国）に対する特殊な防衛であり，それ自体が非合法ではなく，それがごく最小限の任務を超えて活動するときにのみ非合法であるとみなされる。それゆえにこれは，分離主義に典型的にみられるローカルなユニットの名のもとでの防衛ではなく，ネイションとしての国民に対する全アメリカ的な防衛である。それは，国家をほとんど意識することなくアイデンティティが定義され，国家がどうあるべきかということによって脅かされている（Wills 1995）。こうした生活様式・自由・国民アイデンティティは，より古典的な反動レトリック（Hirschman 1991）と混ざり合い，屈折したマイノリティや非アメリカ的な人種的・社会的集団に対する防衛として明確に表現される。ここで，急進的な白人としてカテゴリー化することは，マイノリティ，多文化主義，ポリティカル・コレクトネス（政治的正しさ）の運動における進歩主義者を公言する人々の試みとしばしば一致し，人種やジェンダーという固有の集団の観点から文化的・社会的カテゴリーの再定義を目指す米国の一般的な傾向を生み出している。一方の側は，不利な立場にある人々にとって有利なアファーマティブ・アクション（積極的格差是正措置）を保証するために，こうした集団を認めさせようとする。他方の側では，特定の集団として彼らが普遍的な米国のアイデンティティを同時に表しているために，マイノリティを彼らにとっての脅威，ひいては全体にとっての脅威として描くためにこうしたカテゴリーを使いたがるのである。

北米における文化空間の構造化に関するこの全体的な再定義は，社会のアジェンダの第2の主要な要因である移民と相互作用している。移民はかつて，主にヨーロッパからの移民が元の人口を上回り，最終的には圧倒したのであるが，北米社会を全面的に再構成する重要な要素であった。今日，この支配的な集団は，特にスペイン語を話す人々やアジア系の人々の割合の増加という人口の漸進的な変化に直面しており，非ヒスパニック系白人の割合が1991年の75.2％か

ら2030年には60.5％に減少することを示唆している（Bureau of Census 1996）。現在のところ，移民の出身地であるメキシコ本土に隣接しているために，人口バランスがすでに最も大きく変化している地域，特にカリフォルニア州では，主として州レベルで移民が安全保障化されている。この2つのイシュー（自己定義の変化と人口構成の物理的変化）は，いくつかの点で相互作用しているが，おそらく最も重要なのは，白人のヨーロッパ系アメリカ人の反応である。彼らは移民を脅威とみなしており，それは米国がスペイン語圏になる可能性があるからというよりも（白人が少数派になる可能性がある），むしろ，さまざまなマイノリティが自己主張を強めることで，統一性のない，より多文化的な，ひいては普遍主義的ではない米国が生まれる恐れがあるからである。

　北米の事例をここで重点的に扱ったのは，いくつかの興味深く珍しい疑問を提起しているという理由からである。多文化主義のような斬新な現象は，本当に社会安全保障に関するものなのか。むしろ，そうした現象は社会保障（social security）を構成していないのか。これらの現象は社会のさまざまな集団に関するもので，明らかに「国内的」なものであるために，それらはここで論じられるべきなのか。答えはイエスである。なぜなら，これらの現象は，「黒人としての我々」「我々が真のアメリカ人」といった集団的アイデンティティに関わるものであり，多くの人々がますます自分たちの主要な参照基準とみなすようになっているアイデンティティでさえあるからだ。したがって，これらの現象は明らかに社会安全保障として位置づけられる。このようなカテゴリーに含めることに不安を感じるのは，おそらく国際安全保障研究におけるユニットに関する2つの自覚的ではない仮定に起因しており，それゆえに，我々が重要な概念的問題を明らかにすることに役立つ。

　まず，ヨーロッパと米国の大きな違いは，ヨーロッパでは「ネイション」が主に領土的であるのに対し，米国ではアイデンティティ集団と政治的領土に基づく集団が2つの横断的なシステムを生み出すことはよく知られている。ヨーロッパの国民に相当する北米のそれ——今日ではしばしば人種と呼ばれる——は互いに混在して生活しているが，それでも多くの点において，ネイションに類似した機能を果たしており，「イスラームのネイション」や「ファースト・

ネイションズ」のように，ネイションという用語を使用することさえある（Hacker 1992；Rex 1995：253）。社会安全保障におけるユニットの概念においては，領土性を前提とするべきではない。したがって，こうした観点から北米の事例は十分に適している。北米だけでなく，ヨーロッパでも部族化という用語が使われているように（Horsman and Marshall 1995），アフリカや伝統的に国家という用語でとらえられてきた地域でも，国家の地図上とは別に活動する民族やその他の同一化集団を見分けられる概念装置がますます必要になってきているのかもしれない。

　第2の不安要因は，こうしたダイナミクスが明らかに「国内的」であるという事実におそらく関連しているからであり，本書は国際安全保障に関する著作ではないのか。本書では，安全保障の核心的な意味，つまり，国際的な領域で登場した基本的な発話行為としての機能を取り上げ，この操作が他の文脈においてどのように行なわれているのかを考察する。明らかに（第2章を参照），ここでの考察は国家に限定されていないが，安全保障の個別化を避けたいのである。したがって，我々にとっての安全保障とはユニット間での現象であり，本章におけるユニットとは，国境を越えて活動するか否かにかかわらず，アイデンティティ集団のことである。

ヨーロッパ

　ヨーロッパにおいて，社会安全保障とは主として国民およびそれにも似た民族集団に関するものであり，マイノリティ，地域，ヨーロッパは，ときにネイション形成の用語で認識される。我々は1993年の著作（Wæver et al. 1993）のなかでこうしたトピックを論じたので，ここで長々と議論を繰り返すつもりはない。要するに，ヨーロッパは社会セクターにおいて強いリージョナル化のダイナミクスを有しているのである。マイノリティ，国民，ヨーロッパというイシューは，重層的なアイデンティティという複雑な布置状況を生み出している。そして，ヨーロッパ統合の運命，ひいては安全保障の運命は，この布置状況の帰結によって大きく左右されると主張することができる。すなわち，異なるアイデンティティが補完しあうパターンで発展していくのか，あるいは，あるア

イデンティティが他のアイデンティティから脅威とみなされ，社会安全保障政策の実施およびヨーロッパ統合を阻止するような例外措置の発動といったパニック反応を引き起こすのか（Wæver et al. 1993, chapters 1, 4, 10；Wæver forthcoming-a）。

より直接的にいえば，多くのローカルな紛争は，国民国家とマイノリティの国民との間の垂直的な競合と関連しており，一見したところ水平的な国民国家間の紛争であっても，その引き金や対立の対象として，マイノリティや分離独立に基づく領土回復主義の要素があるのが普通である。原理的には，こうしたさまざまな社会のリージョナル化のダイナミクスは，政治・軍事セクターの地域とはかなり異なるものをもたらす可能性があるが，ヨーロッパの事例では，セクター間の相互作用によって，比較的収斂した地域を生み出す傾向がある。あるセクターにおける脅威が，別のセクターにおける差し迫った恐怖と一致する場合，その脅威はより恐れられる傾向がある。このように，異なるセクターは，少なくとも軍事，政治，社会に関する意味において比較的明確な地域を形成するために互いに強い印象を残す。

地域間およびグローバル化するダイナミクスのなかで最も重要なのは中東との関係であり，それは歴史的に条件づけられた宗教的疑念ばかりではなく移民によっても特徴づけられている。アフリカからの移民も継続的な懸念材料となる可能性がある。

中　東

中東の事例をみれば，社会安全保障にはヨーロッパと同じような特徴がある。国民が必ずしも国家の境界線に当てはまらない国家群が存在する。国家をもたない少数民族（例：クルド人，パレスチナ人）がいる。そして，いくつかの，ときには矛盾した役割を果たす包括的なアイデンティティ（イスラームやアラブ）が存在する。すなわち，包括的なアイデンティティとは，特定の国民的アイデンティティを構築する試みを脅かすもの，またそうした試みによって脅かされるものとみなすことができ，国際的なレベルで動員をかけるのに役立つものと考えることができる。それゆえに，ヨーロッパの文脈で提示されたさまざまな

タイプの垂直的アイデンティティの対立は，中東でもみられ，宗教（シーア派とスンニ派の分裂）は，近代ヨーロッパよりも強い役割を果たしている（しかし，おそらく宗教改革後からウェストファリア条約以前のヨーロッパと同じような役割を持っているかもしれない）。

中東における垂直的なアイデンティティの対立と，ヨーロッパにおけるそれらには（相互に対抗することが予想される），主に2つの違いがある。第1に，統一的なアラブ主義とイスラーム主義という支配的なレトリックにもかかわらず，この地域は実際にはヨーロッパよりも統合度が低く，より対立的で，勢力均衡のシステムが整っている。第2に，この地域は，欧米が巧みに仕組んだ陰謀，分断統治の脅威，文化的・経済的帝国主義，湾岸諸国やボスニアにおけるイスラーム教徒に対する絶滅主義など，対外的な脅威に対する認識が強い。もちろん，西洋の分割統治が主要な現実とみなされるのであれば，分割という最初の特徴が裏付けられるために，この2つの違いは完全に両立する。ここで描かれているのは，一方では，オスマン帝国以後に西欧が押しつけた領土の分断が，ときには歴史的な国家の伝統を反映することもあれば（例：モロッコ，エジプト，イラン），他方では，領土，イデオロギー（保守派対急進派），親族集団，宗教，西欧に対する態度などをめぐって生じる，多くのローカルな対立が複雑に絡み合うということである。その証拠として，国家システムが着実に深化し，包括的なアラブとイスラームのアイデンティティを希薄化させ，古典的な安全保障複合体の特徴を帯びてきていることが挙げられる（Barnett 1995）。

中東における移民は主に域内移動（パレスチナ人，エジプト人，イエメン人，湾岸諸国で仕事を求める人々）であるが，ヨーロッパ，南アジア，東南アジアから内部流入する（一時的な）経済移民もおり，そのほとんどは湾岸諸国への移民である。一部の湾岸諸国では，移民が人口のかなりの割合を占め，文化的差異や政治的排除の問題を引き起こしている。

いずれにせよ，中東は，深い分断と紛争が繰り返される，今日の地域安全保障複合体の理念型である。また，社会安全保障への関心もこの地域内部に集中している。しかし，中東には，欧米支配，文化帝国主義，国際社会の欧米基準の押しつけに対する明確な防衛意識——すなわち，大半が宗教的で汎イスラー

ム的ではあるが,部分的には汎アラブ的（ゆえにメタナショナル的）なもの——を有する高度な同一化も存在する。

南アジア

　南アジアの主たる安全保障上の懸念は,インドとパキスタンとの闘争によって組織された政治・軍事セクターで発生している。この対立には社会の要素が含まれており,その根本的な原因のひとつは,両国の政治とアイデンティティが相容れない原則で結ばれていることにあった（Buzan et al. 1986）。インドは多民族で,ある程度は多宗教であるため,パキスタンに対して,（パキスタンを含む）亜大陸全体を包含するというビジョンを提起した。他方で,パキスタンは宗教的基盤を有しており,この特殊主義的な論理を通じて,インドが基盤とする世俗的な連邦制に疑問を呈している。

　こうした単一紛争の支配的なダイナミクスは,さまざまな次元を1つの紛争形成に統合するものであったが,国家内部での社会の対立がかなり顕著になるにつれ,より一般的で複雑かつ混乱した安全保障情勢に移行しつつある。パキスタンは,パンジャブ族,パサン族,バルーチー族,シンド族の間に緊張関係があり,その主要港であるカラチは民族的な基盤を持つ政治的・犯罪的な暴力に悩まされている。インドにはさまざまな民族宗教的な分離独立運動があり,とりわけシーク教徒とカシミール教徒が顕著である。多数派を占めるヒンドゥー教徒と少数派のイスラーム教徒との間の緊張は,共同体における暴力をいつも発生させ続けており,政治勢力としてのヒンドゥー教民族主義の台頭は,インドという国家の建国の基盤を脅かしかねない。スリランカでは,（インド南部の大きな共同体とつながりを持つ）タミル族とシンハラ族（仏教徒）の間で,民族宗教的な内戦が長く続いている。

　こうした状況はすべて,国家とその内部の社会実体との間に垂直的なアイデンティティの対立を生み出し,こうした事例の多くでは,双方が強圧的な戦略や軍事的な手段に頼っている。結果として生じる不安定をめぐるダイナミクスは,国家とそのアイデンティティ・プロジェクトを擁護する人々（例：インド,パキスタン）と,国家内部でアイデンティティを維持できないという理由で,

国家に挑戦しようとするさまざまな民族宗教的な主体とを対立させる。ある程度，こうした内部の不安定をめぐるダイナミクスは，インドとパキスタンの伝統的な紛争形成の一部である。各々の政府は，相手側に対して国内の反体制派を援助し，武装させていると常に非難しているが，社会のダイナミクスもまた特有のものである。

東南アジア

　東南アジアは，ASEANにおける制度化されたリージョナル化へ向かう明確な傾向を示している。社会安全保障のアジェンダには，グローバルな要素とローカルな要素といういずれも国境横断的な2つの要素がある。相互に連動する社会に対する恐怖という強い要素は，地域規模ではまったくみられない。グローバルなイシューは，欧米が支配する国際的なアジェンダと「アジア的な価値観」との対立に関係しており，シンガポールとマレーシアは，欧米への対抗を明確にするイデオロギー的な主導権を握っている。東アジア・東南アジア諸国のなかで，より成功した（そして権威主義的な）国々は，欧米に対する最も可能性の高い挑戦者である。なぜならば，そうした国々は，軌道に乗せた代替的な開発モデルを信頼しているからである。

　東南アジアの民族地図の観点からすれば，さまざまなマイノリティが中央の権力と対立しているが，最も興味深く一般化できる要因は，中国人対現地の人々のイシューであり，これはヨーロッパにおけるユダヤ人とその受け入れ社会との間の緊張関係と類似するところがある。東南アジアは，民族帝国としての「大中華圏」が，良い意味でも（経済的に有望なつながりという意味），悪い意味でも（特にマレーシア，ベトナム，インドネシアでは，中国の経済的支配と政治的影響力に恐怖があるという意味），明確に感じられる世界の場所の1つである。これは，東南アジアを東アジアに統合して分析するという，軍事に関する章での主張を補強する1つの要素である。

東アジア

　（中国，日本，韓国などの一般的な対立関係と権力のバランシングがある）軍事・

政治セクターとしての地域の性質を強めている東アジアでは、社会セクターにおける傾向は、主としてサブリージョナル化（ナショナル化）、インターリージョナル化およびグローバル化である。すなわち、異なるセクターの地図によって生み出される地域が一致しない、セクター間のずれが生じている事例といえる。東アジアにおけるジョーカーの1つは、中国の凝集性とリージョナル化である（Segal 1994）。たとえ中国がソ連に続く形での崩壊に向かわないとしても、中国は軍事・政治セクターで予期される水平的な国家間政治というよりも、「階層」間の闘争、すなわち垂直的な闘争によってますます形成される可能性がある。他方で、中国が予想されるほどに成長すれば、より分散的でありながらも、地域としては依然としてかなりの力を有しているため、地域と国内における中国の権力ゲームは1つの権力の布置状況に固定されることになるだろう。中国の地域主義をどの程度まで社会的なもの、すなわちアイデンティティの多様性によるものとみるべきか、あるいは政治（国家装置に対する支配力）と経済（さまざまな戦略と立ち位置）の混合によって動かされているものなのか、ゆえにヨーロッパのような国民の範型というよりは軍閥の再現なのかを判断することは困難である。

　明らかに、この地域にはマイノリティに対する弾圧の事例もあり、特にチベットを例に取れば、よく知られる社会安全保障のダイナミクスに関するものである。こうした状況は、地域対中央という、より一般的であまり急進的ではないイシューにつながるかもしれない。

　日本の場合、最も関連性の高い社会安全保障のイシューは、（自国のマイノリティや地域、とりわけアイヌや沖縄の人々への関心が高まっているにもかかわらず）グローバル化する米国の文化や国民的アイデンティティに関係するものである。本章ではしばしば政治・社会セクターの境界線に遭遇してきたが、日本は経済・文化のつながりの事例であるかもしれない。日本の独自性や差異性は、特に米国との（しかしヨーロッパとも争われる）貿易紛争における論拠として用いられる一方で、真に公正な貿易を行なうためにはどのように組織化しなければならないかという米国の主張は、その社会経済・文化モデルの要求に非常に近い。米国は、主に自国の保護主義を擁護するために日本についての議論を利用

した防御的な時期を経て，近年目にするのは，アメリカ人がみずからのビジョンに従ってグローバルな体制を構築しようと（再度）試みる，より攻撃的な路線である。しかし今回，米国は，他の社会が多文化主義や急進的な多元主義，およびその類のものに基づく社会にならなければならないと，さらに踏み込んだことを主張している。

こうした主張には強い論理がある。関税が引き下げられると，貿易における非関税障壁の重要性が増す。非関税障壁が除去されると，貿易が均一に行なわれないということが判明する。たとえば，ドイツ人は他のビールを禁止する正当な理由として「ビール純粋令（Reinheitsgebot）」を用いて裁判に負けたとしても，ドイツのビールを選び続けるだろう。彼らの嗜好や国民の間での偏見がドイツのビールを好む元になっているというただそれだけの理由で，ドイツ人はドイツのビールを飲み続けるのである。同様に，日本人はアメリカ的なものに対する文化的な中毒性があるにもかかわらず，自国製品の優位性と，日本製品を購入することの集団的合理性（すなわち，経済的・愛国的な利益）の双方を強く信じている。それゆえに，とりわけ最も同質的で，最もゲマインシャフト的である国民，そして日本が最たる例であるが，暗黙の社会的ルールで多くを動かす国にとっては，生来埋め込まれた保護が継続されることになる。したがって日本と米国は，文化と経済の接点で対立を続ける運命にある。

したがって，東アジアは，他のセクターにおける地域内部での対立，中国の事例における社会崩壊の可能性（純粋な規模という観点から，中国は地域自体を容易に構成することができる。de Wilde 1995）およびグローバル・レベルでの社会対立のように，安全保障複合体に関してますます複雑化する混ざりあいのなかにある。

旧ソ連邦

旧ソ連地域は，地域分析にとって最も複雑な事例である。この領土をどの地域に分割すべきか不明確なのである。すなわち，ヨーロッパはどこで終わり，アジアはどこで終わるのか。ソビエト連邦崩壊後の国々（独立国家共同体）の大半を含むロシアを中心とした領域があるのか，中央アジアの安全保障複合体

は存在するのか。

　ここでもまた，社会安全保障，政治安全保障および軍事安全保障は密接に結びつく。新しい国家のいくつかは脆弱なプロジェクトである。その性質（自民族中心的か多民族的か）は不明確のままであり，同様にロシアとの関係における自治の程度も不確かである。そのため，マイノリティの問題が生じている。狭義には，国境線に疑義があるという意味での地理的な問題（たとえば，エストニア，ウクライナ，カザフスタンなどでは，国境のすぐ向こう側にロシア人が集中しているという理由）であり，より一般的には，ほとんどの新しい国家で人口の一定割合を占めるマイノリティの問題といえる。こうしたロシア系マイノリティは，ウクライナやバルト三国のような事例において，国民形成のプロジェクトにおけるさまざまな構成要素間の不調和の主な原因の1つとなっている。このような事例では，包括的で国家が定義したアイデンティティが安定のためには必要であるように思われるが，民族的に定義されたアイデンティティは国民形成および国家建設のほぼ不可避な構成要素である（Wæver et al. 1993, chapter 6；Poulsen-Hansen and Wæver 1996）。このような状況は，同じ国家の競合するプログラムの1つ，あるいはアイデンティティの異なる集団（例：民族的にはウクライナ人，国籍的にはウクライナ人，新帝国主義のロシア人）間の垂直的な競合として概念化することができる。

　旧ソ連地域には，一見すると古典的な国家間，すなわち2つの国家あるいは国民との間の水平的な対立の事例もある（最も重要なのはアルメニアとアゼルバイジャン）。しかし，ここでもまた，ヨーロッパの場合と同様，引き金となったのは，ナゴルノ・カラバフというサブユニットの地位をめぐる垂直的な問題である。この地域の安全保障問題の支配的なタイプは，どのようなユニットが存在し，どのようにそれらが定義されるべきかという社会と政治の絡みあうイシューである。すなわち，主権を持つ対等ないくつかの国家が存在すべきなのか，あるいは1つの新しいロシア帝国が存在すべきなのかというイシューである（それに加えて，ウクライナ西部やカザフスタン南部などの小規模な残滓が存在する可能性もある）。

　中央アジアとコーカサスにおける政治・社会・軍事の対立から，どのような

第6章 社会セクター

安全保障地域が出現するのかを語るのはまだ早過ぎる。中央アジアは，多くの地域が集まる場所でもある。中国，イラン，トルコ，ロシアは，いずれもこの地域における影響力を争っているが，これらの大国が1つの地域に引き込まれることはなさそうであり，それらの国々は至る所で，大きな関心，少なくとも対等な関心を有している。マイノリティの問題，水をめぐる紛争，厄介な境界線が，新しい国家に対して，ローカルな複合体の古典的形態に陥る十分な余地を残している。ロシアという問題およびロシアにとっての問題は，おそらく地域全体を構造化し，多くの安全保障問題を1つの複合体に結びつける決定的なイシューになるだろうという意味で，リージョナル化の強いダイナミクスが存在する。

ロシアから他の共和国への過去の移住が，最も重要なマイノリティの問題の起源であり，ロシアに帰還したこれらの人々の再移住が，ロシアにおける社会問題を悪化させている。地域間移動は地域内外に存在するが，国内移動に比べれば二次的なものである。

他のアイデンティティの侵入という地域間にみられる水平的な懸念は，主としてロシアにとっての問題であり，ロシアは中央アジアのイスラーム化あるいはトルコ化の可能性と，ロシアを二次的な円に位置づけてしまう，よりグローバルな同心円状の「世界秩序」の双方を懸念している。グローバルな要因としての欧米は，ロシアにとって重要な役割を果たしている。社会レベルでは，欧米が押しつけた戦略という批判に通じる問題のある民営化や市場化という点で，また外交レベルではロシアの尊厳ある役割の模索という点で，重要な役割を果たしているのである。

全般的にみて，強いリージョナル化のダイナミクスは，純粋に社会的なものではなく，社会，政治，そしておそらく軍事が混在する何らかの複合体に向かっている。それは，ロシアにとっての問題およびロシアとの問題によって組織され，CISのような主体によって，おそらくバルト諸国を除く旧ソビエト連邦の大部分を結びつける。この地域の外側の境界線と，隣接する地域との関係性は，特に南側において不透明であるが，西側と東側も同様である。グローバル・レベルのダイナミクスは存在するが，それらはロシアに焦点をあてた組織化論争にも結びついている。すなわち，どのようなロシアが存在し，どのような地域

秩序を有し，どのようなグローバルな役割を果たすべきかという論争である。

　最後に，地域別に進めることで，いくつかの同一化の形態を見落としてきたのではないかということが問われる。主要な宗教は，それらが活動している場所で記録されたので，見落とされることはなかった。しかし，可能性のある要因のひとつは，コスモポリタンかつポストナショナルなエリートの台頭かもしれない。たとえば，ライヒ（Reich 1991, 1992 [1991]）や国連社会開発研究所（UNRISD 1995）が論じているように，情報化時代のグローバル化した経済は，みずからを国民経済と結びつけて考えず，同じ国に住んでいる失業者と連帯感を抱く必要性を必ずしも理解しない，象徴的なアナリストという勝ち組の階層を生み出している。産業労働者の重要性は低下し，したがって国民国家に対する連帯や忠誠心の価値は低くなる。このエリートたちにとって，生活様式や移動の様式は明らかに国民国家をも超越している（ベネディクト・アンダーソン[Anderson 1983]が，ナショナリズムと国民国家の形成に決定的な影響を与えたものとして，キャリアの経路を取り上げたことを思い起こせば，その選択肢のグローバルな様式の出現は，新しい時代の決定的な兆候かもしれない）。

　ここで論じられるのは，第1に，こうした決定的な集団にとって，国民国家に対する感情的な愛着が弱まっているということである。これらのエリートが同一化に関する他のポイントをおさえているかどうかは，あまり明らかではない。場合によっては，所属する多国籍企業への忠誠心で代用できるかもしれないが，ほとんどの場合，純粋な個人主義だけが支配的である。冷戦後の米国の全体的な志向から，西欧北部のEUに対する態度に至るまで，多くの場合，コスモポリタンなリベラルで国際化された社会の一部と，よりローカルに根ざした共同体主義的な抵抗勢力との間で対立が起きている。世界の最も豊かな地域における社会安全保障の多くは，このおそらく包括的な対立に関連している。すなわち，対立は異なる特殊化された文化間にあるというよりも，普遍化する文化と特殊化する文化との間にあるといえる（Hassner 1996）。世界のさほど特権化されていない地域では，その様式は異なる。なぜならば，より広範な層が国際化によって利益を得ることを期待しているため（例：南欧におけるEU

の支持），あるいはエリートの多くが国家主義的な活動に参加しているためである（旧ユーゴスラビア地域）。

まとめ

　地域ごとに研究を進めていくと，リージョナルなダイナミクスに着目することに対して，ある先入観を生み出してしまうかもしれないが，こうした進め方においても，いくつかのグローバル化の傾向や要因が見出された。特にヨーロッパでは，地域間の移民が役割を果たした。地域間の文化的，宗教的，文明的要因は，とりわけ中東と東アジアばかりではなく，ヨーロッパでもみられた。

　グローバル化を推進する社会セクターの主要な力は，おそらく(1)南における貧困の連鎖，移民，移民を通じて伝播する貧困に関連した疾病，移民に関連した組織犯罪や非組織犯罪，(2)文明の衝突，特に西欧化の弁証法，すなわち文化の同質化への傾向とそれに対する反発である。少なくとも短期的・中期的には，第2の要因である文化の国際政治経済がより重要であろう。長期的には，第1の要因の方が特に重要であると主張する人もいる。

　これらの2つのタイプの社会安全保障の問題は，将来的にますます大きな力を持つことになるだろう。しかし，前節で紹介したようなリージョナルな問題，とりわけ米国の多文化主義的な分断化，インドと中国の潜在的なリージョナル化あるいは分断化，アフリカの部族と国家との対立，ヨーロッパにおけるヨーロッパ・国民・マイノリティという新しいアイデンティティの分散化された布置状況，旧ソ連地域における国家建設や国民形成の問題なども同様である。したがって，リージョナルなダイナミクスと比べてグローバル化のダイナミクスが強化されると結論づけるのではなく，他のセクターとの関連において社会の不安それ自体が重要性を増し，このことは少なくともグローバル化の作法と同様にリージョナル化の作法にもあてはまると示唆する方が適切であるように思われる。

　いくつかの事例では，社会のダイナミクスによって生み出された地域は，軍事・政治セクターにおける地域と本質的に同じであり，また大きく絡み合って

いる（ヨーロッパ，南アジア，東南アジア，旧ソ連，中東，そして一般的には混乱するアフリカ）。少なくとも2つの事例（ラテンアメリカと東アジア）では，リージョナルな社会のダイナミクスは他のセクターにおけるリージョナルなダイナミクスよりも弱く，1つの事例（北米）における社会のダイナミクスは，2つの古典的な安全保障セクターがリージョナルなものとしてではなく，グローバルに行動する場合に見出されるのである。しかしながら，北米における社会のダイナミクスがリージョナルなものか，あるいはよりローカルなものかはまだ明らかではない。

注

(1) 我々が考える「社会」の基準は，共同体が非現実的で有機的な形態までは求めないが，かといって，それは名ばかりの「社会」の技術の機能的な寄せ集め以上のものでなければならない。これを馴染みのあるゲマインシャフトとゲゼルシャフトの区別（Tönnies 1926 [1887]）との観点でいえば，社会は単に個人間の合理的で契約的な取り決め（ゲゼルシャフト）であることもあれば，感情的な愛着や有機的なつながりの何らかの感覚（ゲマインシャフト）を含むこともある。ゲマインシャフトは伝統的に英語では共同体（community）と訳されているため，我々の概念は真に共同体の安全保障（community security）であると主張することもできるが，問題はあるだろう。なぜなら，ゲゼルシャフト（テンニエスの著作の翻訳では「アソシエーション」）に忠誠を誓うことは，有機的なつながりの形態をとらずに可能な場合もあるからである（例：米国）。もし我々が，あらゆる国家の人口を指すのに社会を用いるという広範な傾向にしたがえば，それ自体が社会ではなく，国家があってはじめて社会となるユニットになる。そのような状況は，社会セクターから独立した判断をとりあげてしまい，国家によって類型化された派生物になるだろう。
(2) ここでいうネイションとは，民族的なタイプのネイション（ゲルマン系），あるいはより国家に関連したシビック・ネイション（社会と呼ぶ人もいる）を指すこともある。たとえば，オランダ人のなかには，民族的同一化を超えたオランダ市民全体の忠誠心という観点から考える人もいる。我々の用語では，この対比はネイションと社会の間ではなく，2種類のネイションの間にある。我々は社会という概念を，社会セクターにおける指示対象の総称として用いている（Wæver et al. 1993, chapter 2）。
(3) 国家―ネイションという用語は著者によって使い方が異なるが，一般的には，ネイションが国家によって構築される，すなわち国家がネイションの「前に」来る場合を指す

と考えられており，少なくともネイションが先に来るとされた古典的な国民国家の自己理解とは対照的である（Buzan 1991：73-74）。
(4) 「米国において我々は，ヘルダーが国民的差異（チャールズ・テイラーの定式では，米国というネイション内部のある社会と別の社会との差異）として認識したであろうものを，エスニシティという概念を通じて論じている」。そして，「現在，北米で承認を求めている主要な集団的アイデンティティは，宗教，ジェンダー，エスニシティ，『人種』およびセクシュアリティである」（Appiah 1994：151）。

第7章
政治セクター

政治安全保障のアジェンダ

　政治安全保障は，社会秩序の組織的安定に関わる。政治セクターの核心は，国家主権への脅威によって成り立っている。脅威は軍事的手段を通じて鎮めることもでき，本書では軍事セクターを扱う章もあるため，政治セクターでは主権への非軍事的な脅威に注目していく。

　政治安全保障への関心は，上記の核心部分から2つの方向に広がっていく。1つは，国家以外の政治ユニットが直面する同等の非軍事的脅威である。もう1つ考えられるのは，そうしたユニットを越えて，国際社会や国際法などのシステム・レベルの対象を守るという政治安全保障である。安全保障化される可能性がある原則のうち，人権および他の要求は個人の状況と直接関連する。したがって，政治セクターはおそらく（表面的には）個人レベルの安全保障が安全保障アジェンダとして提示される主要な場である。

　各セクターはいずれも極めて扱いにくい，ということもできる。我々が社会安全保障に焦点を当てた著作（Wæver et al. 1993）を書いたのは，そのセクターが最も研究が遅れていると考えたからであった。経済安全保障はそもそも扱いにくく，環境安全保障は独特の問題を浮かび上がらせる。ただし，おそらくいまでは社会セクターの特徴は明確なので，結局は政治セクターが最も理解しにくいセクターになったといえるだろう。ともすれば，政治セクターは，軍事セクターと社会セクターの間で簡単に押しつぶされてしまう（たとえば，ブザンはいくつかの論文で，それらを軍事・政治セクターあるいは政治・社会セクター

のいずれかにまとめ，議論を簡略化している）(Buzan 1994a, 1994b, 1996)。

　政治セクターの問題は，逆説的だが，最も広範囲にわたるセクターであるため，他のセクターの余白を埋めるものにもなるという点である。そう考えると，ある意味，あらゆる安全保障が政治的である（Jahn, Lemaitre, and Wæver 1987 ; Ayoob 1995)。あらゆる脅威と防衛が政治的に構成され，定義される。政治化はその名の通り政治的であり，さらにいえば，安全保障化もまた政治的行為である。したがって，上記のような見方からすれば，社会安全保障，経済安全保障，環境安全保障，軍事安全保障は，実際は，「政治・社会安全保障」「政治・経済安全保障」などを意味している。国家の組織的安定への政治的脅威が社会（のアイデンティティ）への脅威にもなる場合，それは社会安全保障に分類される。また，軍事手段が用いられる場合，それは（政治的でもあるが）軍事安全保障に分類される。以下，同様である。したがって，政治セクターは，大規模な軍事手段を用いず，アイデンティティや経済，環境に関する手段も用いない政治的脅威という下位区分を構成する。結果として，政治セクターが他のセクターに比べ，統一性に欠けるというリスクはある。ある視点から見れば，政治セクターとは，他のすべてのセクターを差し引いた結果，形成されるセクターである。その際，政治安全保障の特徴は，通常，安全保障一般に共通する特徴ということになろう。なぜなら，あらゆる安全保障が政治的だからである。とはいえ，脅威自体が政治的という他ない事例も多く，最終的には，そうした事例が政治セクターに一定の統一性を与えているのである。

　他方，別の視点から見れば，政治セクターには間違いなく組織化の問題がある。安定した組織には何が必要なのか。政治安全保障とは何なのか。ブザン (Buzan 1991 : 118ff.) によれば，

> 政治的脅威は，国家の組織的安定に狙いを定めている。その目的は，たとえば，特定の政策に関して政府に圧力をかけることや政府を転覆すること，分離独立を扇動すること，国家の政治機構を攪乱すること，それによって，軍事攻撃を行なう前に国家を弱体化させることである。国家という観念，特に国民の同一性と組織的イデオロギー，そして，その観念を表現する制度が，

通常，政治的脅威の標的となる。国家は本質的に政治的存在であるため，政治的脅威に対する恐れは，軍事的脅威と大差のないものであろう。弱い国家が標的となっている場合は特にそうである。

上記の引用が示すのは，政治安全保障を特徴づけるのは可能だが，その広がりを制限するのは非常に難しいということである。とりわけ，社会安全保障や軍事安全保障と関わる場合は難しい。ここでいう社会的な（societal）ものは，国民のアイデンティティに言及することで示されるものである。軍事的なものは，一目瞭然であろう。

政治的脅威は，典型的には，承認や支援，正当性の付与または否定に関わる（ここに，純粋に政治的な脅威，つまり，軍事的手段や経済的手段など，他のセクターに由来する手段を用いない脅威が存在し得る理由があり，承認や関連する政治的要求との関係において言葉は重要である）。ただし，何が政治なのか。多くの学術的努力がこの問いに注がれてきた。短く，しかし，人々が政治なる概念に組み込もうとしてきた事柄のほとんどに適用可能な定義として，政治とは「大規模な人間集団を統治するために，人間の行動を形成すること」というブザンの定義は有用である（Buzan, Jones, and Little 1993：35）。我々が社会安全保障に関する本（Wæver et al. 1993, chapter 2）で「社会」を定義したときと同様，ここでは独創も論争も目的ではない。反対に，中庸な立脚点，あるいは政治という語の意味として一般的に受け入れられている事柄と矛盾せず，合意可能な見方を確立する必要がある。

そのため，我々の定義は，極端な見方には結びつけられない。政治の意味をめぐる論争の3つの次元のうちの2つには結びつけられない，と言い換えてもいいかもしれない。3つの次元とは，大まかに要約できるとすれば，アレント対イーストン，シュミット対ハーバーマス，そしてウェーバー対ラクラウという次元である。アレント対イーストンに関していえば，政治は単なる表現活動ではない。つまり，政治は個人が偉大な行為を行ない，それによって不死を求めること（アレント，ニーチェ）ではない。また，純粋に機能的であり，社会の1つのセクターとして，全体にとって必要な特定の役割を遂行するものとい

うわけでもない（イーストン，パーソンズ）。シュミット対ハーバーマスに関していえば，政治は友と敵の区別（シュミット）に還元できるものではないし，共同体と合意（ハーバーマス，ロールズ）と見なすこともできない。この２つの次元は，いずれも極端であり，我々の目的にとっては狭隘すぎるので，ブザンの定義に示されているような中庸を目指そう。

ウェーバー対ラクラウという３つ目の次元については，より詳しい説明が必要であろう。ここでの論争は，政治を安定化と不安定化のいずれに結びつけるかということである。一方では，「政治的」という言葉が，ルールの制度化と権威の安定化を含意するために使われる。ルールに相対的な永続性が与えられている場合，ルールに基づくユニットとの関係は政治的である（たとえば，マックス・ウェーバー）。反対に，エルンスト・ラクラウなどは，安定した形式を揺るがすものこそ政治的であると定義する。つまり，政治化とは，社会関係において当然と見なされていることに疑問を投げかけることである。このウェーバーとラクラウの双対性は，前述の難題を解く鍵となるかもしれない。なぜあらゆるセクターが，ある意味において，政治的なのか。政治化と安全保障化の連関という観点から（そして，政治化は可能性を開き，安全保障化は閉じるという対照的な関係において）「政治化」を語る際には，ラクラウ的な言葉使いが可能である。他方で，政治セクターを特徴づける「政治」とは，ウェーバーの意味に近いもの，すなわち権威を相対的に安定した制度として確立することである。

以上の政治の定義から，厳密な意味で政治的といえるユニットの類型を考えることもできる。その際に，チャールズ・ティリーの提示した国家（ここでは政治ユニットと言い換えたいが）の定義が参考になる。国家は強制力を執行する組織であり，「家族や血縁集団から明確に区別され，一定の領域内に存在する他のあらゆる組織に対し，いくつかの点で，明らかな優越権を行使する。それゆえ，国家には都市国家，帝国，神政国家，その他の多くの統治形態が含まれるが，部族や血族，企業，教会それ自体は含まれない」（Tilly 1990：1-2）。この定義を少し緩めて，必ずしも，特定の時空間の一部を占有するという古典的な意味での領域性に拘泥しないことも可能であろう。たとえば，教会が政治的能力を持つことはある（ティリーは，「それ自体」という表現によって，この可能

第7章　政治セクター

性を開いている)。政治ユニットは一種の集合体であり,その構成員とは異なる独自の存在と見なされるものである。企業や教会も政治ユニットになり得る。それは,経済的または宗教的ユニットとしての基本的能力とは無関係に,企業や教会が,大規模な人間集団の統治という政治の論理に沿った行動をとっている限りにおいてである。

　時代とともに,これらのユニットは多種多様な姿をとってきた。ある時期には,ある種類の政治ユニットが支配的になり,別の時期には異なる種類のユニットが共存していた(Buzan and Little 1994, 1996)。しばらくの間(17世紀から20世紀にかけて),政治は主権を有する「国民国家」というユニットに集約し,安全保障はこのユニットを焦点としてきた。ただし,だからといって国家が支配的な政治形態として存続し続けると定めるものはない。反論もなくはないが,リアリスト(Carr 1939；Herz 1959；Morgenthau 1966)やネオリアリスト(Ruggie 1983；Buzan, Jones, and Little 1993；Wæver forthcoming-b)ですら認めるところである。かつては他のユニットが政治的優位を有しており,将来もそうなるだろう。

　政治においては,政治ユニットを越えて,政治構造や政治プロセスの(ユニット間の)政治制度が注目されることもある。この点は次節の安全保障の議論のなかで触れるが,そこでは指示対象としての政治ユニットだけでなくシステム・レベルの指示対象に焦点を当てることになる。

　政治安全保障を政治一般と区別するのは,政治ユニットまたはユニット間の本質的な関係様式(構造,プロセス,制度)の正当性および承認への脅威があるかどうかである。先に論じたように,政治,そして「政治的」なものとは,秩序を確立し,持続的な闘争の枠組みとしての政治的取り決めを安定させることであるとするならば,上記の区別は論理的な帰結である。アレントからマキャベリにまでさかのぼるような古典的伝統において,政治とは,変化する海原のなかで,半永久的に秩序ある公的領域を確立しようとする持続的な闘争を意味する。その場合,決定的に重要な変数は,いうまでもなく,そうした政治的取り決めに対する内外からの承認である。その承認が政治的取り決めに正当性を与え,安定させる。安定は政治的取り決めをめぐる政治活動のためというよ

りは，政治活動を枠にはめるために必要とされる。英国学派の理論家（マニング，ワイト，ブルなど）だけでなく，現代のコンストラクティヴィスト（Wendt 1992, 1994）も論じているように，国際的なユニットのアイデンティティは，そのユニット自身の同一性に関するものでも，ユニット自身のためのものでもない。むしろ焦点となるのは，国際的な主観性（subjectivity）や国家性（statehood），多様な形態の国際的なもの（international being）など，一般的に確立されている諸概念であり，それらと個別のユニットが必然的に関連しているということである。

　したがって，政治的脅威は(1)政治ユニットの対内的な正当性（これは，主として，国家を特徴づけるイデオロギーおよび他の構成的理念やイシューに関連する），および(2)国家に対する外からの承認，言い換えれば，対外的な正当性と関連する。外からの脅威は必ずしも主権を標的としないが，非常に巧妙にイデオロギー上の正当性，すなわち，国内の支柱に狙いを定めることがある。正当性は外部から争われる場合もある。インド・パキスタンの事例において，また，冷戦中にも，（互いの政治形態を排除し合うことで）外から正当性が疑問視されたが，承認を問題として取り上げることは意図されていなかった。しかしながら，国家を国家として承認するという対外的な正当性に特に注目することには，十分な理由がある。非難の応酬という典型的な連鎖が生じるのは，政治的脅威が国境を越える場合である。この点は，本章の「脅威と脆弱性の論理」を参照されたい。

　近代的で領域的な主権国家のみが確実に，標準化された形での承認を得ることができ，全体として対等で「類似した」ユニットからなる国際システムを構成する。ただし，相互行為を行なうすべてのユニットが，社会学一般で理解されるような，何らかの承認を得ている必要がある。各ユニットはみずからの存在において，対応すべき関係者として認められなければならない。できれば対等なユニットとして，致し方なければ臣下として認められ，できれば，他のユニットの構成部分として認められるのは避けたい（なぜなら，国際的な権力者はその存在を無視したり無効にしたりしてきたからである）。たとえ不平等な関係であっても，政治ユニットは臣下あるいは君主として承認されることを望むだろ

う。ただし，君主あるいは対等者として認められることを望みながら，臣下としてしか承認を得られなかった場合，それは自身が考えている政治的アイデンティティに対する重大な安全保障上の脅威となる。

近代国家システムにおいて，政治的承認の問題は，通常，「白黒はっきりした（either/or）」問題である。つまり，基本的に，国家は互いを対等者として承認するかしないかのいずれかである（パレスチナ解放機構［PLO］のように，ほとんど国家として認められながら，まだ国家ではないという事例は非常に少なく，そうした事例はさもなければ非常に厳格なシステムの例外であるために悪評を買っている）。脱植民地化された世界では，政治的に不平等な国際関係が公式化されることはほとんどない。1945年以前は，不公平な政治関係がほとんど規範となっていた（帝国と保護国，委任統治，植民地の関係，宗主国と属国の関係など）。中世には，たとえば，君主同士が条約を結ぶだけではなく，上位者（皇帝や教皇）や下位者（自身の臣下また他の君主の臣下，たとえば，地方領主やその他の地方有力者，都市や修道院）と契約を結ぶこともあった（Mattingly 1955；Holzgrefe 1989）。中世の安全保障に関する研究が示すように，政治アクターや政治的地位が非常に多様で，政治セクターはいっそう複雑化しているが，現代の後期近代システムでは，いまだ国家が支配的で，政治的承認はより明確である。脅威は，一般的に，安定の外的な支柱である承認，または安定の内的な支柱である正当性のいずれかに関わる。後者にはイデオロギー上の関心事すべて，同様に，国家の社会経済上の供給者としての役割に関わる要因すべてが含まれる。そのため，国家の正当性は，経済的および社会的な成功から切り離すことができない。

安全保障アクターと指示対象

現在の国際システムにおいては，領域国家が政治組織の形態として支配的であり，いうまでもなく，政治セクターの主要な指示対象である。その他，国家に類似あるいは匹敵する政治組織（つまり，他のユニット・レベルの指示対象）のうち，ときにユニット・レベルの指示対象となり得る組織として，以下の3

つが挙げられる。(1)EUのような出現しつつある疑似超大国。(2)国家を持たず，自己組織化した社会集団。これらは社会セクターの章で扱うが，部族，マイノリティ，氏族など，国際社会が公式に認める類型ではないが，強い政治制度を持つ集団である（ただし，非常に強い強制力執行および制度化された形態を持つものだけが，本章の対象となり，そうでないものは社会的なものとして扱われる）。(3)支持者から最終的な忠誠を集めることのできる国境横断的な運動。いくつかの世界宗教は，時折ここに分類される（かつてのカトリック教会や，動員の要請に従うが一般的に承認された権威を欠くイスラーム教徒など）。重要性で劣るが，わかりやすいのは，より小さな教派である。また，イデオロギー運動もこのような国境横断的な形態をとる。ただし，現象としては不明瞭ではっきりしないことが多い。というのは，国際関係において影響力を持つに足る，強力な運動は特定の国，あるいは複数の国に基盤があり，その国のなかで影響力を有しているからである（たとえば，ソ連内の共産主義）。そのため，本拠地としている国家において，国家中心的な国家理性が次第に革命という運動自体の国境横断的な論理を上書きしていくようになる（Herz 1950 ; Wight 1978 ; Der Derian 1987, chapter 7 ; Armstrong 1993）。

　最終的な忠誠を要求し，支持者に対して強制的な権力を執行することで，これらのユニットはすべて，安全保障行為を遂行することができる。もし権威的な発言者がユニットは生存の危機にあると主張すれば，非常に強力な呼びかけとなるだろう。

　政治セクターにおいて，このような呼びかけを行なえる安全保障化アクターは，他のセクターと対照的に，比較的，明確に定義される。国家は定義上，権威的な指導者であり，EUは公式の（恐ろしく複雑だが）制度的構造を持つ。有力な社会政治的ユニットもたいてい明確な指導者がおり，国境横断的な運動は通常，公式の所在地に関係者が配置されている。ただし，冷戦期の中国共産党とソビエト共産党や今日の異なるムスリム指導者のように，「指導者」が競合している場合も多くある。

　国家の場合，政府が安全保障化アクターとなることが一般的であろう。実際に懸念されるのは政府自体への脅威である場合であっても，政府はしばしば安

全保障の議論を（国家と関連させて）利用する誘惑にかられる。このような状況は，対外的な脅威の場合でも対内的な脅威の場合でも，発生し得る。対内的な脅威の発生は，国家が弱体な場合に典型的であろう（Buzan 1991：99-103）。弱い国家の特徴は，しっかりと確立した国家らしさが欠如していることである（Ayoob 1995：4）。弱い国家では，政府の権威自体が争点となる。その争いの苛烈さは，政府の枠組みと基本的な正当性が一般的に認められている，強い国家における争いとは比べものにならない。弱い国家では，基礎となる制度およびイデオロギーがしばしば挑戦を受け，政治的暴力が広範囲に及ぶ。そのため，権力保持者が国家の名の下に呼びかけても，そもそもその権威があるのかという異議がシステムの全体から問いかけられるだろう。多くの人々が，政府は国家のためではなく，自己利益のために行動している，とみることが予想される（ザイール，ビルマ／ミャンマー，ナイジェリア，サウジアラビアなどでそうであるように）。

　強い国家，特に自由民主主義国では，政府は国民国家の正当な代理人としてのみ行動し，政府の主張は国民の精査と疑義申し立てに開かれている，という想定をより強く持つことができる。また，一般的に，強い国家の「国家安全保障とは，主として外的な脅威と干渉から国家の構成要素を守ることだと考えられる」（Buzan 1991：100）。補足するならば，おそらく，「民衆の大多数が容認できず，脅威を感じるような国内活動（たとえば，テロリズム）は，例外的に脅威と認定される場合もある」ということだろう。国家が法の支配のような形で自身への制限を受け入れる場合，例外状況をより明確に規定することで安定が図られる。なぜなら，政府は，例外状況では，安全保障のために制限を解除されることになっているからである（Gordon 1991：33）。

　指示対象およびアクターとの関連で取り上げるべき最後の疑問は，システム・レベルの指示対象に関するものである。「我々のユニット」の生存がかかっている場合，安全保障の呼びかけは間違いなく可能だが，国際システムの制度や構造，プロセスに関しても安全保障の論理を用いることは可能である。現在のところ，主要な候補は，国際ガバナンスの制度と組織である。これらは，一般的に，政治的安定を維持する前提条件として（主に国家と国際ビジネスエリ

ートに）尊重されている。システムの安定性を判断するには，原則として，システムに参加しているユニットが安定しているか，あるいは（グローバル・レベルでも地域レベルでも）ユニット間の関係が安定しているかを見ればよい。集団的制度は個々のユニットを安定させることができ，より規模の大きなもの，例えば，ユニット間またはユニットを越える行動様式なども安定させることができる。

　実際には，上記の2つの機能が混ぜ合わされたり，区別が曖昧になったりすることが多い。たとえば，ASEANは，表面上は加盟国間の紛争を抑制すること，また，共産主義の脅威に対抗するために一定の一体感を作り出すことを目的としていたが，加盟国の国内安定を維持することも非常に重要な目的であった（Acharya 1992）。EUにも同様の側面があり，表面上は地域内の紛争を予防することを目的としていたが，根底には，内部の共産主義およびソ連の両方に対抗するという意味もあった。NATOと核不拡散レジームは，より明瞭に国際的な脅威を対象としている。国連安全保障理事会は明らかに国際的な志向を有しているが，国連はいくつかの側面において圧倒的に内向きである。多くの小国は，国連という枠組みの助けがなければ，その存在も国家としての機能も心許ない。外交の諸業務と，国連が体系化している諸原則（自決権，人種的平等，主権平等）のいずれも，国家の政治的生存にとって決定的に重要である（Jackson 1990）。政治統合に関しては，白黒つけにくい事例も存在し得る。たとえば，政治統合が進んだ結果，国家のような特質を帯び始め，EUのように新しいユニットなのか国際的な地域制度の一種なのかが曖昧になるような場合である。

　これらは国際社会と呼ばれるものの要素であるが，例によって，国家を安全保障化するための道具なのか，それ自体が安全保障化の対象なのかという，ある種の曖昧さが付随する。たとえば，核不拡散条約は，核保有国クラブの会員資格を制限する利己的な戦略と見なすこともできるし，システムのために核戦争の見込みを減らすことを目的とした戦略と見なすこともできる。国際社会について論じた文献では，こうした規範や制度は，基本的に，人類全体によるコスモポリタンな取り決めではなく，国家による国家間の取り決めとされる。国

際社会とは，国家からなる社会なのだ（Wight 1978；Bull 1977）。

しかし，より功利主義的かつアメリカ的で，合理的選択論に触発された制度論者とはやや対照的に，国際社会論は，このような制度にもいくばくかのコミットメントが籠められていることを示している。国際制度には，国際法，倫理，世界政治に関する古典的な主題や，共通の道徳および法に関する議論が織り込まれている。したがって，単に国家の利得計算上，有用だから正当性を有するというわけではなく，国民国家を超える義務または道徳的に拘束力のある原則を表明しているから正当性を有するのである（Nardin and Mapel 1992；Butterfield 1965；Wight 1978；Hurrell 1993；Wæver forthcoming-c）。このように集団的に国家を安定させること，および直接的なコミットメントという二重の回路を通じて，国際政治上のさまざまな規範や原則，制度は安定と顕著な特徴を具え，場合によっては，安全保障行動をとるための指示対象となり得る。

システム・レベルの指示対象を明確化するための次なる一歩は，安全保障の基本的な基準を思い起こすことである。安全保障上のイシューは，脅威が劇的なものでなければならない。つまり，何らかの原則が破綻または崩壊するかもしれないという恐れ，あるいは，異なる形で回復不可能な影響を及ぼすため，極端な手段で対処することも正当化されるような脅威として描写できなければならない。わかりやすいのは，国際社会の基本原則が脅かされている場合である。たとえば，米国と国連がクウェートを解放し，イラクによる国際原則の違反，すなわち主権および承認された主権国家の領土保全の侵害を批判した場合である。[3]

政治セクターにおけるシステム・レベルの指示対象について考えるときには，常に，安全保障化と政治化の区別を注意深く意識しなければならない。指示対象はある程度，安定的でなければならず，国際秩序を全体的に支える支柱であると見なされていなければならず，さらに，何か劇的な形で（単に段階的あるいは漸進的ということではなく）崩壊する可能性がなければならない。EUに関する懸念は，政治アジェンダになる可能性は十分にある。安全保障化に導くには，懸念が第2章で提示されている特徴的な方式をたどらなければならない。何らかの重要な原則，ひいては国際的または地域的な政治秩序が存立の脅威に

直面していなければならない。これはまさに，EUの分裂を避けるためには統合が必要だという議論が示している状況である（Buzan et al. 1990；Wæver 1993；Wæver et al. 1993, chapter 1）。このような議論は，第二次大戦直後と同じように，1989年以後のヨーロッパ政治において強力な役割を演じた。安全保障特有の論理で議論されると，統合という事例は緊急性を帯びてくる。なぜなら，統合に取って代わるのは分裂であるが，分裂は自走的に進むプロセスであり，定義上，ヨーロッパのプロジェクトを破壊することになるからである。「ヨーロッパ」が存在するかどうかは，白黒がはっきりする問題である。ヨーロッパにとって分裂は存立の脅威となる。なぜなら，分裂が臨界点を越え，ヨーロッパのプロジェクトを取り返しのつかないほどに破壊するところまで，進んでしまう危険があるからである（Wæver 1996b）。この点は，第9章で改めて論じる。

国連は，国際社会および国際法の基本原則の貯蔵庫という重要な役割があるため，システム・レベルの指示対象としても特異な地位を占めている。国連は（いかに原始的であろうと）何らかの国際秩序が存在するという基本的な考えを示し，諸原則および諸規範が祭られ守られる場を象徴し，そして，その諸原則が冒涜され，有名無実化または酷く弱体化される恐れがある場合には，その諸原則と神聖さを守らなければならないということを表現している。こうした地位を持つ原則は，時代とともに変わってきた。現在は，（国連憲章のすべてではないが）国連の原則の多くが十分に基礎的かつ効果的で，合意を得られていると見なされているようであり，主権平等（不干渉），人権（ジェノサイド禁止），勢力均衡（覇権の不在），自決権（植民地禁止），人種的平等（反アパルトヘイト）などの原則を守る行動は正当化される。広義の人権は，合意を得られているとはいえず，環境アジェンダの多くも同様である。大量破壊兵器や戦略ミサイルの不拡散，そして，おそらく反ファシズムに関しては，ほとんど合意形成ができている。これは，その諸原則が常に一致団結して守られるということも，その諸原則に訴えることがいつでも効果的だということも意味しない。ただ，国際レベルにも安全保障の対象となり得る諸原則が存在し，特別な行動を正当化する，あるいは強力な国際的集団行動を動員する機会もあり得る，ということを意味するだけである（Mayall 1996；Roberts 1995-1996；Wheeler 1996）。

第7章 政治セクター

　システム・レベルの指示対象に関わる安全保障化アクターは，第1に国家である。なぜなら，上記の諸原則のほとんどは国際社会の原則，すなわち国家の社会の原則であり，多くの場合，すでに国際法になっているか，その途上だからである。ただし，有力な国際メディア（「CNN効果」）も明らかに影響力を有しており，NGOやINGO（国際非政府組織）もときにはそうといえるかもしれない。政治セクターのほとんどのユニットは，他のセクターに比べ，明らかに特定できる報道官がいることが多いが，その一方で，システム・レベルの指示対象は，通常，多様な安全保障化の可能性に大いに開かれており，より幅広い国際共同体のために安全保障の輪郭を示そうとするさまざまなアクターの競争にさらされている。このように，公式に代表しているわけではない共同体のために，安全保障を枠づけしようとする諸アクターの試みは，得てして，激しい政治闘争の焦点となる。

　ある集合的アクターは，国家における政府と同様に，安全保障化アクターとしての役割を公式に与えられている。国連憲章（および定着してきた憲章の解釈）は，安全保障に関して，言語行為がいかに機能するかという論理を非常にはっきりと例示している。国連安保理は，憲章第7章に基づく行動をとる場合，広範囲に及ぶ権限を与えられる。「これは国際の平和と安全に対する脅威である」という言葉を発することで，加盟国の主権を奪うことができる。それ以外の場合，主権は不可侵である。主要な地域紛争や危機の数々が，国連の認可した介入に至る場合もそうでない場合も，いかに交渉され解決されてきたのかを研究すれば，上記の決まり文句の使用が決定的であり，とても重視されていることがわかるだろう。上記のような言葉が（安保理という特定の地位から）発せられるやいなや，問題は形を変える。なぜなら，安保理，さらに安保理によって委任された加盟国も，その言葉なしには実行できなかったことを正当に実行することができるからである。したがって，安保理内でより懐疑的な国は，この一線を越えることに慎重になる（Mayall 1991, 1996；Krause 1993）。

　政治セクターのシステム・レベルの指示対象に関しては，こうした国連安保理による公式の安全保障化行動が一種の中核のようになっているが，他の方法でシステム・レベルの安全保障化が実現されないわけではない。上記の公式が

当てはまらない場合でも，他のアクターの働きかけによって，ある原則や制度が脅かされているという見解が一般的に受容されることもある。そうなれば，以前は不可能だった行動をとれるようになる。

脅威と脆弱性の論理

　政治セクターの大部分を形成している主権国家から始めよう。脅威と脆弱性に関するイシューは，国家が3つの構成要素からなるという議論を通じて検討していくことができる。概念，物理的基盤，制度の3つである（Buzan 1991, chapter 2）。そのイシューのうち他のセクターに分類されるものを除外すれば（物理的基盤に直接影響する脅威のほとんどは，軍事，経済，環境のいずれかに関わるはずである），概念（制度と無関係なアイデンティティの概念は除く）および制度が検討対象として残る。政治制度は概念のうえに構築されるため，すべての問題は概念に関わる。国家を統合する概念として，典型的には，ナショナリズム（特に市民ナショナリズムだが，ときに民族ナショナリズムも）や政治イデオロギーが挙げられる。これらの概念を脅かすことで，政治秩序の安定を脅かすことができる。そうした脅威の対象になり得るのは，政府の現体制（その正当化イデオロギーに疑義を呈することで）や国家の領土保全（国家の同一性からの離脱をけしかけることで），国家それ自体の存在（その自治権に異議を唱えることで）などである。先に「政治安全保障のアジェンダ」で論じたように，政治的脅威は，正当性の転覆または承認の拒絶（完全な拒絶または主権平等の拒絶）のいずれかの形をとる。

　国家が自身を組織化する際の焦点は，ほとんどの場合，主権である。国家にとって存立の脅威とは，最終的に主権を巻き込むものである。なぜなら，国家を国家たらしめるのは主権だからである。国家の生存に対する脅威とは，それゆえ主権に対する脅威である。主権とは自己統治の権利の最終的なありかを誇示する原則であるため，ささいな侵害であっても脅威となる。したがって，いかなる意味であろうと，不完全になるのであれば，主権は危機にさらされる。主権の侵害として説明され得るものは何でも（たとえば，介入），安全保障上の

問題として提示され得る。

「政治安全保障のアジェンダ」で示唆したように，外部のアクターが敵対的な行動をとる際，主権には触れない程度の目標を定めることが多いだろう。ただし，その結果として引き起こされる安全保障化の論理は，それでもなお，主権を焦点とすることになる。冷戦中，西側はソ連を国際システム上の主権国家として承認することにほとんど疑問を提起しなかったが，ソ連の対内的正当性を弱体化しようとした。同様に，南アフリカにおける闘争は，主権の変化ではなく（また，その所産でもなく），新たな政治基盤のうえで主権を再建することが争点であった。とはいえ，本書特有の安全保障の分析方法を思い出しておくべきである。この種の行動はいつ，いかなる条件下で安全保障化されるのか。

南ア政府は何を守らなければならないと主張していたのか。政治的地位だけではなく，対外的・対内的主権である。外部からの（あるいは，外部から提示され得る）脅威が「脅威」や「安全保障問題」として描かれる場合，ほぼ必ず，主権やその姉妹概念である不干渉の侵害も一緒に言及されるだろう。

場合によっては，ジェノサイドや侵略に言及することで，国際社会が介入を正当化できることもある。また，単なる「グッド・ガバナンス」の欠如も介入の理由になりつつある。そのような場合，二重の安全保障化が作動している。政府は間違いなく，主権が侵害されていると異議を申し立てるだろう（ジェノサイドの遂行について論ずるのではなく，政府は内政については何であれ決定する権利があると主張する）。その一方で，国際社会は，侵害されたとする原則に照らして行動をとる。主権と不干渉の侵害は近代国家システムにおいては非常に過激な手段なので，介入しようとするアクターは力強く異例の訴えかけをしなければならない。つまり，その主張は，多くの場合，安全保障の論理を帯びなければならないということである。安全保障化に対する，介入される側の対抗は，具体的な国際原則に照らし合わせて行なわれるだろう。そうした原則として最も強力なのは，もちろん主権である。

通常，介入者は，介入されるユニットがユニットとして正当性を有するかどうかを問おうとはしない。米国のパナマ介入は，イラクのクウェート侵攻とただ一点だけ異なっていた。それは，イラクがクウェートの主権を取り除こうと

していた点である。しかしながら，意図はここではあまり重要ではない。EUには各国のアイデンティティを蝕むという意図はないかもしれないが，それでもEU統合のプロセスはそのような恐れを生み出す（第6章も参照）。政治セクターでも同様に，介入された政府は介入者がその資格を得ようとするレトリックには納得せず，主権に言及して異議を申し立てるだろう。

　本書は言語行為に特化したアプローチをとるため，かなり焦点の絞られたアジェンダおよび安全保障化と対抗的な安全保障化という典型的な連関に着目する。最初は奇妙に聞こえるかもしれないが，それは客観主義的なアプローチと言語行為のアプローチが異なるために，本書が着目する政治的脅威と通常そう見なされるものとが一致しないからである。客観主義者（たとえば，『人民・国家・恐怖』［Buzan 1991］参照）の用語法においては，次のようにいうことができるだろう。国家はしかじかの支柱を基礎としており，そのうち1つがこの行為によって蝕まれている，したがって政治安全保障上の問題である，と。他方，言語行為のアプローチでは，焦点は安全保障をめぐる議論であり，安全保障化を試みている国家の主権への言及がつきものである。

　そのような展開は，極度に政治的な状況へと至る可能性がある。人目を引くいくつかの政治原則が危機にさらされた状況で，何が「自身にとっての」指示対象を脅かしているのかという解釈論争を繰り広げながら，異なるアクターが異なる優先順位を主張するのである。本書は安全保障化の他の事例も多く扱っているが，それとは対照的に，ここでは安全保障と安全保障が直接対抗していることが明確な布置状況について検討する。対抗する両者にとって，誰が安全保障上の脅威を決定する権限を有しているのかという問いは常に論争的である。国際社会の側では，公式の手続きが存在しないため，必然的にそうなる。また，主権を守ろうとしている国家の国内には，反体制的な勢力（および大抵は物言わぬ多数派）がおり，彼らは国際的に守られるべき原則（人権，グッドガバナンス，不拡散）には同意するが，主権を最優先することには同意しない。ただし，近代国家システムに従うならば，国家の代表たる政府は，システムの構造上，主権を発動するという選択肢を持っている。

　国家と政府の間の関係から，多少の混乱が生じることはいかんともしがたい。

第7章　政治セクター

政府は，通常，また多くの場合，正当に，国家の代弁者である。ただし，より合理的に考えれば，単に政府そのものへの脅威しかない場合でも，国家の安全保障というレトリックを利用しようとすることもある。政府（権力の座にあるエリートやそのイデオロギー）に対する脅威がある場合，それは国家の形態に対する脅威なだけであって，国家それ自体への脅威ではない。しかし，もし必然的に主権（自決）の侵害が付随する場合には，国家に対する脅威と認められることもあろう。主権には，外部からの強制的な干渉なしに，国家の政治形態を決定する権利も含まれる。つまり，たとえ非民主的な方法で政治形態が決定されようと，その結果，とうてい人々の自己統治とはいえなかろうと，外国人による決定を避け，国家という政治空間内で完結しているという消極的な意味においては自決である。それゆえに，海外から脅かされている政府は，ある種の権利として，常に国家の安全保障を引き合いに出すことができる。なぜなら，政治形態が突然，外部から決定されそうになれば，あるいは政治形態に決定的な影響を受けさえすれば，主権が侵害されたと主張することは可能だからである。

その際，強い国家と弱い国家の区別は重要であろう。その区別は，政治的脅威に対する脆弱性の違いをはっきり示すからである。強い国家は政治セクターにおいては，通常，あまり脆弱ではない。たとえば，民族的に分裂しておらず，したがって分離独立論者の行動にさらされることもない。強い国家の政府は，市民の一般的な見解から切り離されることも，意見や情報の抑圧に依存することもない。そのため，反体制的な意見を支援する外部のアクターに対してあまり脆弱ではない。

そのような国家であっても，政治的に脅威を感じることがあるかもしれない。冷戦中，米国はソ連からの政治的（および軍事的）脅威を認識していた。競争相手である共産主義者の存在と実績が，米国の民主的資本主義に正当性と効率性があるのかという問いを投げかけたからである。強い国家は，自国の主権（および承認と地位）を脅かす統合プロジェクトのせいで，政治安全保障上の脅威を経験することもある。この点は，いくつかのEU加盟国における政治的言説がはっきりと例示している（Wæver et al. 1993, chapter 4）。ただし，EU統合への参加は実質的にはみずから課しているものなので，珍しい形の脅威ではあ

る。国家が統合に参加するのは経済または地域安全保障への懸念が理由であり，その統合過程において，将来的に主権が切り取られる可能性もある。

　国家はみずからが抱える弱点によって，それぞれ異なる脆弱性に不安を感じており，したがって安全保障化の仕方も異なる。民族が関わる場合，どちらかといえば，事態は真っすぐに進む。国家と国民が一致しない場合，実際はそれが一般的なのだが，不安定化する可能性がある。人口の一部が自分たちの国家を作りたいと望めば（たとえば，エリトリア，イボ族，チベット），分離独立が選ばれることもあり得る。または，ある勢力が国民の一部と見なす人々を包摂すると主張して，土地などを収用する場合（北朝鮮と韓国，中国と台湾）や，他国が民族統一主義の下，人口や領域の一部の返還を要求する場合（カシミール，千島列島，ナゴルノ・カラバフ）もある。すべての事例で，外部のアクターが前々から物語に関与している。したがって，その行動が脅威の可能性を煽り立てていると言うことも容易である。

　国内でイデオロギー上の分断がある場合，イデオロギーや政治の領域に海外から介入されるという恐れもあり得る。ただし，グローバル政治秩序あるいは国際社会から，より構造的な脅威がもたらされるおそれもあろう。たとえば，その秩序が民主主義や人権などの原則を全面的に推進する方向に発展していき，国家の既存の政治秩序と両立不可能になるような場合である（たとえば，人権に対するムスリムとアジアの反応）。

　冷戦終結以来，国際社会は相対的に高度な均一性によって特徴づけられ，支配的な西洋の中心地から同心円上に広がるように組織されてきた（Bull and Watson 1983；Buzan 1993）。市場経済と民主主義の要請に加え，この覇権的な一連のルールは，国際社会の一員になりたければ自国を開放せよと命じている。つまり，相互浸透を増やし，それによって，広く共有されている主権の解釈へのこだわりを減らすことである。昨今の解釈の傾向では，主権は国際社会における個々の国家の特性というよりも，（国際社会の）構成員間の集合的関係および構成員と非構成員の間の関係において運用されるものととらえられている。国家は，自己を開放することで国際社会の一員になれる（開放が意味するのは，国家がより多くのことを正当な相互行為と考え，違法な介入と見なす行為はより少

なくなるということである)。もしくは，このプロセスに抵抗することで，国家は非構成員(あるいは準周辺国)になる。その場合，国家はより伝統的な方法で行動し，不干渉と主権という標語をより広範に使用する。そして，国家に対する脅威を描写するため，安全保障のラベルをより大々的に用いることになる(Buzan and Segal 1992；Wæver 1995a, 1996b)。部外者である国家は，ジレンマ(double bind)に直面する。そのジレンマは，形成されつつある「文明国標準」の一部として受け入れられつつある。その基準によれば，文明化された国家は民主的で開放的な市場経済を持つはずである。国家はこの基準を受け入れるか(そして，自国を文明の中心に開放するか)，拒絶するか(そして，最上位の国家という地位から除外されるのみならず，国際社会から国家より劣る存在とみられるようになるリスクに直面し，結果的に，中心からの介入にいっそうさらされるようになるか)のいずれかを選ばなければならない(Buzan 1996)。

　国際的な指示対象，たとえば，国際法や国際秩序，国際社会に対する政治的脅威に注目が集まる場合，それは主権という観点からではない。これらの対象は，確立した秩序を表象しており，受け入れ拒否(たとえば，NPTへの抵抗)，違反(イラク，北朝鮮とNPT)，異議申し立て(毛沢東時代の中国とNPT)によって脅かされ得る。これらの脅威のいくつか，とりわけ異議申し立ては，伝統的に現状打破国家，すなわち国際秩序に挑戦する(あるいは，その組織化原則を受け入れない)国家という観点から議論されてきた(Kissinger 1957；Wight 1978；Skoçpol 1979；Halliday 1990；Armstrong 1993)。現状打破国家とは，その国家の協力がなければ国際秩序が安定せず，さらに，異なるシステムの展望を持って代替的な原則(または純粋な権力)を提案し，既存の国際秩序を否定できるような大国である。ただし，現状打破国家が物語のすべてというわけではない。状況によっては，より小さな国家が，システム自体への挑戦とまではいえずとも，既存の政治(諸)原則に対する脅威と見なされることもあり得る。たとえば，イラク(自決と不拡散に対する)，イラン(不干渉と不拡散に対する)，セルビア(民族的平等と人権に対する)，アパルトヘイト下の南アフリカ(人種的平等に対する)などが挙げられよう。非黙認，違反，異議申し立ては，しばしばドミノ理論という安全保障の独特な論理を引き出す。これは限定的・

局地的に見えるかもしれないが、全般的な問題である。なぜなら、前例として位置づけられ、将来の行動を規定するからである。ここで失敗すれば、他のアクターも積極的に国際秩序に異議申し立てを行なう誘引となる可能性がある。

リージョナル化のダイナミクス？

　国際安全保障という観点から見れば、定義上、政治セクターにおけるローカル化の傾向は強くない。決定的なイシューは、システム・レベルの指示対象との関連において、ユニット間のダイナミクスと行動が均衡しているかどうかである。いい換えると、国連や地域的な諸原則、あるいはその両方の役割がどれほど大きくなる可能性があるかを議論する必要がある。それゆえ、政治セクターにおいては、(軍事セクターと社会セクターの章でなされたような) 地域レベルの巡回が効果的かは定かではない (経済セクターと環境セクターにおいても同様である)。第1に、システム・レベルから見れば、地域ごとに異なる型の安全保障ダイナミクスを当てはめて考えることができるわけではなく、むしろ、いくつかの基本的な型が互いに混ざり合っている状態である。第2に、力強いダイナミクスが他のレベルにも存在しているため、地域レベルが出発点となり得るのか、にわかにはわからない。

　伝統的な政治安全保障の状況においては、ある国家が主権の名の下に訴えかけ、他のアクター (通常は他国のような外部のアクター) からの脅威を回避しようとするが、多くの場合、国内の脅威も付随している。この大まかな区分にいくつかの下位区分を設け、安全保障行動がいつ、いかなる脅威に焦点を当て、いかなる相互行為が始まるのかを明確化することは有益であろう。

　前述の通り、国家はそれぞれが抱えている脆弱性 (国家と国民の分裂や政治イデオロギーなど) によって細分化できる。また、脅威の種類に関して、意図的か非意図的かという区別も可能である。後者に関して、たとえば、組織化・正当化の原則がユニットごとに異なるため、それらの相互干渉から意図的ではない脅威がもたらされることがある (強い国家と弱い国家の区別は、目に見える現

象を指摘しているわけでも，差異を体系的に分類しているわけでもなく，単に，脅威に直面するのは，ほとんどの場合，弱い国家だということである）。最後に，純粋にユニット同士の関係が問題となる状況を除くと，脅威の源がシステム上の傾向や組織化原理であることもあり得る。国家以外の状況（システム・レベルの指示対象や他のユニット）に考察を進める前に，こうした国家の状況の相違を分析しておこう。それぞれの状況におけるリージョナル化／非リージョナル化のダイナミクスおよび地理上の位置関係について検討する。それはある地域では典型的だが，他の地域には存在しないものなのだろうか。

1．国家と国民の分裂している（弱い）国家への意図的な脅威。国家と国民が団結しないため，国内あるいは隣国の他のアクターが分離独立や領土回復の主張を鼓舞する可能性がある。可能性のある事例は多く，ルーマニアに対するハンガリー，ウクライナに対するロシア，隣国に対するソマリア，イラクとトルコを脅かしているクルドなどが挙げられる。この種の脅威は，世界のほぼすべての地域において見出される（Prescott 1987）。東ヨーロッパでも広く見受けられ，西ヨーロッパではベルギーやおそらく英国が例として挙げられる。中東において，この種の脅威が関係してくるのは，パキスタン，クルド，イラン国内のアラブ人，イラクや湾岸諸国内のシーア派などである。アフリカの多くの国々はこの点において脆弱であるが，どちらかというと国内の安全保障という社会的な性質の安全保障問題に関係することが多い。まれに（たとえば，イボ族やエリトリア），国家自体が国境変更の申し立てによって公然と挑戦することもある（将来的には，容易に変更されるようになる可能性もあるが）。アジアにおける主要な事例としては，チベット・中国とカシミール地方，スリランカのタミール人，インドの多様な集団，中国内の自称民族集団，国家と国民が逆転している（民族が国境を越えて広がっている）朝鮮半島の状況が挙げられる。北米ではほとんど例がないが，最も顕著なのは，間違いなくケベック分離主義であろう。

具体的な事例のほとんどは社会的な次元もあり，社会セクターの章でより詳細に検討されている。政治セクターでは，主に国家構造の安定性や，（国家を

有する民族としての）国民的または国家的イデオロギーの弱体化に及ぼす影響という観点から，こうした脅威を検討する。たいてい，これらの論争は2カ国間または3カ国間の紛争を生み出し，多くの場合，社会セクター，政治セクター，そして，頻繁に軍事セクターを結びつける。このような紛争が，国際安全保障上の問題の大部分を構成している。

　2．政治イデオロギー分野における（弱い）国家への意図的な脅威。この脅威が存在するのは，政権の運用するイデオロギーが広く受容されていない場合である。その場合，脅威が国家に向けられることもあり，政権は安全保障上の問題であると主張する。たとえば，北朝鮮と韓国，キューバに対する米国などである。この種の脅威に着目すれば，約40年間，冷戦という国際システムの主要な紛争を構成してきたものの本質をとらえることができるだろう（冷戦には，以下の第4の種類の要素もある）。その一方で，冷戦後のシステムでは，ほとんど見られなくなっている。この種の脅威がともかく存在する場合，それは上記の第1の種類に混ぜ込まれていることが多い。たとえば，朝鮮半島では，明らかに民族的な要因が影響している。また，冷戦やインド・パキスタンに見られるように，以下の第4の種類と混ざり合っている場合や，システムの正当化原則における一般的傾向が個別国家の正当化原則と合致しないという第7の種類に混ぜ込まれている場合もある。非常に印象的なのは，内部分裂と政治イデオロギーの弱さがしばしば政権の主要な関心事となるが，外国のアクターが政権の正当性に直接，異議を申し立てることはほとんどないという調査結果である。もちろん，弱体な政権が，一般的に，内乱は外国の共謀のせいだと主張することも多いのは事実ではあるが。アラブ諸国のイスラエルに対する立場が実例であったが，この状況すらも変化しつつある。この驚くべき状況は，おそらく主権および不干渉原則の持続的な強靭さを証明している。政権それ自体を問いに付せば問題になるということだ。政権を批判する場合，該当国と直接争うか国際社会を動かして，該当国がより基本的なルール（たとえば，反アパルトヘイト，ジェノサイド）を侵害しているという汚名を着せるかのいずれかだが，さもなければ，政権と国家の正当性を大っぴらに攻撃することは控えなければならない。

3．国家・国民関係の脆弱な国家に対する非意図的でユニット中心の脅威。非意図的な脅威は，2種類に分類すべきである。偶然かつ一回きりの脅威は，あまり本書の興味を引くものではない。しかしながら，両立不可能な組織化原則のために，2カ国以上の国家が安全保障上の紛争に巻き込まれている場合，不可避的かつ相互に連動する非意図的な脅威が発生する。この点については，国民国家としての脆弱性と政治イデオロギーの脆弱性を区別することで，体系的な差異が生じるのかどうかを確かめることができよう。

国家と国民の分裂を下地とした非意図的な脅威は，エストニアとロシアを例に描くことができるだろう。エストニア人によるエストニアの定義は，エストニアにいるロシア人にとっては脅威に感じられる（それゆえ，ロシア政治においても同様に）。それと同時に，特定の方法で定義されたロシア人は，定義上，エストニアに対する脅威となる。領域（旧ユーゴスラビアのクロアチア自治州の境界）を基に定義されたクロアチア人と民族（セルビア人の国）を基礎に定義されたセルビア人も同様に，和解するのは難しい（Wiberg 1993）。このような安全保障のジレンマに対処するには，関係者が自身のアイデンティティと国家らしさの概念を批判的に内省するなどのプロセスを経ることが必要不可欠である。国家と国民の統合をめぐる政治闘争は各社会の内部でなされるが，まさにここで扱った危機的な安全保障状況の核心となっている。

そのような状況は，第1の種類と同じ地域に見出せる。なぜなら，両者には基本的には同じ要因が含まれており，要は特に状況が悪いということだからである。

4．政治イデオロギー分野における国家への非意図的な脅威。この種の脅威の相互関係は，上述のように，冷戦によって例示することができる。しかし，最もわかりやすい例は，やはり競合する国家概念が鍵となっているインド・パキスタン紛争である。そこで賭けられている政治上の基本的な正当化原則は，相互に排他的なだけではなく，紛争当事者双方に脅威をもたらさざるを得ない。パキスタンが宗教的な排他性を基礎とする一方，インドは大陸に広がる包摂的な国家であり，民族的・宗教的な差異を調整することができる。したがって，ムスリムも含まれる（もちろん，抽象的な原則を誇張しすぎるべきではない。もし

インドがヒンドゥー・ナショナリズムに関する自己規定を変えるようなことがあれば，論理的にはパキスタンとの問題も解決されるだろう。しかし，実際問題として，印パ間の紛争状況が宗教集団や民族集団の間のローカルな紛争にも影響し，数多くの紛争を生み出しているため，地域安全保障のジレンマを解決できる見込みは少ない）。イスラエルと PLO のかつての関係も（第 3 の種類の要素も関わるが）ここの事例として扱える。両者それぞれ，長い間，他方の存在可能性を否定するような自己規定を行なっていた（もっと正確にいえば，他方がそうありたいと望むような形での存在可能性を否定してきた）。この紛争関係が改善されてきた経緯は，この種の紛争の本質を考えるうえで有益である。おそらく唯一可能なのは，政治的アイデンティティの核心に触れるプロセスを通して，紛争を「妥協不可能」な場所から動かすことである。したがって，そのプロセスは，各集団において最大限に激しく政治的になる。

この種の紛争は一般的ではない。もし発生すれば，それは重大で，しばしば長期にわたる紛争となるが，政治安全保障上の紛争としては典型的ではない。

5．超国家的・地域的統合の安全保障および超国家的・地域的統合に対抗する安全保障。ここでは，地域的なものとグローバルなものを区別するつもりはない。ただし，原則と組織は異なる。つまり，本章の「脅威と脆弱性の論理」や以下の第 6，第 7 の種類で論ずるシステム・レベルの政治的原則と，地域レベルで国家の機能の多くを引き受けようとしている組織は異なる。原則は主にグローバルなレベルで重要であるが，地域レベルでも重要である。超国家的な政治組織は主に地域レベルで重要であり，そうした組織のうち何よりも EU が国家主権への脅威となり得る。EU 以外で加盟国の主権を脅かし得る例としては，最盛期の汎アラブ主義，また潜在的には将来の CIS が考えられる。

地域の形成がそのように強固な性質を帯びるようになれば，すぐに逆向きの政治安全保障を語ることも可能になるだろう。超国家的・地域的統合によって，それ自体を対象とする安全保障言説が形成され始めるのである。例えば，加盟国や国民が統合を進める組織への恐れから統合に反対する場合，その国家や国民は脅威のなかに置かれることとなる。EU の場合，統合の中核的原則（国民に基づく分裂の否認）は，統合によって脅かされる可能性のある主権原則と等

価である。もし統合の原則が何らかの具体的な状況において侵害されるとすれば，それは自走的に進むプロセス（分裂と勢力均衡）においてであり，そのプロセスは存立の脅威となる（Wæver 1996b；本書の第8章参照）。

　6．国家と国民の分裂のために脆弱な国家に対するシステム・レベルの原則に基づいた脅威。この種の脅威に関する歴史的事例として，19世紀のナショナリズム運動に対するオーストリア（およびオーストリア・ハンガリー）の事例を挙げることができる。しばらくの間，この事例の重要性は主に歴史的なものだと思われていた。しかし，再び，「すべての民族が自身の国家を持つべきだ」と考える民族自決の波，いわば新たな「諸国民の春」が全体に押し寄せており，多民族国家やどの民族とも一致しない国家はすべて，不安になるのも当然である。

　7．政治イデオロギー分野における（弱い）国家への構造的な（システムからの）脅威。この場合，国家の政治システムが挑戦を受けるが，その挑戦は他国からではなく，国際社会の全体的な発展が，国家の原則と両立不可能な原則の発展をもたらしたことに起因する。いまは解決されているが，古典的な例として，アパルトヘイトと南アフリカの事例を挙げることができる。この種の脅威に対して安全保障行動がとられている現在の例として，最も重要なものは，東アジアおよび中東において見られる。たとえば，西洋の自称普遍主義に対する「アジア的」価値と国民主権の防衛（中国，シンガポール，マレーシア）である。同様に，イスラーム的価値が，西洋文化だけでなく，国際システムを西洋的な原則に基づいて組織化しようとする西洋の試みによっても脅かされていると主張されている。

　上述の7種は，政治セクターの中心的ユニット，すなわち国家に対する別々の脅威である。本書では，他に2つの主要なカテゴリーがあると指摘した。他のユニット候補，特に国境横断的な運動，およびシステム・レベルの政治原則と制度である。

　8．構成員の最終的な忠誠を要求する国境横断的な運動への脅威。この種の大規模な運動はいずれも，今日，あまり有効ではない。したがって，そうした運動のすべてが厳しい安全保障上の問題を経験しており，運動の構成員の最終

的な忠誠を要求しようとする主権国家によって脅かされていると見なすことも可能である（あくまで，政治セクターにおける指示対象として認められる限り）。共産主義運動は，ここでは明らかに大した重要性を持たず，しばらくの間，安全保障の要因とは見なされていなかった。見方によっては，1920年代または1930年代に，運動が事実上，ソ連の中心的な組織になって以降は，その通りだといえるだろう。運動が要因とは見なされなくなったのは，中国とソ連の対立以降という意見もあるかもしれない。とはいえ，他国の構成員が国境横断的な運動に忠誠心を感じる点に着目するならば，共産主義運動は1980年代末までは現実であったと主張することもできるだろう。その運動はときに国家からの恐怖を経験し（ただし，ほとんどの場合，その恐怖はソ連に対する恐怖によって覆い被らされていたため，運動それ自身のものとはいえない），また，その運動自体が脅威と見なすものとの関係において活動した。今日，これほどの影響力を持つ国境横断的な政治運動は見当たらず，おそらく宗教的な運動のみが候補となり得る。なかでもイスラームが最有力である。

9．国際社会，国際秩序，国際法への脅威。最もわかりやすい近年の事例はイラクのクウェート侵攻である。ただし，明白すぎて，使い古されており（本章でもすでに論じていることも含めて），おそらく現在ではルールに対する例外と認識されることが多いため（ボスニアやルワンダの事例では，同様に迅速かつ断固とした行動がとられることはなかった），ここではあまり有用ではない。その他の実例として，不拡散をめぐる北朝鮮と米国の物語があげられよう。その安全保障行動の一般的な論理は，前節で説明した。米国などの外部勢力は，一般原則に言及しつつ，国際の安定に対する脅威があると指摘する。そうすることで，対北朝鮮行動に対する他のアクターの支持を集めようとするのである。この事例において（イラクとは対照的に），米国は主に自身の行動を正当化する目的で，安全保障化を用いている。北朝鮮はこうした行動を内政干渉および主権侵害と見なしている。なぜなら，NPTのような国際条約から脱退するかどうかは，国家主権に基づき選択できることだからである。米国は，不拡散および開放性という形成されつつある国際原則に言及しながら，北朝鮮に圧力をかける権利があると主張し，北朝鮮がNPT体制に留まるだけでなく，他国よりも

広範囲の査察に応じることを要求している。このような国際原則の安全保障化に基づいて（このときは条約再検討会議と時期が重なっていたため説得力があった），米国は経済制裁という公式の脅迫（あまり適切ではなかった）とともに，外科的攻撃（surgical attacks）＊の可能性という非公式で，より劇的な脅迫（もしくは風説）を行なうことができた。

　＊大統領は議会の承認なしに48時間，軍を自由に動かすことができる。その時間を過ぎると，大統領は議会に通告し，60日以内に軍事行動の承認を得なければならない。

　では，上述の9種類の脅威は，主にローカル，リージョナル，グローバル，いずれなのか。国内の一地方，つまりローカルということはほとんどないだろう（たとえば，環境セクターにおいて論じたように）。しかし，地域（リージョナル）より狭い場合，つまり2カ国間の場合は多々ある。多くはないが，ある国家が国際的な傾向や原則から自身を守ろうとするという意味で，一方的かつグローバルな場合もある。しかし，みるからに多いのは，2カ国間あるいは少数国間の関係においてである。これは地域的視座が不適切（つまり，実際の安全保障関係はもっと小さい，または準地域的）ということなのか。いいや，そうではなかろう。地域はユニット間の脅威のネットワークからできており，小さな布置関係がより大きな編成の第一歩となり得る。

　したがって，問題は，上述の脅威が広くつながっていき，地域紛争の連鎖とネットワークを生成するかどうかである。手段（能力）を代替しやすい軍事セクターに比べると，そうした事例はあまり多くない。たとえば，AがBを脅かし，Dとの紛争で弱体化しているCもAを恐れているとしよう。Cは，Aに対する何らかの脅威を生み出すことで，Bを支援することができる。そのために，Cは同盟者であるEに助けを求めるかもしれない。こうした図式が可能なのは，軍事能力は比較的容易に集めたり，計算したり，移動させたりすることができるからである。Cの部隊はBの部隊を補完し，それによってAとの均衡を図ることができる。こうしたことは，政治セクターではあまりない。連鎖反応は原則の面では起るかもしれないが，能力の面では起こらない。もしAが不干渉原

則に違反してBを脅かせば（たとえば，分離独立派を支援することで），大勢の少数派を抱え，それゆえAに対するBの抗議を支持しているCにとって重大な懸念となるだろう。

このように，政治セクターにおける主要な連関は能力よりもむしろ原則にあると思われる。原則は，（軍事）能力に比べると伝わりやすい。ただし，原則にはときに地域的な構成要素もある。ヨーロッパでは受け入れられない行動，アフリカの人権憲章，アジア的価値という概念，南北アメリカに域外のアクターが関与することの拒否などである。同時に，原則の面においては，非常に強力なグローバルな構成要素もある。すなわち，国際社会である。地域的原則とグローバルな原則のバランスは，地域によってさまざまである。いずれの場合も，グローバルなレベルがより突出することになる。というのは，ほとんどの国際法および国連の準法（quasi-law）はシステム全体のために発展させられるからである。ただし，この最も機動的かつ論争的な要素に地域特有のねじれを加えると，ある特定の政治的事態においては地域レベルが最も強力な指示対象となる可能性もある。

以上のように詳細に検討した結果，いまや問題はより明確になり，各地域を簡潔に調査することも可能である。では，原則，違反，恐れ，支援，組織的運動などからなる重要な地域的布置関係はあるだろうか。ヨーロッパとアフリカにはある。アジアにはあまりないが，形成途上の「アジア的価値」はある。北米にはない。せいぜい米州機構（OAS）のいくつかのルールだが，これは国連のルールとほぼ同じで，要は普遍的なルールに域外勢力の不干渉を付け加えたものになるだろう。ラテンアメリカも，北米と同様の例外のみで，他にはない。したがって，南北アメリカにはほとんどないといえる。中東にはある。

原則が顕著に地域的である場合には，より小規模な2カ国間，3カ国間，準地域的布置関係が，ある程度，地域レベルで結びつくことになるだろう。なぜなら，同じ地域の他のアクターはどちらか一方を支援するために動員される可能性があるからである。また，他のアクターが，自身の利益のために態度を明らかにすることもあろう。なぜなら，地域的な原則は，自身の関与または懸念

まとめ

　2カ国間の政治安全保障関係は数多くあり，ときにその関係は地域的パターンに連結していく。この連結を生み出す原則はリージョナル（地域的）であるだけでなく，グローバルでもある。そのため，国連の主要なオペレーションなどの安全保障行動の一部は，グローバルなドミノ理論も根拠にしており，地域間のリンケージも作り出す。しかし，政治セクターの主要なダイナミクスは，2カ国間から地域まで，さまざまなレベルで作動する。加えて，他のセクター，特に軍事セクターにおいて下位複合体として取り扱われることが多い，より小さく多様な布置関係も政治セクターのダイナミクスに取り込まれる。仮に政治セクターしか存在しないとしたら，これらのダイナミクスは2カ国間か極小の複合体にとどまりそうである。ただし，セクター間の相互作用によって，そうしたダイナミクスはより大きな複合体に結びつけられる。そのダイナミクス自体がセクターを越えて影響を及ぼしたり，他の形で複合体を複雑化したりすることはほとんどなく，大規模な複合体を生み出すことはない。たとえば，マレーシアとフィリピンの領土紛争（サバ）は，ひそかに他のASEAN加盟国を動員しているが，それは，第1に，その紛争がASEAN自体を弱体化する恐れがあるからであり，第2に，同様の紛争が同じ地域で起きているため，他国もマレーシアとフィリピンの紛争がどのように解決されるべきかに関して考えがあるからである。

　典型的な2カ国間または3カ国間のイシューは，概してリージョナル化される。なぜなら，同じ原則レジーム内の他のアクターは，そのイシューの具体的な結末あるいは諸原則への影響に関心があるため，自身の態度を明らかにするからである。非常にはっきりした事例またはルールを確定する決定的な出来事（たとえば，イラク・クウェート）においては，紛争がグローバル化され，多くの国々を引き込むこともある。ただし，諸原則のネットワークは地域レベルにおいて密度が高く，ローカルな紛争は地域レベルに引き上げられることが多い。

注

(1) マックス・ウェーバーによれば，政治ユニットは，特定の手段，すなわち組織化された暴力との関係で定義される（Weber 1972 [1922]：30）。国家はそのような政治的組織の一形態として定義される。国家とは「ある一定の領域内で……（成功裡に）正当な政治的暴力の独占を要求する」ものである（Weber 1972 [1922]：822）（英訳は著者，丸カッコはウェーバーによる）。国家は，支配関係（Herrshaftsverhältnis）の特定の形式であり，正当性の獲得において最も優れている。したがって，焦点となるのは，国家がない場合に，流動的関係を制度化し，権威を確立する方法である。エルンスト・ラクラウやクロード・ルフォールなどは，対照的に，政治的なものをほとんど真逆にとらえる。政治化とは，化石化した関係を切り拓くことである。また，仮に社会的なものが堆積された実践として，つまり，反省されることない「自然な」あり方および行為として，政治化された選択と係争の領域に持ち込まれるものだとすれば，それは政治的なものとは相いれない。政治的実践は何か「確固とした」ものを成立させることに成功しようものなら，そこで政治的ではなくなる。さらにいえば，政治的実践はその秩序を揺るがし，言説の基盤を脱臼させるものである（Laclau 1990：68）。

(2) この第三の軸から考えると，「形成すること」は，統治の強調とも合わさって，ややウェーバーに寄っている。ただし，もう少し可動的であり，少なくとも一般的にウェーバーに帰せられる以上の企図があることを強調している（もちろんウェーバーは，動詞から転化された名詞，すなわち動名詞を好んだので，突きつめると，むしろ活動やプロセス，企図への変化こそがウェーバー的なのだろう）。本書では，政治セクターの「政治」にはウェーバー的な響きを残し，一方で「政治化」はラクラウ的な意味で用いたいと思う。したがって，本書で「政治的」という語を用いるのは，政治権力の組織化，すなわち「大規模な人間集団を統治するために，人間の行動を形成すること」に関する秩序や取り決めが人々によって企図されたり，部分的に達成されたりした場合とする。

(3) 原則は破られ得るため，価値よりも断然，安全保障行動の指示対象になりやすい。また，小さな出来事は，原則を脅かすため，より大きな重要性を持つものとして描写され得る。価値が侵害されるような事態は，多かれ少なかれ，徐々に進行していくため，安全保障化は難しい。価値が安全保障理論の中心概念になる場合，個人化された諸価値を集約するという形に行きつく可能性が高いだろう。なぜなら，個人が価値を置くものの大多数は，さまざまな形で「脅かされ」，より広い範囲で安全保障化される可能性が高いからである。本書は，原則に焦点をあわせ，指示対象は存立の危機にさらされ得るという理解に依拠し続ける。安全保障化アクターにいわせれば，原則は生存が賭けられているのである。価値は，漸進主義，個人の安全保障，安全保障化の果てしない拡大を暗示する。他方で，原則は，安全保障か否かの二者択一，安全保障の間主観的な構成，よ

り限定的な安全保障アジェンダを暗示する。

第8章
セクターはどのように組み合わされるか

　『人民・国家・恐怖』(Buzan 1991) は軍事・政治セクターにおける地域安全保障複合体の重要性について明確な結論に達した。これらの複合体は強い領域的な一体性を示していた。言い換えれば，伝統的な安全保障ダイナミクスを説明する際の拠り所やその帰結を見出すことができる主要な場の一つは地域レベルである。それでは，その他のセクターの指示対象に関連する安全保障化も，一体的な地域安全保障複合体に帰着するのだろうか。もしそうであるなら，これらの地域は軍事・政治的な地域と同じなのだろうか。

　ローカル，リージョナル，グローバル・レベルの間の全体的な趨勢を評価することは，そうした議論のしばしば論争的な性格によって複雑になっている。誰かがローカル化，リージョナル化，あるいはグローバル化のいずれかを過度に強調すると，容易に反論が巻き起こる。たとえば誰かが領域的なブロックの形成 (EU，NAFTA や APEC) という点から経済におけるリージョナル化の進展を強調しても，別の者は，相互作用能力 (たとえば低い輸送コストや国際資本) という点でグローバル化について指摘したり，グローバル・レジーム (IMF や WTO，世界銀行，G7によって定められたルール) について指摘したりすることでそうした議論に反論することができる。もしグローバルな構造が強調されたとしても，地域的な経済やさらには国内経済の重要性を簡単に示すことができる。本章の最初の部分では，問題を切り分け，これまでの章でセクターごとに行なってきた分析を要約することで，このような陥穽から抜け出すことを試みる。

　我々の研究における前提の1つは，我々はグローバルな規模の国際システムで活動しているということである。一見すると，収縮する世界とグローバル化

に関する議論は，領域的な要因が政治から消えていくことを意味していると思うかもしれない。大陸間弾道ミサイル（ICBM）やジャンボジェット，衛星，サイバースペースの発展を含む相互作用能力における革命は，距離の重要性を低下させた。帝国主義，世界戦争，脱植民地化，二極構造，そしてグローバルな相互依存の時代などの変化するグローバルな体制は，的確に世界史と呼ばれているものにおけるそれぞれの時代を特徴づけている。

グローバル化の一見したところ勝利に満ちた行進にもかかわらず，セクターに関する各章から得られた事実は，これが話の一部でしかないことを示唆している。世界中を旅行することが可能だからといって，すべての人が実際にそのようにしているわけではない。グローバルなレベルの強化は，他の各レベルを消滅させるわけではない。トム・ニーロップ（Nierop 1994, 1995）が的確に述べているように，サイバースペースを考案し，つくり上げた人々でさえ，大半は1つの場所，つまりシリコン・バレーに住んでいる。全体的に見てグローバルな構造にもかかわらず，無視することのできない非常に重要な地域的差異がある。さまざまなサブシステムで，異なるゲームのルールが適用されている。各セクターにおける協調と対立の余地を左右する見えざる手，アナーキーの類型，そして国際レジームは，地域によって大きく異なっている。このことは，それらの相対的な自立性を示している。

二極世界後のシステムでは，多くの場所で，地域的なダイナミクスは以前に比べてかなり制約を受けなくなっている。しかし，冷戦の終結は，とりわけ経済セクターにおいて，グローバル化への制約もまた取り除いた。というのも，いわゆる第二世界全体がいまや開放されたからである。同時に，特に社会および環境セクターにおいて，ある程度はグローバル化の弁証法的な裏の側面として，強力なローカル化の展開もみられる。本書において提示されている安全保障分析のモデルは，これらの不均等な効果を整理し，比較する一助となることを目指したものである。

最初の節は，各セクターを比較する手段として分析レベルを設定し，5つのセクターに関する章を，安全保障化が生じる各レベルの重要性に応じて1つのマトリックスにまとめる。第2節では，セクターを横断するリンケージに注目

第8章 セクターはどのように組み合わされるか

し，異なるレベルの相対的な重要性について集約されたレベルで何がいえるか，そして異なるセクターで一致した地域が形成されるかという点について結論を述べる。第3節では，このアプローチに対して，アクターを起点とするアプローチを対比する。それらの各アクターは，安全保障上の懸念についての独自の比較衡量と，場合によってはその連結によって別々のセクターを組み合わせる。第4節は，いくつかの異なるユニット（フランス，日本，第三世界諸国，スーダン，自由主義国際経済秩序，環境）で安全保障のセクター横断的な比較衡量がどのように作用しているかという点について簡潔に検討する。こうした大まかな概観に対して，第5節は，EUについての実証に基づいた事例研究となっている。紙幅の都合で膨大な文書に基づく議論はできないが，この事例研究は安全保障化のありうる研究方法を例示することを目的としている。最終節は，第１・2節のような集約的なものと，第3・4・5節のようなユニットによるものという，セクターをまとめる異なる方式が，それぞれ異なる目的に対して利点を持っていることを論じる。

セクターを比較する方法としての分析レベル

セクターに関する章で我々は，各セクターにおける指示対象と脅威をめぐる安全保障上の議論におけるグローバル化，リージョナル化，ローカル化の傾向をたどった。各セクターにおいて，どのレベルで安全保障化は生じるのだろうか。各セクターにおいて，また，全セクターを横断して，サブシステムのレベルでは地政学的観点から一貫した地域安全保障複合体がみられるのだろうか。各章において我々は異なる分析レベルにおける安全保障化の重要性を評価したが，これらの議論は図8.1にまとめられている。システム・レベルではグローバル化のダイナミクスが作用している。サブシステム・レベルでは，2つのパターンが考えられる。すなわち，もしパターンが地理的に一貫していればリージョナル化がみられるが，もしそうでなければ非地域的なサブシステムとなる。最後に，サブユニットのレベルではローカル化のダイナミクスがみられる[1]。

これらの結果をまとめ，あらゆる面で支配的なトレンドが存在するのかどう

図8.1　異なる分析レベルにおける安全保障化

ダイナミクス／セクター	軍事	環境	経済	社会	政治
グローバル	**	****	****	**	***
非リージョナルなサブシステム	**	**	**	**	*
リージョナル	****	***	***	****	****
ローカル	***	**	**	***	**

**** 主要な安全保障化；*** それに次ぐ安全保障化；** 軽度の安全保障化；* 安全保障化なし

か全般的な結論に到達することはできるであろうか。それは，イエスでもありノーでもある。それぞれの論者が各セクターに同じ比重を置くわけではないだろう。経済よりも政治を優先すべきかそれともその逆かについては，昔から議論されてきた。環境論者はどちらにも同意しないだろうし，どの問題の背景にもアイデンティティの問題が潜んでいると論じる者もいるだろう。伝統的安全保障研究は，軍事セクターだけが研究する意義のある唯一のセクターであると見なし，軍事セクターに過剰に重きを置く。

　本書の目的からすると，各セクターの相対的な重要性は主として安全保障化の程度によって決まるが，セクターごとの関心事が衝突する場合にはイシューの類型の相対的な重要性も考慮しなければならない。たとえば，経済セクターは相対的にいえば最も安全保障化が成功していないが（このことは，地域レベルが優越性を要求し続ける主要な理由の1つである。というのも，経済セクターはおそらく最も強くグローバル化されているからである），安全保障化の程度だけが考慮すべき要因なのではない。相対的な重要性という点では，伝統的安全保障研究における議論（それは，その支持者たちが主張するほど完全に確定的なものではないものの，部分的には正しい）を想起するとよいだろう。すなわち，軍事紛争に関する計算が他のセクターのいずれかの関心事と衝突した場合，軍事・政治的な議論が最も影響力を持つ，という議論である。しかし，アイデンティティも環境も非常に強い動機となりうることもあるので，これは常に正しいわけではない。とはいえ，基本的なアプローチは正しい。つまり，異なる関心事が衝突する場合は，何が最も重みがあるのかを見定めなければならない。この結論は，各セクターで得られた知見を大まかに比較しようとするときに重要であ

る。

　全般的な状況は，地域安全保障複合体が，軍事，政治，そして社会セクターで支配的であることを示している。それらは経済セクターにおいても潜在的には強力であり，環境セクターにおいてもみられる。グローバル・レベルは経済セクターにおいて支配的であるが，グローバルなダイナミクス自体がリージョナル化を活性化する。環境セクターにおけるグローバル・レベルの優越性は，主として議論が行なわれるレベルのことを指している。環境に関わるイシュー自体はあらゆるレベルに広がっており，ローカルな構造のみに影響するものもあれば国際システムそのものに影響するものもあり，また，その中間に位置して相互依存的なイシューの地域的クラスターを形成するものもある。ここで最も安全保障化が成功しているのはローカルなレベルである。経済セクターでは安全保障化の成功例が比較的少ないという研究結果に基づけば，より広範な安全保障アジェンダへの移行にもかかわらず，地域レベルが依然として相当程度に中心的であることが大まかな比較検討からわかる。

セクターを横断するリンケージ

　しかしながら，この研究をもとに，地域安全保障複合体が常に各セクターで同一であるかどうかを結論づけることはできない。原則として，大半のセクターにおける安全保障ダイナミクスは地域的ではあるが，その地域は同じものではない。軍事的なヨーロッパは政治的なヨーロッパや社会的なヨーロッパと同じだろうか。経済的な東アジアは政治的な東アジアや環境的な東アジアと同じだろうか。これらのセクターにおけるサブシステムが重なり合い，一貫した地域を形成するのかどうかは，暫定的に，記述的な仕方でしか答えられない。セクターを横断してある程度まとまりのある地域の例は，中東，ヨーロッパ，独立国家共同体，東南アジア，南部アフリカ，そして北米である。潜在的な事例は，東アフリカ，ラテンアメリカ，東アジア，そしてもしかすると太平洋地域にみられる。しかし，これらの事例のすべてにおいて，いつでも例外を指摘することができる。

これらの問いに対する答えは，とりわけ国際関係理論にとって極めて重要である。なぜなら，5つのセクターのダイナミクスが同一の地域を際立たせれば際立たせるほど，それらはより，全体的に一致したパワーの配置につながり，したがって地域レベルの説明をより説得力のあるものとするからである。セクターごとの地域サブシステムが一致していく傾向を支える要因の1つは，結局のところ，異なる価値の安全保障化がどのようにまとめられるかという点についてアクター自身が決めなければならないということである。以下の3つの節では，セクターがアクターによってどのように組み合わされるかというこの問いを掘り下げていく。

　地域安全保障複合体がセクターを横断して一致するのかどうかというこの問いは，セクターが相互にどのように結びつけられるかをみることで部分的には答えられる。さまざまなアジェンダや価値，言説などを5つのセクターに無理なく束ねることができるため，分割されたセクターという世界が分析上意味を成すと我々は主張するが，セクターは同じ世界に焦点を当てるレンズであることも忘れるべきではない。セクターに関する各章が相互参照であふれていることは驚くべきことではない。

　たとえば軍事セクターに関する章では，軍事安全保障が他のセクターに寄与する一方，戦争は他のセクターの安定を崩壊させる傾向にあることを指摘した。これは，我々が慣れ親しんだ安全保障をめぐる次の議論に関連している。すなわち，軍事的な論拠（暴力の行使，あるいはそれに対する防護）が最終的に支配するようなレンズを通して全セクターを認識したとき，我々には何がみえてくるだろうか。しかし，この問いは逆の言い方をすることも可能で，表面上は軍事的な問題も，より詳細にみれば，他の4つのセクターにおける恐怖に動機づけられていることもある。たとえば，独立戦争では分離主義や境界争いに焦点が当てられるかもしれないが，それらは，アイデンティティへの懸念という点からの方がより理解しやすい。また，現政権に対する戦争は，実際には環境破壊が原因で悪化した生活水準への単なる不満を表しているだけかもしれない。セクター間のリンケージは，戦争は他の手段をもってする政治の継続，というカール・フォン・クラウゼヴィッツの格言の最終的な帰結に似ている。

第8章　セクターはどのように組み合わされるか

　そうしたリンケージは，5つのセクターの間の全10個の組み合わせについて定式化することができる。軍事作戦は環境をめぐる紛争の継続かもしれないし，反対に，環境上の限界によって制限を受けるかもしれない。「アイデンティティの旗」を掲げることは，たとえば保護主義を正当化するように，他の手段をもってする経済の継続を伴うかもしれないし，反対に，経済的な自由貿易をめぐる議論は政治的和解の手段として用いられるかもしれない。各セクターにおける関心事が相互にどのように影響を与え合うかを知ることが重要である。それらはどのようなときに相互に強化し，どのようなときに相互に修正を加えるのだろうか。第3章から第7章は，それぞれのセクターの組み合わせについての例を含んでいる。安全保障をセクターに分割することは，脆弱性と脅威の独特なパターンや，指示対象とアクターについての違い，そしてシステムにおける領域化と脱領域化のトレンドに対する異なる関係を抽出するうえで有益であった。しかし，横断的なリンケージの数は，セクターを閉じたシステムとして扱うことに対する強い警告となっている。

アクターのレンズを通したセクター横断的な安全保障の結合

　本書で我々は安全保障の世界を5つのセクターに分離した。こうした分割するという操作の目的は，安全保障をより透明性のあるかたちに戻すことであった。それを再結合する作業は，両立しないわけではないが異なる目的に資する2つの方法によって行なうことができる。「セクターを比較する方法としての分析レベル」の節では，異なる形態における安全保障の全体像と一般的な教訓として，全セクターから得られた知見を比較した。その節では個々のセクターから浮かび上がった異なる像と，これら5つの像が結合されうる仕方に注目した。

　しかし，第1章で我々は，安全保障をセクターごとに調査し，そのあとで異なるセクター固有の世界地図を互いに関連づけるべきか，それとも，すべての安全保障に関わる相互作用を1つの集まりとして，そして安全保障が統合された分野としてとらえるべきかを問うた。「セクターを比較する方法としての分

析レベル」の節は5つのセクターを分析者による外側からの視点で観察した。本章の残りの部分では、アクターの視点を通して、内側から観察する。どちらの場合においても、第3章から第7章で得られた教訓に依拠することができる。なぜなら、経済、軍事等、各タイプの安全保障の特殊性に関する理解が不可欠だからである。

　アクターのレンズを通してみることを支持する論拠は以下の通りである。セクターは存在論的に切り離された領域ではない。それらは、レベルのように別々のサブシステムではない（Buzan, Jones, and Little 1993：30-33）。いくつかのユニット、特に国家は、その強度はまちまちではあるが、セクターのいくつか、あるいはすべてで登場する。我々はセクターを、分析装置として、同じイシューの異なる眺めをみるための異なるレンズとしてとらえている。

　しかし、確かにセクターは分析装置であるが、セクターは理論家の頭のなかだけではなく、政策立案者たちの頭のなかにも存在しており、そこでは安全保障という概念自体が凝集力となっている。アクターは経済や政治、その他の分野について思いめぐらすが、主要な安全保障上の問題は全体を通して判断する。したがって、セクターにユニットが存在しているのではなく、安全保障に関する関心事の別々の類型（政治、経済など）としてセクターがユニットに存在するのである。これらの異なる関心事は、ユニットによって比較衡量され、集約される。あるユニット（たとえば米国）は主として軍事的な問題で脅威にさらされていると感じ、安全保障を狭い軍事的な観点からとらえるかもしれない（そしてこのことがまた、そのユニットが非軍事的な手段の行使を、他のユニットがどのように認識するかにかかわらず、安全保障上のイシューではなく「通常の相互作用」であるとみなすことを可能にする；Wæver 1989b, 1995b）。別のユニット（たとえば旧ソ連）は、活気にあふれた周辺地域による社会文化的な浸透に存立の脅威を感じ、安全保障の概念はより拡張されるべきで、「非軍事的な安全保障問題」も含むべきだと主張するかもしれない。また第3の国（たとえばラトビア）は人口動態の推移を存立に関わるものとみなし、これらに安全保障のアプローチを適用するかもしれない。

　政治ダイナミクスを把握するには、それらが1つのセクターにとどまるか否

第8章　セクターはどのように組み合わされるか

かに関わりなく，最も活発な相互作用，つまり反復や悪循環に注目する必要がある。政治分析は相互に関連する安全保障化の布置状況を探し求め，こうした相互のリンケージがセクターを横断して作用するかどうかについては予断を挟まない。セクターは，各セクター（それぞれがユニットや目的，脅威，ダイナミクスによって満たされる）に切り分けられた世界の地図として投影されるべきではない。それらは，異なる種類の安全保障上の関心事としてアクターに委ねられなければならない。

　ここでの基本的な議論は，分析上の順序に関するものである。具体的な安全保障分析は世界をセクターに分割することで始まるわけではない。我々が本書でそのようにしたのは，安全保障という一般的な分野に関する誤解を解消するためにはそうする必要があったからである。しかし，具体的な分析において，その手順は，(1)現象としての，そして固有の実践形態としての安全保障化，(2)安全保障ユニット，つまり，安全保障上の行動の正当な指示対象として確立されたユニットと，安全保障化を行なうことができるユニット（安全保障化アクター），そして(3)ユニット間の相互参照のパターン（安全保障複合体）である。

　セクターごとにみてしまうと，Bに対するAの脅威があるセクターにあり，Aに対する（それゆえ強化する可能性のある）Bの脅威が他のセクターにあるような事例において，激しい安全保障のジレンマさえ見落としてしまうリスクがある。実例としては，エストニアとロシアの関係（軍事的な恐怖と，マイノリティへの，あるいはそれに対する安全保障）とトルコとシリアの関係（クルド人の分離独立主義と水資源のコントロール）が考えられる。したがって，あらゆる種類の安全保障について見渡し，ユニットごと，紛争ごとに目を向け，それにより主要な（「主要」はアクターによって決められる）安全保障上の関心事の布置状況として複合体を組み立てていくべきである。

　そのため，我々の1993年の著書には「社会安全保障複合体」というものは存在せず，躊躇しながらも「社会安全保障ジレンマ」という概念を導入したのみである（Wæver et al. 1993；さらに Kelstrup 1995 も参照）。単一のヨーロッパ安全保障複合体が存在するのである。社会安全保障は，もし重要なユニットがこの論理に従って行動し，その行動が他のアクターの安全保障政策に作用し，そ

れにより地域安全保障複合体を形成する安全保障上の相互依存の連鎖の一部となるのに足るほど重大であれば，この複合体において役割を果たす。

　セクター横断的なダイナミクスに細心の注意を払うさらなる理由は，そうすることで，安全保障複合体に関する1つないし複数のセクター別の地図を扱わなければならないという問題を解決できる可能性があるからである。それらが揃っているような場合は（そして前節で議論したようにそれらはしばしば揃っている），おそらくセクター横断的なダイナミクスにその説明を見出すことができるだろう。機能主義的な観点からすると，経済安全保障複合体が軍事安全保障複合体とは異なる形をとり，さらにそれが環境安全保障複合体とは異なる境界を有するであろうことが予想されるかもしれない。環境問題の性質（さらに主要なユニットでさえ）は経済の問題とは異なり，さらにその経済の問題は軍事問題とは異なる。したがって，規模や布置状況がかなり異なることを予期しておくべきである。実際に，セクターの間には大きな偏差があるのだが，意外な整合性もまた存在するのである。

　たとえば，社会安全保障に関する章では，社会安全保障の顕著な例がヨーロッパとある程度は中東でみられることに触れたが，それらは，個別にみればより小さな複合体を生み出すこと（たとえば，バルカンやトランシルバニアのような下位地域に焦点を当てること）が予想されるはずであった。しかしながら，セクター横断的なつながり，特に政治セクターとのつながりにより，別々の社会紛争は結びつけられ，マイノリティをめぐる紛争や民族自決について，各国は地域的なダイナミクスと，部分的にはシステム規模で部分的には地域的（この場合はヨーロッパ）な原則を念頭に，大局的な見地から行動した。

　経済に関する章では，企業は安全保障化しやすいユニットではない一方で，国家は安全保障化しやすいユニットであると指摘した。古典的な例では，国家は，伝統的には軍事セクターや少なくとも政治セクターなどの他のセクターに依拠した議論で，ある特定の生産活動が自国に必要であるとの議論を展開してきた。さらに，経済に関する章の顕著な発見として，システム・レベルの指示対象，とりわけ自由主義国際経済秩序（LIEO）の役割があり，このことは諸原則が安全保障化されることを示唆している。この状況は，政治セクターと経

済セクターの間の相互作用と,おそらくは相乗効果を生み出し,2つの領域で誰がインサイダーで誰がアウトサイダーかという点についての解釈が相互に補強しあっている。一方のセクターにおける原則違反がどれだけの危険を伴うかは部分的にはそのアクターの他方のセクターにおける立ち位置によって判断される。たとえば,もし日本がある政治原則に違反したとしたら,それは米国にとってより大きな懸念事項となるだろう。というのも,米国は日本が経済ゲームの原則を巧みに回避していると疑っているからである。

さらに経済セクターにおいては,政治(そして場合によっては軍事)セクターが経済的リージョナル化という特殊な現象を説明するのに役立つ。誰が戦略上の経済的競争相手になるかについての政治的な解釈が経済的な連合やブロックの形成におそらく関係しており,それにより今度は,こうした方向性に沿った政治的な競争への理由づけがより強まる。第5章で論じたように,地域的経済ブロックの形成には社会的な要素も関係している。「それらは,オープンマーケットの強力な均質化効果に対する文化的防衛メカニズムである」。社会安全保障を維持するためには,政治経済モデルの一定の地域的バリエーションが必要だったのである(Helleiner 1994b 参照)。

こうした一定の整合性がみられる大きな理由は,ある分野における安全保障認識が他のセクターにおいて何が安全保障問題になるかについての解釈に影響を与えることにある。我々は環境に関わる相互作用のすべてではなく,環境安全保障(他のセクターに関しても同様)に関係する相互行為の布置状況のみを描こうとしていることを想起することが重要である。どのようなときにある環境問題は環境安全保障の問題と規定される可能性が高いのだろうか。

イシューがどれだけ劇的に見えるかに一般的に影響を与える諸要因にも増して重要なのは,しばしば,その問題に関係する一部のアクターの認識である。他国への水資源の依存は好ましくなく,その国による水資源の汚染や過度な使用への懸念を生じさせるかもしれないが,もし他の理由でその国との紛争を抱えている場合には,水資源に関する問題を安全保障上の問題としてとらえる可能性はより高まるだろう。したがって,安全保障のラベルの付与を通して,セクターは他のセクターに相互に入り込む。

このことは，結局のところ軍事セクターが支配的なセクターであり，非軍事的要因は軍事的脅威と結びつけられたときのみ安全保障上の意義を有するという伝統的な考えへの回帰を示唆しているのだろうか。その可能性はあるが，必ずしもそうというわけではない。あるセクターが他の全セクターに対してその基礎となる必然性はなく，必要なのは安全保障のラベルを貼るという行為を通してセクターが相互に連結することである。このような観点に立てば，国家は安全保障に，5つの別々の領域としてではなく，集約された安全保障として取り組む。国家は，どの脅威がセクター横断的に最も深刻なのかを判断する。権力の集約をめぐる論争におけるのと同様に，この問題は，実際問題としてはどれだけ軍事力を非軍事なイシューに生かすことができるかを検討することに大部分は関係しているかもしれないが，しかし原則的には，それは，軍事紛争で行使される経済的パワーに関わるものでもあり得る。主要なイシューは，セクターが十分な自立性を獲得しているのか，そして，1つのセクターから他のセクターに変換するコストがもはや安全保障やパワーを集約することができないほど高くなっているのか，である。

実例と実証的研究の案出

　この種の分析において適切なユニットとは何であろうか。第2章のおわりで我々は，3種類のユニット（指示対象，安全保障化アクター，そして機能的アクター）のどれが安全保障複合体の構成につながる分析において中心であるべきか議論した。我々は，指示対象が安全保障化アクターの先に来るものの，異なる結節点を結びつけることが必要となる安全保障複合体分析の目的上，より一般的な「ユニット」を形成しなければならないと述べた。それは，たとえばフランス，EU，あるいはバルト海の環境のように，いくつかのわずかに異なるが部分的に重複する指示対象（国家，ネイション，住民，政府など）と主要な安全保障化アクターをそれぞれが組み合わせたものである。セクター横断的な安全保障の定義づけについての我々の問いに取り組むために，我々はまずいくつかの国家に注目し，次に他の種類のユニット（経済的なものと環境的なもの）を

扱い，最後に EU に関するより詳細な分析を行なう。

フランス

　フランスは指示対象として，(1)ヨーロッパとしてのフランス，(2)国家としてのフランス，(3)ネイションとしてのフランスという3つの主要な形態で節合される（図8.2を参照）。

　1．ヨーロッパとしてのフランス。すべての主要な，ただし大部分は国家エリートの安全保障化アクターは，フランスの運命がヨーロッパの運命と結びつくというやり方でフランスの防衛に訴える。ヨーロッパは拡大されたフランスとして構成され，フランスはそれゆえにこのヨーロッパを防衛することで防衛されることになる。ヨーロッパとしてのフランスは，(1a) 米国と日本とのグローバルな競争において，また (1b) 戦争と権力闘争というかたちでみずからの過去が再来すること（この点については次節でさらに論じる）に対して防衛される。後者には，ボスニアにおける平和維持活動やその他のヨーロッパにおける戦争を回避する取り組みが含まれる。理想的には，そうした活動は同時にヨーロッパ的要素を最大化し，したがって独立したヨーロッパ安全保障アイデンティティの形成に資するように考案されるべきである。シラク政権の初期に (1a) の議論は，雇用と社会的安定に力点を置きつつ，重要な地位を獲得したが，それはヨーロッパのパートナー国と共にでなければ追求できない政策ニーズを指し示していた。

　2．国家としてのフランス。より個別にフランスとして考えられた国家が第2の指示対象である。それは，(2a) まず政府によって，将来起こりうるドイツ問題と，この問題にヨーロッパ統合や，英国，スペイン・イタリア，さらにはロシアとの複合的なバランスを通して取り組むというフランスの政策の根拠に慎重に言及するというかたちで訴えられている。フランスにおけるこれとは別の意見（EU に対して懐疑的でよりナショナルな単独行動主義的な意見）はドイツ関連の議論をより強力に繰り広げ，(2b) 彼らはフランスの主権を EU の統合によって脅かされているものとして提示する。

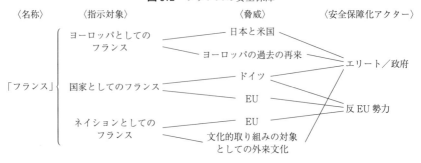

図8.2 フランスの安全保障

3. ネイションとしてのフランス。ネイション自体が脅かされているものとして提示される。最も顕著なものとして，アイデンティティに対する脅威としてのヨーロッパという，このシナリオをEUからの主権に対する脅威と並列的なかたちで構成する試みがある。それはしばしば，ネイションとアイデンティティに対する脅威としての移民についての議論とともに取り上げられる（3a）。しかし，より当局に近い人々の間でも，フランスの文化的防衛はより際立ったものとなっている（3b）。シラク政権は，ミッテラン政権のものと似通ったEUを基盤とした全般的な戦略の継続と並行して，文化的防衛を格上げした。

フランスの安全保障レトリックにおいては経済的な議論が際立っており，それらは主に，フランスとヨーロッパが同じコインの表と裏であるようなグローバルな解釈である（1a）の議論に向かう。社会安全保障上の関心事は，政治的な立場から導かれた包括的な定義のパターンに従ってより明確に構造化されている。実質的には同じ議論が，それが節合される政治的原理に応じて最終的には正反対のものを意味することもありうる。政治的には2つの主要なプログラムがフランスの安全保障を節合しようとしている。一方はミッテラン時代の，EUとフランスを重ね合わせる見方に依拠し，安全保障を主としてシステム・レベル（グローバルな競争）で生じているものとして，そしてヨーロッパのための一般的な戦略（戦争の回避とドイツの取り扱い）として提示する。これに新たなひねりを加えたものとしては，このプログラムと，より限定的なフランス

文化の防衛を結びつけようとする試みがある。これはおそらく，ヨーロッパから（ひいてはドイツからも）切り離された「フランス」により明確に訴える競合的プログラムから勢力を吸い取る代償的な手段として行なわれている[(4)]。これらの主要プログラムのどちらも，複数のセクターにおける脅威を節合し，それらを1つの話としてまとめる。このように，別々の脅威が互いに強く影響を与え合っているのである（フランスに関するこの解釈は，Holm 1993; Wæver, Holm, and Larsen forthcoming に大きく依拠している）。

日 本

日本は，その総合安全保障という概念によって，安全保障研究において有名である。公式的にはこの概念は主として，安全保障政策は3つのレベルで，つまり，全般的な国際環境に積極的に影響を与える，脅威に単独で対応する，「同じ理想と利害を共有する国々」と連帯して行動する，というレベルで遂行されなければならないということを述べた基本原則を指している（Barnett 1984：1；Tanaka 1994：34）。脅威とそれへの対応についての実際の日本の計画と論法に目を通してみると，日本が痛みを伴う問題（通常は歴史問題）や日本が避けたい種類の行動（通常は政治・軍事行動）が求められる問題を日本が個別に扱う必要がないようにするために諸問題の相互連関性を強調することが，この概念の主要な機能であるように思われる。都合の良いことに，日本はほぼいつでも，問題を少なくとも部分的には経済開発のイシューとして解釈して，それにより，経済援助というかたちで日本がなしうる安全保障政策への貢献を示すことができる（たとえば，Tanaka 1994：46f）。これは，ある国が集約的・総合的安全保障を一般的なカテゴリーとして構成し，それにより，脅威が発生するセクターとは無関係に自国が好むセクターで行動するためのより大きな能力を獲得するという興味深い例である。

「第三世界」諸国

ときとして第三世界諸国とあまりにも安易に一般化される国々に関しては，一般的な特徴として，国内の政治的懸念が他の脅威が判断されるレンズとなる

傾向がある，と論じられてきた。「このことは対外的脅威が存在しないということを意味しているわけではないが，それらの脅威は，たいていは第三世界諸国の国内であふれている紛争ゆえに重要性を獲得するということを示唆している」(Ayoob 1995：7)。モハメッド・アイユーブはさらに，他の領域は「政治領域を通して濾過されなければならないので」，第三世界諸国にとって安全保障の定義は主として政治的であるはずだと主張している（Ayoob 1995：8)。国家と体制の一般的な脆弱性ゆえに，こうした懸念がほとんどの場合，その他の実際に存在する（経済的あるいは生態学的）脆弱性を判断する基準になる。国内的要因と対外的要因の関係は相互的ではあるが（Ayoob 1995：51)，アイユーブの議論に従えば，政治エリートによって定義される国内の脆弱性があまりにも中心的であるため，国際システムでの地位に関する第三世界諸国が共有する関心事さえも，第三世界のエリートに関する限り，大部分は国内的な安全保障状況の延長線上に位置づけられる（Ayoob 1995：191)。

　第三世界から特定の事例を取り上げると，我々はスーダンに関するフランシス・デンの研究に依拠して複雑な分析を単純化して以下のように要約することができる。紛争は基本的にはアイデンティティをめぐる紛争であると一般的には認識されており，それは，アイデンティティ間の紛争（北部のアラブ系でイスラーム教的なものと南部のアフリカ系でキリスト教的・アニミズム的なもの）でもあり，アイデンティティ内での紛争，とりわけ支配的な北部スーダンのプロジェクトの妥当性についての紛争でもある（たとえば，Deng 1995：3ff., 135ff., 348を参照)。逆説的ではあるが，北部が同化しようとしている南部もまた，その反対と同様に，北部のアイデンティティがそれとの対比で安定化される他者でもある（Deng 1995：402)。問題全体が疑問の余地なく強く安全保障化されているが，この問題は表面的には社会セクターの内部にとどまっている。しかし，この紛争は，国家組織の支配を焦点においており，また，しばしばそれが引き金になっている（Deng 1995：viii, 135ff., 484ff.)。

　この紛争において，対外的な要因は重要である。デンは以下のように鋭く指摘している。

この紛争への外部からの関与と，スーダン・アイデンティティの認識にとってモデルとして機能する外部のシステムを区別することが重要である。直接的な外部からの関与はごくわずかな持続効果しか持たないのに対し，国外に由来するアイデンティティのモデルは，スーダンの人種的，民族的，文化的，そして宗教的布置状況の中心であり続けた（Deng 1995：347）。

　したがって，国内的要因と対外的要因は混ざり合っているものの，国内の布置状況がイシューを規定しており，政治が舞台を整えていることがわかる。どちらもアイユーブの一般的な説明を確証するものとなっている。この事例においては，アイデンティティに関するイシュー（社会安全保障）が紛争の大半を占めているが，それらは主に政治セクターによって構造化されている。そうでなければ，紛争は，氏族，部族，宗教紛争のネットワークのなかで国境線の内部や国境線を横断して容易に増殖することが予想されるはずである。相対的に焦点が絞られたスーダンの紛争は，国家権力とその行使をめぐる闘争の重要性と，広範囲にわたる社会安全保障問題を構造化するうえでの，この事例であればローカル化された，つまり国家内の紛争を組織化するうえでの，政治セクターの役割を物語っている。

　国家は，異なるセクター間でその優先順位が異なっているとしても，一般的には全セクターに関与している。さらに，EUが全セクターに関与し，場合によってはそのいくつかで安全保障化を行なっていることを見出すことが期待できる。なぜなら，機能的にはEUはすべての領域をカバーし，国家のような特性を有しているからである。自由主義国際経済秩序や環境／グリーンピースのような事例では，当初は単一セクターの様相を呈することが予想されるかもしれないが，ここでもまた，1つのセクターへの明確な，あるいは形式的な集中があるとしても，より多くのセクターが通常は関係していることがわかる。

自由主義国際経済秩序
　国家とはよりかけ離れた事例に移ると，自由主義国際経済秩序（指示対象であり，『ウォールストリートジャーナル』紙以外ではアクターではない）については

243

先に言及した。それは，多くの場合は主要な資本主義諸国によって唱えられる。これら諸国は，GATT・WTO のルールに違反したことが疑われる場合は相互の間でもそれを用いるし，アウトサイダーや，適切な行動様式と，ある程度は適切な存在様式にも合致するように型にはめられる将来のインサイダーに対してもそれを用いる。そして，先に述べたように，このような試みは，政治セクターの原則への関心である国際社会をめぐる政治と一体となっており，そこでは特にインサイダーとアウトサイダーの定義づけが 2 つのセクターを結びつける役割を果たす。また，文化的特殊性の防衛として地域主義が正当化されるため，地域主義と自由主義的なグローバリズムの間の弁証法には社会的なダイナミクスも関係している。

環 境

環境セクターにおいてはセクターを横断するリンケージは数多く，安全保障複合体分析の目的からすると，密度の高い指示対象とアクターのまとまりを焦点として取り上げることが可能であるように思われる。環境保護団体のような典型的な環境アクターを見た場合，彼らの議論はしばしば，実は社会的，経済的，あるいは軍事的な脅威に向けられている。第 4 章で論じたように，環境主義者のレトリックは，最初は「環境」の防衛にあるように見えるが，より懐疑的な聴衆を納得させる必要があるときには，社会の安定に対する脅威や，長期的な経済的持続可能性，さらには稀少な資源をめぐる戦争の危険性といった観点から議論が展開されている。環境問題の他のセクターから生じる脅威との交差が，環境活動家による安全保障化が成功をする基礎をなしているのである。

このように，より扱いが難しいセクターにおいてさえも，安全保障アクターは切り離されたセクターで活動しているのではないことがわかる。国家は全セクターに現れ，指示対象やアクターのなかに明白に 1 つの特定セクターに根を持つものがあるような場合でさえ，他のセクターとのつながりはある。このような知見は，「アクターのレンズを通したセクター横断的な安全保障の結合」の節で提示した，アクターにとって安全保障は，大部分は集約的な安全保障と

第8章 セクターはどのように組み合わされるか

して機能し，それゆえ彼らは異なるセクターを相互に比較衡量する，という広範囲にわたる命題を，立証はしないが，支持するものではある。したがって分析者として我々は，完全にひとまとまりになった別個のセクターを結合する必要はなく，それらは安全保障化のプロセスにおいて相互に関連づけられる。この理論を信頼性のあるものにするには，ユニットが安全保障化を行なうやり方に関する，より詳細な実証的研究が必要となる。あるセクターにおける彼らの安全保障化はどの程度まで他のセクターの安全保障化に影響し，そして影響されるのだろうか。そのようなリンケージが存在する場合のみ，集約的な安全保障は作用しうる。紙幅の都合でここでは完全な事例研究はできないため，我々は，ここまでに調査してきたものより幾分かはより徹底的な資料による裏づけに基づいた相対的に体系的な事例を1つ提示する。

　扱われる事例は，セクター横断的な結合が，1つの特定セクターが常に支配的であることを意味するのか（伝統的に主張されてきた軍事セクター，あるいは，第7章や Jahn, Lemaitre, and Wæver 1987，そして Ayoob 1995 などで考察された政治セクター），それともその結合は相互的な影響によるもの，つまり全セクターが一般的な安全保障イシューに照らして解釈される重層的決定なのかを探究するのにも役立つはずである。集約的な安全保障かセクター固有の安全保障かをめぐるイシューは，部分的には官僚制的・制度的な問題に関わるものである。つまり，どの程度まで安全保障は特定の機関（たとえば国家安全保障会議）に集権化されているのか，それとも分権化されているのか，ということである。集約的な安全保障は，アクターがすべての安全保障上のイシューを全体的状況に関する何らかの大きな構想を通してみることは求めていない。求められるのは，上位にある種の順位づけがあることであり，アクターはそれに照らしてあるイシューをそれ自体として安全保障の最も重要な事例だと認識する。安全保障の特性ゆえに，これはまさに我々が予期すべきことである。安全保障は優先事項に関わるもの，イシューを無条件の優先事項に引き上げることに関わるものあるため，異なる候補が互いに（政治的に）戦いを繰り広げるのは自然なことである。もしあるイシューが他のイシューのほとんどすべてを押しのけることができていないのであれば，そのイシューは十分に安全保障化されてはいない。

したがって，ここで想定されている安全保障の特性（安全保障化）からして，5つのセクターは分離したままで留まることはできず，優劣を争わなければならない。

我々は，このセクター横断的な解釈のメカニズムが実際に作用しているのか，もしそうであれば，どのように作用しているか（たとえば，軍事セクターが実際に他の全セクターを支配しているのか，それとも諸セクターがより複雑な仕方で相互に影響を与えるのか）を探究する必要がある。我々はさらに，セクター固有の複合体を組み立てるのではなく，どのようにすればセクター横断的な方法で安全保障複合体の分析を行なうことができるのかも探究しなければならない。答えを見出すには，安全保障を規定するような何らかのユニットと，できればユニット間の安全保障上の相互作用に関する実証的な研究が必要である。これには，以下の3つの問いが伴う。すなわち，(1)ユニットの選択，(2)方法の選択，(3)資料と情報源の選択，である。

 1．ここで選ばれたユニットはEUである。他のさまざまな事例についていくつもの大まかなコメントをしてきたが，少なくとも1つについては体系的に考察したいと思う。国家を選択することは，その他のユニットも指示対象やアクターであり得ることを示そうとする著書においては問題があるだろう。しかし，いくつかのより極端な事例は，あまりにも明白に1つのセクターによって支配されているため，全体的な考察をするに値しない（たとえば前述のグリーンピース）。EUは国家ではないが国家のような特徴を兼ね備えており，複合的で，多層的な政治に関わっているために興味深いのである。

 2．事例をどのように研究すべきか。最も明白な方法は言説分析である。なぜなら，我々は，いつ，どのように，誰によって何かが安全保障上の脅威として確立されるかに関心があるからである。安全保障を規定する基準はテキストによるもの，つまり，言説内に位置づけられる必要がある特定のレトリカルな構造である。

 我々は，何か洗練された言語学的，あるいは定量的な技法を用いるわけではない。以下は，言説を，何か別のものの指標としてではなく，単に，それ自体

第8章 セクターはどのように組み合わされるか

で主題として研究するという意味での言説分析である。こうした方法によって，我々は根底にある動機や隠されたアジェンダなどを明らかにするわけではない。意図や戦術を明らかにすることができる機密情報はあるかもしれないが，言説分析の目的は何か別のものを突き止めることにあるのではない。言説分析の弱点の1つは，それが本当の動機を見つけるための戦略としては不十分であることである。しかし，理論が意図とは別のレベルの問題に向けられているのであれば，こうした批判は的外れである。言説分析が明らかにできるのは1つ，つまり言説である。言説とその構造がそれ自体として興味深いものであるならば，言説分析は意味を成す。言説が実現可能な政策路線を形成するほど十分に堅固な構造を有すると信じるに足る理由があるのであれば（Wæver 1994; Wæver, Holm, and Larsen forthcoming），あるいは，特徴的な言説的動きによって規定される現象を特定したいのであれば（たとえば本書），このことは当てはまる。用いられる手法はシンプルで，ここで安全保障と定義されたレトリカルで論理的な形式を有する議論を探して読んでいくというものである。

　言説分析は安全保障化研究の唯一の方法というわけではない。完全な分析は，相互作用するユニットや促進条件，そして安全保障複合体理論のその他のすべての側面に関するより伝統的な政治分析も含むであろう。しかし，安全保障化が別々のものなのかそれとも相互に規定されるのかを調べるためには，安全保障化の試みの実際の言い回しを研究することは適切であるように思われる。それに加えて，この小規模な事例分析には第8章に固有の問いを超えた第2の目的がある。それは，第2章における我々の定義が運用可能なものなのかを確認することである。安全保障化に接したとき，それを認識することは可能なのだろうか。基準があまりにも漠然としているために，この試み全体が無意味になってしまうほど事例が多くなってしまうのだろうか，それとも，要求が高すぎ，そのため具体例が極端に少なくなってしまうのだろうか。EUの言説に関する考察は，安全保障化のレトリカルな構造が十分に特徴的なものであり，テキストを精読することで相対的に疑問の余地のない具体例のリストにたどり着くことができるのかどうかを示すことを目的としている。

　3．分析は，もしこの共同体で安全保障の言説が作用しているとすれば，こ

の機会が十分に重要であるためにそれがこのテキストに現れることが当然予想される，という意味で中心的なテキストについて実施されなければならない（Wæver 1989a：190ff. 参照）。ここでの論理は，もしある社会において安全保障化が社会的に受容されているならば（「a」が，A全体がBによって脅威にさらされていると主張したとき，これが概して妥当で説得力があると受け入れられ，「a」はそれによってxを行なうことに対する承認を得る），十分に重要な討論が行なわれるときにはいつでも，「a」がこの議論を用いることが当然予想されるということである。安全保障に関わる議論は強力な手段となるため，それはその性質上，隠されはしない。そのため，重要な討論を取り上げれば，安全保障化の主要な例が姿を現し，互いに優越性をかけて争っているはずである。したがって，すべてのテキスト，特に不明瞭なテキストを読む必要はない。

　我々は，包括的な性格を持つテキストを選択した。[5] 具体的な措置に関するより個別的な討論ではなく一般的な討論を選択することには，それが構造的に重要性に関する基準を含むという利点がある。なぜなら，全般的な「フリー」セッションにおいては，アクターはどのイシューや議論を選択するか優先順位をつけなければならないからである。しかし，これには，そこで擁護され正当化されている措置は何なのかという点についてはより不明確である，という不利な点もある。したがって多くの場合，存立の脅威や緊急性を主張する安全保障化の試みの最初の部分を見つけることはより容易であるが，これが具体的な緊急措置や通常の政治や確立したルールの侵害につながるのかはそれほど明確ではない。それゆえ，異なるセクターの主題に特に関連する幅広いテキストを読むというかたちで事後チェックが実施される。[6] ここでは紙幅が限られているため，これらのテキストから得られた知見は，中心となる分析からかなり乖離する場合のみ取り上げる。テキストは，構造的な交差決定がみられる可能性を最大化し，事例の選択における恣意性を最小化するために，1995年という限定された期間から選択された。膨大なテキストから著者が自由に選び取るよりも，限定された量のテキストを扱い，安全保障化の実例の完全な描写をした方がいい。それぞれの文書に関して，安全保障に関わる議論の調査が行なわれ，それぞれの知見は，そのコンテクスト，指示対象，脅威，そして，とりわけ他のセ

クターとの関連，つまり，脅威の源泉がすでに他のセクターで安全保障化されているという事実からそのイシューの安全保障問題としての性格が派生しているのか，という観点から精査される。[7]

　もしこれが，1つの地域，1つの安全保障複合体についての事例研究だったとすれば，それは，いくつかの指示対象，それらの安全保障化，そして特にそれらの間の相互作用を含むものでなければならなかっただろう。EUの事例を読み終えてみると，1つの複合体のすべての当事者についてこれを行なうことは不可能であるようにみえるかもしれない。安全保障複合体に関する分析は，常にそれほど多くの言説分析や，それほど詳細なテキストの読解を行なわなければならないのだろうか。そうではない。それは単に，事例研究における詳細さの度合いの問題である。

　CSCTにおいても，安全保障複合体はアクターの関心事と認識から組み立てられたが，安全保障複合体分析はほとんどこれらの要因についての形式化された実証研究を伴わなかった（Buzan and Rizvi et al. 1986がおそらく最も近いところまで来ていた）。地域安全保障複合体に関する大半の分析は，集約されたもの，つまり地域的なストーリーをまとめることに集中し，安全保障研究の伝統にほぼ沿うかたちで，異なるアクターに関するどちらかというと印象論的な解釈を根拠にしようとしていた。安全保障の専門家は通常，事例に関するさまざまな種類の情報，新聞，会話，理論，その他の学術的著作物を利用するが，それらはすべて，ロシアの安全保障上の懸念やインドの安全保障にとって何が最も中心的かについての彼らの熟練した判断においてまとめられる。資料による裏づけが形式的な仕方で明確に説明されることはほとんどなかった。（形式的な証拠の終着点となる安全保障の専門家の判断が，まさに彼あるいは彼女は専門家であり，証拠は決定的ではないという理由で妥当であるとみなされる。ここでは，安全保障の専門家は，証拠が決定的である場合のみその議論が有効だとみなされる伝統的な科学者というよりも，状況を評価することを求められた経営コンサルタントに似ている。）

　安全保障複合体における1つの結節点の微細な論理に関する以下の詳細な探究は，したがって，アクターについての他の研究に付随するものである。そう

した研究は，CSCT では複合体についての本1冊分の分析として行なわれるべきであるが，地域的全体性という安全保障複合体分析に固有のものに集中するより簡潔な分析においては割愛され，限定的な判断に置き換えられる。修正された安全保障複合体分析において，各アクターについての言説分析を行なうことなく地域分析を行なうことはそれでも可能である。しかし，地域的安全保障のミクロなダイナミクスについての理解を得るためにそれを何回か試みてみることはおそらく有益だろう。

欧州連合──1つの解釈

(欧州) 委員会の委員長になる最終段階の1995年1月17日の演説 (Santer 1995a : 14) で，ジャック・サンテールはいくつかのコンテクストで安全保障に関わる議論を用いた。1つ目は以下である。

　ヨーロッパは過去5年間に重大な出来事に立ち会った。すなわち，ドイツは再統合され，共産主義は崩壊した。しかし，ヴァーツラフ・ハヴェルが述べたように，あらゆることが可能だが，もはや確かなものはなにもない。我々は，旧ユーゴスラヴィアにおけるように，ときには流血を伴う紛争にまで発展する過激なナショナリズムの再燃をまたもや経験している。この悲劇は，1つの重要な教訓を我々に教えてくれる。それは，連合がヨーロッパ大陸の平和と繁栄の軸であることが今まで以上に重要だということである。まず第1に，我々が過去50年にわたってつくり上げてきたものを保持し，発展させなければならない。我々加盟国の間の戦争が想像すらできないものになったことは相当な奇跡である。この遺産をふいにすることは，我々自身に対する罪であろう。第2に，連合は荒れた海における平和の避難所ではありえない。したがって，将来的な連合の拡大が重要になる。それゆえ，真の外交安全保障政策を発展させることもまた重要になる。

この遺産が「ふいにされる」可能性があるという事実は，西ヨーロッパ安全保

障共同体の奇跡が不安定な成果であり，平和を維持するためには統合そのものが守られなければならないことを示唆している。このことは，統合のプロセスを維持し続けるという一般的な結論と，拡大と共通外交安全保障政策は選択の余地のないものであるという具体的な結論につながる。

　第2に，もしそれが「一握りのインサイダー集団の特権」にとどまるとすれば，「我々の試みは失敗するだろう」（Santer 1995a）という指摘である。普通のヨーロッパの人々も参加したいと思っており，彼らは，EUが彼らにとって重要な問題に取り組むであろうという明確なサインを求めている。ここまでの段階では，しばしばかなり劇的に表現されているものの，こうしたますます頻繁に耳にするようになった議論からどのような結論を導き出すべきか判断は難しい。したがって，まだ明確な安全保障化とみなすことはできない。

　これと同様に不十分で，したがって安全保障の敷居よりも下にあるのが，「私はグローバルな情報ハイウェイでヨーロッパのものが往来しているのを見たい」といった，他者（米国と日本）によって支配される可能性のある新しいテクノロジーに由来する脅威への言及と，ヨーロッパ社会モデルの存続を確実にする，「将来世代がそのニーズを満たす機会を危険にさらす」可能性のある環境問題，そして「農村地域や小さな町」の保護といった用語の使用である。これらは，ここでは明確な安全保障の形をとっていないが，それぞれのテーマは後に別のコンテクストで，次のステップがより明確に示されたかたちで再登場する。

　安全保障という用語は，「共通外交・安全保障政策」という定着した表現と，その他にもより特徴的に，犯罪，違法薬物，不法移民とたたかうための司法内務協力である対内安全保障のコンテクストで言及される。作業計画（第4節）では，対内安全保障についての同様の言及がなされており，「犯罪組織は，連合の防衛における弱点につけ込むことが可能で，そしてそうするだろうということをすでに示した」とさえ述べている。それゆえ，委員会は限界までその権限を行使するだろう，と主張されており（European Commission 1995 : section 4 ; Santer 1995a : 16, 1995b : 107），そこには少なくとも，「安全保障に関わる問題であるから，我々はそうすることができる」，あるいは「我々はそうせざる

を得ないことをあなたは理解しなければならない」といった論調がみられる。

　委員会とサンテールの別の文章は，ときには環境に関する議論についてのより劇的な表現を用いたり，また，域内安全保障に関してより劇的な表現を用いたりといった違いはあるが，これらのテーマについてのバリエーションを繰り返し述べている。我々は，他の2つの機関について，まずは理事会，次に欧州議会という順で検討し，そのあとで調査結果について要約し，分析する。

　国家および政府首脳の会談である欧州理事会のカンヌ宣言（1995年6月）には，ほとんど安全保障に関する議論がみられない（European Council 1995a）。安全保障の議論のかすかな徴候は，通貨危機や（対ロシア関係における）安定，そしておそらく最も明確には警察協力（欧州地中海協力についての付属文書）についての記述にみられる。マドリード宣言（1995年12月）は，安全保障化がまったく見られない（European Council 1995b）。加盟国というその構成を考えれば，この組織がヨーロッパのための安全保障化はあまり行なわないこと，つまり，「ヨーロッパ」にあまりにも大きな権限を与えることを躊躇することは理解できる。理事会の他の文章では安全保障化がもう少し見られる。

　我々が扱う資料で理事会が登場する別のかたちとして，理事会の議長（半年間にわたってEUの議長を務める国を代表する，国家あるいは政府の長）としてのものがある。この状況は，たとえばスペインの首相はスペインの論理と理事会の論理のどちらからも話すという意味で，より複雑である。彼は，たとえばドイツの首相とは異なる仕方で話し，さらにまた，もし彼がEUの議長でなかったならばしていたであろう仕方とは異なる仕方で話す（たとえば，彼は東方拡大についてもっと肯定的である）。厳密には彼は理事会を代表しているが，集団的な「チェック」は相当に緩いものである。しかし，ある種の役割に伴う枠づけはあり，特に我々がここで扱っているような場合においては，首相や大統領は，彼の演説がすべての国にとって許容できるものでなければならないということを知ったうえで話す。この種のものとしては，1995年3月15日のフランソワ・ミッテランによる退任演説や，1995年11月の一般教書をめぐる議論でのフェリペ・ゴンザレス・マルケスの演説を挙げることができる。

　ミッテランのスピーチは2つの部分からなっており，一方はフランスの議長

国としての計画についての通常の説明で、他方は個人的な部分、彼のヨーロッパへの信条表明である。通常の部分では、彼は対内安全保障についての節で最も劇的で、それは、市民が EU の有用性を具体的に感じる必要があるものの最初の例として提示された。

　私は第1に、ユーロポール憲章について、（中略）とりわけ安全保障の分野において我々は一緒に進まなければならないという一般的なルールについて考えている。庇護権と移民に関しては、まだまだやらなければならないことが山積している。（中略）市民がヨーロッパにおいて、そしてヨーロッパゆえに安全だと感じる場合のみ、ヨーロッパは市民のヨーロッパとなるだろう。司法分野における協力についても、あるいはテロリズムや組織犯罪とたたかうための協調的な行動についても（中略）同じことがいえるだろう（Mitterrand 1995：48）。

欧州議会議員が最も頻繁に取り上げる演説のこの部分のその他の注目すべき要素は、ヨーロッパは、「ヨーロッパが、（ここではより控えめな言葉を使うが）その文化に表現を与えることができるような魂」を必要としているという彼の主張である（Mitterrand 1995：48）。この議論は、フランスに特有の立場ではあるが、EU の政策ともなる、GATT における文化的例外をめぐる主張につながる。「それ（文化的例外の原則）は、われら諸国民の文化的アイデンティティが、そして各民族がみずからの文化を発展させる権利が危険にさらされているという考えに由来している。それは、すべての国の自由と多様性を防衛し、表現の手段、言い換えれば自己のアイデンティティを主張する手段を他者（つまり米国）に引き渡すことを拒否する意志を体現している」（Mitterrand 1995：48）。こうした議論は、ヨーロッパについてのより充実した教育、多言語教育などの相対的に無害な政策につながるが、より論争的なものとして、視聴覚分野におけるフランス主導の政策が、「緊急を要する事項」として提示されている（Mitterrand 1995：49）。これらはすべて、「見境のない市場の論理、あるいは市場の見境のない論理」を拒絶し、したがって、GATT・WTO の例外と、

開放と規制緩和に向かう一般的な傾向に対する抵抗を維持する，という議論につながっていく。

演説の個人的な部分では（Mitterrand 1995：51），ミッテランは彼の第一次世界大戦と第二次世界大戦との関わりについての話と，和解と平和を構築するEUの役割についての経験や記憶，そして動機づけを次世代に伝える彼の世代の務めについて語っている。基本的には，この議論は平和と統合についてのサンテールの最初の議論と同じであり，それよりもやや劇的になっているだけである。

わたしが皆さんにそうするよう求めていることは，ほとんど不可能なことです。なぜならそれは，過去を克服することを意味するからです。しかしそれでも，もし過去を克服することができなければその後で何が起こるか，という点について誤解のないようにしましょう。皆さん，ナショナリズムは戦争を意味するのです（大きな拍手）。戦争は我々の過去であるだけでなく，我々の未来でもあり得るのです。そして，これから我々の平和，安全保障，そして未来の守護者となるのは，欧州議会議員の皆さん，それは我々であり，あなた方なのです（Mitterrand 1995：51）。

ゴンザレスも，特に冷戦終結後の不安定な大陸や，ヨーロッパ大陸を分裂させる脅威としての欧州懐疑論について，いくつかの同じような議論を行なっている。安全保障の形態ではないものの最優先事項とされた失業に続き，「2番目の大きな課題は安全保障政策，つまり，市民にとって身近な関心事である組織的な国際犯罪や違法薬物の取引，テロリズムなどに対抗することを可能にするための行動である」（Gonzáles 1995：155）。それゆえ，彼はここで，他のどこにおけるよりも力強く，EUにさらなる政策手段を付与する必要性について主張する（Gonzáles 1995：142）。

対内的安全保障の分野に関しては，これは別の種類の安全保障であり，対内的安全保障についてはこれまでも常に話題にされてきたが，それは国際安全保障についての我々の概念とは切り離しておくべきだと主張できるかもしれない。

第8章 セクターはどのように組み合わされるか

　しかし，ディディエ・ビゴ（Bigo 1996）は，近年，対内的安全保障と対外的安全保障がいかに混ぜ合わせられてきたかを明らかにしている。特に対内的安全保障のヨーロッパ化において，この概念は，多様なイシュー（テロリズム，違法薬物，組織犯罪，国境横断的な犯罪，不法移民）を結びつけ，この新たな政治的統一体に関して，ヨーロッパの領域全体にわたって自由に活動できる権限を一定の安全保障機関に付与するために用いられている。実際にこうした議論は，「個人の安全のための法と秩序」という対内的安全保障の論理よりも国際安全保障により類似した仕方でなされていることに留意する必要がある。それらは，テロリストや組織犯罪集団，違法薬物の密売人などの外部の有害なアクターという明確な脅威に関するものである。

　最後に，欧州通貨同盟（EMU）のプロジェクトが安全保障化されている徴候が多くの箇所でみられる。流動的なグローバル金融システムに埋め込まれているため，EMUは投機的なラッシュにさらされる可能性がある。さらにそれは，EUにとって原理的な重要性を持っている。ミッテランは，「単一通貨の導入は，ヨーロッパが経済・通貨大国であり続けることを保証する唯一の手段であり，そして，我々の経済の持続的な成長を確実にする最善の手段である」と述べている（Mitterrand 1995：46）。ただそれでも，この点に関して理事会は一般的に慎重である。一方では，理事会は単一通貨の導入やEMUの第三段階を可能にするような政策におけるさらなる一貫性を求めているが，他方では，もしEMUが失敗したらすべてが崩壊するとあまりにもはっきりと述べることには躊躇がみられる。誰もが，この目標が達成されないことが明らかにあり得ることを知っており，その場合，すべてをEMUとともに崩壊させるリスクを冒す理由はまったくない。

　欧州議会の討論においては，安全保障化に関わる8つの別個のテーマが確認できる。

　1．多くの議員が指摘する最大の脅威は，失業，社会的疎外とこれに関連した外国人嫌悪の複合物であり（たとえば，MEP Lilli Gyldenkilde, European Parliament 1995a：24），「もし安全なヨーロッパを達成しようと思うなら，こ

れらは真の課題である」と述べられている。この脅威はそれ自体としていくつかの相反する行動の方針につながり得る。そのため,他の議論との結びつけ方が決定的に重要となる。それはときには,成長と新しいテクノロジーが解決手段だとみなされているような,支配的なヨーロッパ構想に反対する議論として提示される。このような議論は,ギルデンキルデのようなヨーロッパ統合に懐疑的な人によっても,また,欧州議会議員のアレクサンダー・ランガー (European Parliament 1995a：26) のような統合を支持する人によっても提示されており,後者は,成長と競争は,まさにヨーロッパ市民のアイデンティティである地域的・社会的ルーツを破壊すると主張している。もちろん,技術による成長を支持する人々も,この脅威に打ち勝つ方法として彼らの方針を提示する。この両方の意見の中間で,議会の最大グループ(社会党員)のリーダーたちは,競争力を社会的な議論と結びつける。たとえばポーリン・グリーンは (European Parliament 1995a：21),次のような関連づけを行なっている。ジェンダー平等→すべての資質を活用する→グローバルに競争する→ヨーロッパ社会モデルを守る。そして欧州議会議員のウィルフリード・A・E・マルテンスは,「連合は同時に,人間の顔をした発展モデルを保持しつつ,21世紀にわたって世界の偉大なテクノロジー大国の先頭にとどまり続けることができるよう,その知的資本にも投資しなければならない」ため,社会政策も環境も研究も,そして新しいテクノロジーも必要だと述べている (European Parliament 1995a：22)。

　2．ヨーロッパ社会モデルは福祉国家を指すのに用いられる用語だが,それはヨーロッパ諸国の間でかなり異なっており,非ヨーロッパとの比較においてのみ「ヨーロッパ・モデル」とみることができるが,議論はまさにそのようなかたちで展開している。ヨーロッパ社会モデルは,米国や日本との対比で定義され,それらの他者から,また,グローバルに競争するためにこのモデル(と,その結果として「ヨーロッパ」を構成するものの一部)を犠牲にしようとする内部の改革者から守られるべきものとされている。こうした論理構成は,社会政治的なイシューを「ヨーロッパ」自体の運命と結びつけるという政治的利点がある。

3．欧州議会議員のクラウス・ヘンシュは，失業に関してもかなり誇張した議論をしているが（それは「正義と民主主義に対する，それゆえヨーロッパにおける我々の社会の安定に対する人々の信頼をむしばむ」。European Parliament 1995c：135），競争力を向上させ，とりわけ「日本，米国，東南アジアの全体といった世界の他の経済地域が主要なテクノロジーを支配する」という恐ろしい展望を払いのけるために，ヨーロッパがより多くのことを行なうことを望んでいる。「我々の子ども世代のヨーロッパで，すべてのテレビ・セットが日本のもので，すべてのテレビ番組が米国のもの，そして，我々ヨーロッパ人は単なる視聴者となることを我々は許すべきではない」（European Parliament 1995c：135）。この場合の議論は，フレキシブル化，社会システムの改革，新しいテクノロジーへの投資という主流の政策を支持する。

　4．失業を強調するケースにおいては，この問題は，ヨーロッパの市民の支持がなければ，統合のプロセスは失敗するだろう，という頻繁に聞かれる議論（前述のSanter 1995aも参照）としばしば結びつけられる。このように，このイシューは，個々のヨーロッパ人にとっての主要な脅威であり，そして特に，それはヨーロッパというプロジェクトに対する主要な脅威の1つであるために重大なものとなる（たとえば，Green in European Parliament 1995c：46）。

　失業，ヨーロッパ社会モデル，新しいテクノロジー，EUに対する人々の支持という最初の4つの筋書きとそれらに関連する防衛策は，潜在的には相互に緊張関係にあるものの，密接に結合される可能性もある。したがって，議会における政治の大部分は，たとえば，競争するための，しかしそれにより同時に失業を解消してヨーロッパ社会モデルを守るための新しいテクノロジーの必要性など，1つを他のものに照らして解釈して，これらの筋書きを節合することに関わっている。

　最初の3つの筋書きは，社会あるいは個人レベルの失業，経済安全保障としての競争力，アイデンティティのイシューとしてのヨーロッパ社会モデルのように，それ自体がほとんど安全保障としての性質を帯びたイシューの要素を有しているが，レトリックが最高レベルに達する必要があり，存立が脅かされているといった勢いを獲得する必要があるときには，危機に瀕しているのは統合

の運命であるというひねりが,個別の議論に加えられる。それゆえ,EUは「市民に最も身近な」分野,つまり経済において前進しなければならない。

それでも,これらはすべて,安全保障化の最初の段階である。それは,存立の脅威を確立し,おそらくこれについての一定程度の受容を得ている。それは,議会内においても,さらにはここで扱う他の2つの機関においても総意にせまる位置にある(これにより,それをどのように節合するかについての闘争が始まり,異なる政治陣営の競合するプログラムがあらわれる)。しかし,急進的な性格を持った特定の措置を提案する試みはまだ見出せない。とはいえ,本章の目的からすれば,セクター横断的な結合がいかに成立するかという点が興味深い。経済イシューの安全保障としての性格は(統合の存立についての)政治的な議論によって増幅されている。

5.サンテールによって提示された平和=統合の議論にもっと沿ったかたちで,たとえばマルテンス(European Parliament 1995a:22)は,統合の深化と拡大の弁証法はヨーロッパの政治プロジェクトの成否にとって決定的であると主張している。そして欧州議会議員のハイス・M・デ・ヴリーズは(European Parliament 1995a:23),「安全保障は連合の主要な任務となっている」,連合は「ナショナリズムや偏狭な疑いの告発者」でなければならないと主張している。これらの議論のどちらも,東方拡大ないしはナショナリズムの高まりによる統合の潜在的な弱化と,それゆえの深化を主張する必要性,という一般的な見方に依拠している。ランガーは,ナショナリズムが拡大し,民族浄化が多くのかたちで現れており,それゆえヨーロッパは,「統合,民主主義,平和,社会正義,そして環境の保全へとつながる道の優れた積極的な例を必要としている」とより劇的に論じている(European Parliament 1995a:26)。市民は,統合が解体よりも望ましいものであることに気づかなければならない。このような議論は,ドイツ選出で欧州議会議長のヘンシュによって,一般教書セッションでより率直に次のようになされている。

世論のこの新たな風潮のなかで,新たなナショナリズムが姿を現しています。それは,しばしば偽装されたかたちで現れ,ポリティカル・コレクトネ

第8章　セクターはどのように組み合わされるか

スに合わせた言い方で，ヨーロッパについては賛成できるが，政治的な連合には反対だと言い立てています。騙されないようにしましょう。この新しいナショナリズムは過去50年にわたって我々が西ヨーロッパでなんとかつくり上げてきたものにはほとんど意を介さず，それを破壊することを望んでさえおり，この新しいナショナリズムは戦前のヨーロッパへと逆行するのです（大きな拍手）。ここ何年もの間，このことをフランソワ・ミッテランが彼の退任演説でした以上に明確に述べた人はいません。彼はそのとき，ナショナリズムは戦争であり，1990年から続いてきた新しい（大きな拍手）分断されていないヨーロッパでは，どの国家も単独で戦争と平和について，そして隣国の幸不幸について単独で決定できるほど絶対的な主権を有することを二度と許されてはならないというのは今でも同じであると述べています（Hänsch 1995：135）。

脅威はナショナリズムだけではなく，主権もまた同様である。ヘンシュがさらに言及した，東方と南方のさまざまな新たな危険は，EU 諸国を敵対関係に引き戻す恐れがあるゆえに深刻である。

　安全保障の論理は欧州議会議員のエオロ・パロディによっても用いられている。彼は，EU は権力の危機にあるため，状況が違えばそうすることを目指すべきではあったが，欧州委員会との対決を控えると述べている。このようなリスクは，危機ゆえに，そして EU を解体する可能性があるゆえに冒すことができない（European Parliament 1995a：29）。

　6．対外政策においては，議員たちは，人権を守るために十分に行動していないという理由で他の機関を批判する（European Parliament 1995a：24, 27, 41）。ある面においては，この議論は，安全保障は最終的には内部から生まれるものであり，堅固な安全保障の唯一の真の基盤は法治国家と人権の尊重である，というものである（たとえば，European Parliament 1995a：23）。これは，安全保障についての一般的なリベラリズム的で伝道者的な理念に似通っているが，「人権」はヨーロッパの理念であるとみなされているために特有のひねりを有してもいる。人権に基づいた対外政策を遂行することによって，EU は世界中

の個々の人々の権利，あるいは一般的な普遍的原則を守っているだけではなく，EU 自体の価値観や特殊性をも守っているのである。人権は，「国民的・政治的境界線にもかかわらず，我々は共通のことばを見出すことに成功した」がゆえに重要なのである（MEP Jannis Sakellariou in European Parliament 1995a：41）。

　このような議論は欧州議会の論理にとりわけ特徴的なものである。脅威にさらされているものは何かヨーロッパ的なものである必要がある。欧州議会の安全保障化はほとんどの場合，脅威にさらされた特定の対象をヨーロッパそのものに結びついたものとして定義する試みである。「解体」についての議論（4番目と5番目）と同じく，この議論は EU を（あるいは「ヨーロッパ」をも）危機に瀕したものにどうにか位置づけるが，この場合は政治的・国際関係論的な議論を通してというよりも，アイデンティティの議論を通してそのようにする。2番目の議論（ヨーロッパ社会モデル）もこのような要素を有している。

　7．対内的安全保障の分野においては，一般的な（そして十分に論理的な）パターンがあり，理事会と委員会はより多くの権力や，警察協力（秘密性と監視を含む），そして権限のヨーロッパ化を実現するために，より古典的な安全保障化を用いる。これに対して議会は，同じくこのイシューに注意が払われることを望んではいるものの，監視者を監視し，警察を管理するという目的，つまり，ヨーロッパ的な価値の名において市民の権利の輪郭を描き出そうとする目的も同時に持っている（たとえば，Martens in European Parliament 1995b：111；MEP Alonso José Puerta in European Parliament 1995b：113；Hänsch in European Parliament 1995c：136f）。議員たちはたいてい対内的安全保障のヨーロッパ化を求めているが，これが秘密主義をもたらし，議会による統制の喪失につながることは望んでいない。このイシューについて各党派は，左派・右派の軸に沿うかたちで立場を異にしている。しかし，主要グループを代表して話す議会の主導的な代弁者たちは彼らの立場と他の機関の立場との間にある違いを十分に認識しているようである。委員会，理事会，そして，主に対内的安全保障へより多くの関心が払われることを求める議員たちからは，対内的安全保障に二次的な安全保障上の重要性を付与することによってこの議論は補強されている。「連合が市民の安全を保障し，違法薬物の取引や組織犯罪とたたかう

能力を示すことなしに，市民が国境のない領域の恩恵を理解することはないだろう」(Santer 1995b：107)。

8．最後に，深刻な脅威が存在する際には，環境は特に重要な分野としてしばしば言及されている（この点はついては後述する）。

より重要性は低いが，他にも安全保障を暗示するいくつかの個別の例がみられる。

これらの安全保障化の事例に関する分析は，ある安全保障に関する議論，すなわち平和に関する議論が，制度的枠組みを越えて共有されていることを示している。それに加えて，それぞれのアクターがいくつかのより小規模な安全保障化を行なっている。

興味深いことに，理事会はあまり安全保障化を行なっていない。その理由の1つとしては，理事会は結局のところ各国の視点から動いており，したがって緊急的な権限や自動性をEUに対して体系的に（限定的で特定の事例においてのみ）付与すること望んでいないということが考えられる。もう1つの理由として考えられるのは，理事会は最も権限を持つ機関であり，もし理事会が何かを安全保障上の問題といえば，それに対して行動しなければならないのに対し，議会は主として他の機関が行動しないことを批判するためにそうした議論をとりわけ使用しているということである。

議会においては，広範囲に及ぶ安全保障化（ただし大半はどちらかというと穏やかなかたちで）の使用は，より一般的な優先分野の追求の一環とみるべきである。そこで議会は，議会であるがゆえに，「市民」にとってより身近なイシュー，つまり，人々にEUの活動の価値を印象づけることができるような具体的な問題を見出そうとしている。この追求においては2つの基準があり，一方は普通の人々にとっての重要性，他方は，そのテーマが何らかのかたちでヨーロッパ特有の性質を有していなければならない，というものである。そのため，議論は「ヨーロッパ社会モデル」や「（ヨーロッパの理念としての）人権」などのスローガンや，ヨーロッパ統合は，ヨーロッパの戦争と勢力均衡に対する代案である，という平和に関する議論に収斂する傾向がある。最後のものを除い

て，これらのケースすべてが通常の政治や原則に基づいた制限を覆すべきものなのかは明らかではない。しかし，平和に関する議論については，統合を指向する政策を擁護し，したがって主権やアイデンティティについての懸念を抑えるうえで，国内政治（特にドイツにおける）に対する議論において中心的となる。環境に関する議論もいくつかの固有の特徴を有している。これらは，議会における議論だけではなく，委員会における議論においても顕著である。1995年の作業計画のセクション1.12では次のように述べられている。「国際レベルにおいてEUは，環境と持続可能な開発についてのグローバルな問題で主導的な立場を目指して励み，このイシューの最前線を歩くことでリオ・サミットのフォローアップをしていくべきである」[10]。

ここで問題となっているものについては，EUと温室効果に関する博士論文においてマルクス・ヤクテンフクスによって明らかにされている（Jachtenfuchs 1994）。EUが国際環境政治において特別な役割を与えられるリーダーシップという概念は，もともとは温室効果の事例で案出されたが，のちに「EC（欧州共同体）の環境政策の全体に取り入れられた」（Jachtenfuchs 1994：245）。とりわけ委員会にとっては，環境におけるリーダーシップは，統合自体とのつながりと，委員会の国際的役割とのつながりを確立した。

　環境におけるリーダーシップは，現代の問題に適切な観点から取り組むという新たなタイプの大国としてのEUのイメージを伝え，このイメージを，対外政策の伝統的な手段では解決することができない問題を無視している伝統的軍事大国としての米国のイメージと対比する。「リーダーシップ」は，超大国，ただし現代的な超大国になるというECの願望を明示している。リーダーシップという概念を推奨することで，委員会は，共同体の代表と代弁者としてのみずからの役割と地位を強化することができたのである（Jachtenfuchs 1994：275）。

この事例は，他のイシューでも断片的に確認されたものを明確に示している。つまり，特定のイシューは一般的なイシューである「統合」自体に節合されて

第8章　セクターはどのように組み合わされるか

おり，典型的にはこれによって安全保障としての性質が加えられる。

　しかし，これについての模範的な例は，EUの言説において最も明確に安全保障化されているイシュー，すなわち，勢力均衡と戦争というヨーロッパの過去への逆戻りに対する防波堤としての統合，という平和に関する議論である。この議論は，EUにおけるすべての事例において最も一貫して用いられているものであり，また，最も強く安全保障化されているものである。プロジェクトとしての，そして，歴史としてのヨーロッパは岐路に立っており，統合対分裂の問題として安全保障が作用している（Wæver 1996a, b；de Wilde 1996）。統合はそれ自体として目的とされている（なぜならそれに代わるのは分裂だからである）。それにより，EUの委員会と官僚組織がずっと用いてきた以下の理由づけが安全保障上の正当性を獲得することになる。すなわち，いかなる個別の政策課題も，イシューそれ自体と，統合を強化するか弱体化するかという点での効果についての二重の評価に常に服さなければならない，というものである（Jachtenfuchs and Huber 1993）。安全保障の議論を加えることで，統合は緊急性を獲得する。なぜなら，それに代わるのは，定義上，プロジェクトとしての「ヨーロッパ」を破壊し，勢力均衡，ナショナリズム，そして戦争によって引き起こされたかつての不安定へと道を開く自己推進的なプロセスだからである。統合は，安全保障のロジックにより近い文法形式を獲得しているのである。「ヨーロッパ」が存在するか否かは，「生きるべきか死ぬべきか」の問題の様相を呈している（より詳細な分析については，Wæver 1996b）。

　このような議論は，ヨーロッパの，あるいはEUの独自の安全保障論議であり，おそらくこのことが，他の暫定的な安全保障問題をそれがしばしば構造化する理由である。それは，EUの存在を規定するがゆえに根本的なのである。他の安全保障化との相互作用のなかで，それは，社会，環境，政治，軍事論議を1つの特定のプロットへと物語のように融合させる。このような状況は，マルチセクター的でセクター横断的なダイナミクスを表しているのだろうか，それとも，基本的には政治的であるため，1つの支配的なセクターがあるのだと論じることができるのだろうか。この議論は，他のセクターの論議に依拠しているため，セクター横断的であり，したがって「集約的安全保障」を構成して

いる。たとえば経済のケースだと，競争力はグローバル・アクターとしてのヨーロッパの質の問題へと再構成され，それにより政治的な「存在感」(国際的なプレゼンス)をめぐる議論と結合する。新しいテクノロジーや失業，そして米国と日本からの競争などの脅威は，統合の必要性への，つまりヨーロッパへの動機づけにおいて，ますます中心的になっている。

　この短い事例研究から，第1に，安全保障を読み解くうえでの可能性という点で，そして第2にアクターによるセクターの集約に関連して結論に達することは可能である。方法論的には，結果はかなり有望なものであった。もし安全保障化の実例がまったく見つからなかったら問題だっただろうが，もしそれぞれのテキストに数多くの例があったならさらに問題だっただろう。実際には，限定的で，処理可能な，有意味なリストを見出した。委員会によるものとしては4つの例があり，そのなかの1つは明らかに主要なものであり，議会によるものとしては8つ，ただしその大半は，どのような特別措置が取られるべきかほとんど示されていない仮の安全保障化の試みでしかなかった。理事会はほとんど安全保障化を用いておらず，この点は興味深い。明らかな教訓は，安全保障化の基準を用いて，議論が存立の脅威を提示するという特有の形態をとっているか（そして，それらが通常の手続きに反する可能性のある非常手段に向かう完全な安全保障化を構成しているのか）を読み取ることができる，ということである。どの事例が基準を満たし，どれが満たさないかを判断することが可能である。その基準は，1960年代の行動論的な国際関係論の方式で，数多くの研究者を，コーディングを行なう研究所に送るのに十分なほど形式化されたものではない。その基準はもう少し解釈的なものだが，安全保障化理論の知識を有した人であれば再現可能な研究結果を手にすることができる，と結論づけることは不可能ではないだろう。

　本章のもう1つの目的であるセクターの集約に関するイシューについては，3つのことがわかった。

1. 異なるセクターにおける安全保障化は結びつけられている。安全保障化の主要な事例は，存立の脅威と，一般的には統合の継続という必要な行

動のイメージを生み出すためにいくつかのセクターの要素を利用した話である。
2. 各ネイションがアイデンティティを，そして各国が主権を組織化の原則と安全保障の焦点として有しているように，EUをめぐるそれぞれの安全保障化は，それらと同等の一般化された規準としての統合に収斂しているように思われる。[12]
3. 国民的，政党政治的な出自が異なることで安全保障化におけるバリエーションが生まれるだけではなく，制度的背景が異なることで，テーマや強調点も異なる。このことは，長期的な統合との関係における立場の違いや，具体的には，行動と実施に対する責任の度合いの違いという点で理解可能である。安全保障化アクターは，同じ指示対象に訴える場合でさえ，違いをもたらす。

結論――目的

　本章で提示したセクターを集約する別々の方法は，安全保障分析の最も優れた形式を見つけるという問題ではなく，むしろ安全保障分析が持ちうる異なる目的を指し示すものである。セクターごとに見ていくアプローチは複雑性の論理に結びついており，表面的なかたちでは複雑性への切望として，また，より洗練されたマクロヒストリー的なバージョンにおいても見出すことができる。セクターを組み合わせるユニットの役割に注目するアプローチは布置状況の論理と結合しており，現代の政治状況の分析を指向している。
　多くの拡張主義者にとって，安全保障分析は複雑性の証拠として機能する。より多くのセクターを含むことは，伝統主義者の軍事的なストーリーがあまりにも単純で，あまりにも狭いことを示すことになる。そして，より多くのアクターは，国家に基礎を置く説明に反論する役割を果たす。新たなイメージが，別のストーリーを提供するほど十分に単純なものになるかどうかは主要な問題ではない。なぜならそれは，何よりもあまりにも狭い考えに反論するために用いられているからである。「環境を忘れるな」，そして「これが話のすべてでは

なく，安全保障は…にも関わっている」。このイメージは，一方の側にはセクターが，そして他方の側にはユニットが並べられた大きなマトリックスのようなある種のチェックリストになり，そして次のように主張する。「全部でこれだけの種類がある。いかに主流派が上側の片隅（せいぜい4マス）しか見ていないかがわかるだろう，そこには25マスあるのに」(de Wilde 1995参照)。

これとは対照的に，布置状況とダイナミクスに焦点を絞ることは，還元すること，未来がどのように展開するかを決めるかもしれない転換点を見出すことを目指しており，したがって政治分析として機能する。それは，政治的選択においても助けとなりうる。主な違いは単に，どのような種類の分析に関心があるのか，複雑性なのか布置状況なのか，というものである。[13]

多くのマスのあるマトリックスという第1の類型は，集約したレベルにおいてのみ政治的議論として機能する。なぜならそれは，何らかの結論に至ることも，特定の状況についての一定の分析として何らかの形でまとまることもほとんどないからである。この類型は既存の政策があまりにも狭すぎるという批判としては用いることができる。しかし，25マスあるのでそれぞれが4％の政治的関心を払われるべきだと考える場合を除いて，それは何が良い政策となるのかについてほとんど何も語らない。多くのリベラリズムの国際関係理論と同様，この方法の一般的な問題点は，リアリズムの理論が少なくとも進んで（それ以上という人もいるだろう）するのと同じように単純化を行なおうとはせず，代わりに，詳細な1対1で対応する世界地図を示そうとして物事を複雑にするだけだ，ということである。

このマトリックス・アプローチはマクロヒストリーにも有効である（たとえば，Buzan 1995a；Buzan and Little 1994, 1996；Buzan and Segal 1997）。それは，趨勢についてのグローバルで理論的な分析を目指し，また，その分析においては分解と集約を行なおうとする。具体的には，各セクターの相対的重要性に関する一般的な趨勢はどのようなものか，また，グローバルな発展の大きな趨勢を説明するうえで，経済安全保障と政治安全保障の関係はどのようになっているか，といったものである。これらの研究では，多くの出来事や決定が概括され，例えば，ますます多くの安全保障をめぐる闘争が環境イシューをめぐるも

第8章　セクターはどのように組み合わされるか

のになっていることが指摘されている。こうした概括は，20世紀（と2千年紀）のおわりにおける国際システムの方向性についての大きな物語の一部となりうる。

　しかし，もし具体的な現代の政治分析を行なうことが目的であるなら，第2のアプローチの方が勝っている。そのような分析においては，闘争の主軸や重大な決定，主要なアクターに作用する交差圧力，そして異なる動きがもたらすであろう影響などの政治的布置状況を把握することが目的となる。たとえば，ヨーロッパをセクターごとにみることはできない。ユニットが結節点であり，それらが各セクターにおける脅威を秤にかける仕方は，ユニットから構成される布置状況に含まれることになる。アクターの実際の安全保障上の懸念，つまり安全保障化が，そうした布置状況における基本的な構成要素となる。

　この章は，アクターが実際に集約的安全保障の観点から行動することを明らかにした。つまり，アクターはあるセクターにおける安全保障上の懸念を，他のセクターにおける安全保障の定義に反映させ，あるいは，すべてを足し合わせ，安全保障それ自体を構造化する何らかの包括的な物語に基づいて判断を下す。たとえば，ある経済イシューが安全保障上の問題というラベルを貼られるかどうかは，関係するアクターが相互間の全般的な関係をどのように認識するかと無関係ではない。たとえば，もしトルコがシリアとの関係で経済領域のいくつかの規則を変更したら，それは安全保障上の問題だと受け止められる可能性が高い。なぜなら，トルコは水道水も管理下に置き，シリアはそれに依存しているからであり，また，トルコとシリアの関係はクルド問題のために緊迫しており，シリアはこうした他の脅威を相殺するためにそれを利用しているからである。もしポーランドがチェコ共和国に対して同じような規則変更を行なったら，それは単に経済のイシューとして枠づけられる可能性がより高く，強く批判されるかもしれないが，安全保障のイシューや，脅威，攻撃的な行為とはみなされないだろう。

　ここで確認したセクター横断的な安全保障化と，地域的・領域的なサブシステムのレベルが今でもなお重要な安全保障の相互作用のレベルであるという「セクターを横断するリンケージ」で説明したものを合わせて考えると，安全

保障複合体理論をポスト主権的なかたちで再構築することが可能だと思われる。安全保障複合体分析は，もともとは，国家のみ（諸国家からなる安全保障複合体）を対象に，そして主に政治・軍事セクターを念頭に定式化された。我々は安全保障複合体分析を用いたが，安全保障の概念を，国家を超えて新しいアクターにも，そして政治・軍事セクターを超えて新しいセクターにも広げる試みを通して，同時にそれを覆した。新しいセクターについての研究で，我々はさらに，全般的な視点をコンストラクティヴィズム的な安全保障の理解に変更することが必要でもあり有用でもあることを確認した。そうした理解においては，安全保障は，脅威や心理的精神についての客観的な問題というよりも，固有の社会的実践となる。安全保障複合体の概念をこうしたより多面的な基盤において再提示することが可能かどうかしばらくは不明確であった。本章に基づいて，我々は，依然として安全保障化アクターと彼らが安全保障化する指示対象の両方を特定することができ，それゆえ，安全保障化のプロセスがどのように相互作用をするのかについての，つまり安全保障複合体についてのマッピングを完成することができるように思われる。

注

(1) 相互作用という点ではユニット・レベルに固有のものはないため，ユニット・レベルとサブユニット・レベルは1つにまとめられている。もしユニット同士が相互作用すると，サブシステム（非地域的なサブシステムか地域安全保障複合体）が形成されるか，あるいはその相互作用はシステムを規定する構造の一部となる。もしユニット内で相互作用が生じれば，それはサブユニット間の相互作用であり，「ローカル化」として扱われる。複雑な境界事例は，ほぼユニットの場合と同じスケールでのサブユニット間の境界横断的な相互作用である。これは，「ローカル化」として分類される。

(2) 指示対象やアクターについてのこれまでの明確さと比較してやや不明確さがある安全保障ユニットという用語の使用は，どのユニットが安全保障複合体の構成要素なのかについての第2章のおわりの部分での議論に基づいている。

(3) ここでは，全体を構成するのは静止した状態でのユニットそのものではないことを強調するために布置状況という用語を用いている。関係の関係性のレベルで真に政治的なパターンを形成するのは，ユニットの運動や行動，政策が相互に関連する仕方である（Elias 1978 [1939]；Lasswell 1965 [1935] 参照）。安全保障複合体は単にインドとパ

第8章　セクターはどのように組み合わされるか

キスタンだけで構成されるのではなく，パキスタンの認識や政策とともに特定の布置状況を形成するインドの一連の認識や政策によって構成される。これは，すべてのより広範囲の地域に関してはさらに複雑なものとなる。

(4) これは国家とネイション（主権とアイデンティティ）について通常予想されるパターンと照らし合わせると，逆説的である（本書第7章；Wæver et al. 1993, chapter 4；Wæver 1995a, forthcoming-a 参照）。ネイションはアイデンティティとして守られ，国家は主権として守られるというように，異なる指示対象の論理はそうあるべき仕方で作用しているのだが，安全保障化を行なっているアクターは予想に反しているのである。というのも，国家エリートがネイション＝文化への明確な言及をしている一方で，競合する勢力は真の国家の利益を代表していると主張しているからである（考えられる説明としては，我々が Wæver et al. 1993, chapter 4，と Wæver forthcoming-a で示したように，長期にわたる統合により国家の安全保障と社会安全保障の分離が進んでいく，ということが考えられる。しかし，このことはますます意見が割れていくことを示していると我々は想像していたが，実際のところ，フランスにおいては国家が両方を，別々にではあるが国家によって節合しようとしている）。

(5) 具体的に，テキスト（すべて1995年のもの）は以下のものである。1月17日のジャック・サンテール委員長（委員会の長）の議会に対する演説と，それに続く新たな委員会の承認問題についての議会での討論。同じ日のミッテラン大統領の議会での演説とフランスの議長国としての計画をめぐる討論。委員会による1995年の作業計画，2月15日の議会におけるサンテールによるプレゼンテーション演説と2月15日と3月15日の議会におけるこれについての討論。6月26日から27日のカンヌ欧州理事会と12月15日から16日のマドリード欧州理事会の会合の結論文書。11月15日の，「ヨーロッパ連合の現状」についての3人の「長」の声明とこれについての議会での討論（1995年に初めて行なわれた新しい慣例）。このリストは，理事会，議会，委員会という3つの最も関連性のある機関のいくつかの重要な行事を含んでいるが，ここでは影響力を有する裁判所は無視している。裁判所は，異なる種類の政治的原理に従っており，それは，ここに含めるのは不可能ではあるが，本書の枠には収まらない新たな問いを提起している。

(6) 各分野から少なくとも1つのテキストが選ばれている。軍事（a, 西欧同盟・防衛, b, ユーゴスラヴィア），環境（a, 一般的な環境政策, b, 特定の事例），社会（ヨーロッパ文化と市民権），経済（a, 経済の一般的状況, b, 対外経済政策），政治（政治全般については注(5)で列挙された全体的な討論において扱われており，より個別的な分野としては市民権）。この作業は，欧州議会（討論），欧州委員会（報告書，白書・緑書），理事会（声明）の3つの各制度的コンテクストについて行なわれた。

(7) 完全な分析は Ole Wæver, COPRI Working Paper no. 1997：25として刊行された。

(8) サンテールは別の場所でもこの点について触れ，「ヨーロッパの統合は日々の努力で

269

あり，分離主義的な力と過去の誘惑に対する永続的な闘争である」ことを強調している。そして，「ヨーロッパがないことに伴うコストは途方もないだろう」(Santer 1995c：138)。

(9) 「外交安全保障政策」についての議論は，これらのイシューがヨーロッパ（人）に対して実際にどのように深刻な脅威となるのかという点について，たいていはかなりあいまいであり，そのため，「安全保障政策」が我々の基準に照らして「安全保障」なのか不明確である（防衛問題における非安全保障については第3章を参照）。しかし，外交安全保障政策は，軍事的脅威に関連しているという古典的意味とは異なる意味において安全保障としての重要性を帯び始めている。サンテールは，外交政策を通して，そして対外関係（特に広い，地域的なグループのなかで）を通して，我々は「世界の舞台において集合的アイデンティティを明確化しており，また，他者に対して，自分の身は自分で守るという伝統的なアプローチを乗り越えるように推奨している」と述べている (Santer 1995c：139)。したがって，ヨーロッパは「存在する」のかというまさに存立に関わる問題についての安全保障上の議論 (Wind 1992；Furet 1995) との関連で，アイデンティティをめぐる問題は，ヨーロッパ人は「どれぐらい似ているのか」という内部の問題というよりも，国際舞台において一体的なものとして見えるという対外的なイシューにますますなっている。この意味で，外交安全保障政策はEUにとって一次的な安全保障上の重要性を持っている (Wæver 1996b, forthcoming-e 参照)。

(10) 開発と援助に関連して，類似の事例がサンテールの演説に見られる (Santer 1995a)。「連合は開発協力と人道援助において主導的な役割を演じ続けなければならない。なぜなら，それらはどちらも世界の一定の地域において平和と安定に貢献するからである。この分野で活動的であることが肝心で，委員会はまさにそのようにするだろう」(p.15)。ここからテキストは次のように続く。「連合は経済的には巨人であるが，そのことが，連合が果たす政治的役割に反映されていないことを誰も否定できないだろう。このことが，マーストリヒト条約で，共通外交安全保障政策を発展させることで，より野心的な政治的アプローチへの基礎を築き始めた理由である」(p.15)。このように，開発は，EUが発言権と国際的プレゼンスを獲得することをめぐる議論へと結びつけられた。

(11) ヨーロッパにとっての他者はロシアではなく，イスラーム教徒でもなく，東アジアの競争力でさえない。ヨーロッパの他者はヨーロッパ自身，ヨーロッパの過去である (Baudrillard 1994 [1992]；Derrida 1992 [1991]；Rytkønen (1995)；Wæver 1996b, forthcoming-e)。典型的なヨーロッパ的なもの (Boer 1993) とみなされてきた勢力均衡のような観念は，今や，反勢力均衡（つまり統合）がヨーロッパ的価値とみなされるようになるまでに変容させられた。

(12) 守られなければならないのは，「われらの国家に統一されたわれらヨーロッパ人」なのではない。[ヨーロッパの] 主権（そのようなものは樹立されていない）や共同のア

イデンティティ（それは加盟国国民に挑むものであるため自滅的だろう）を守ろうとする計画はない。プロセスやプロジェクト，そして大きな歴史的物語のような通常はありえないようなものが安全保障の指示対象として現れたということは，我々の通常の政治的カテゴリーを超えたEUの斬新で実験的な性格を示している（Wæver 1995a, 1996b, forthcoming-e 参照）。

(13) 2つのアプローチについては，Kostecki 1996, chapter 3も参照。彼はそれらを，統合的アプローチと集約的アプローチと呼んでいる。

第9章
結　　論

安全保障研究——分析のための新たな枠組み

　新しい枠組みは，安全保障のアジェンダを従来の軍事セクターや政治セクターよりも幅広いセクターに拡張した結果として生まれた。安全保障のアジェンダを拡張することは単純な行為でも些細な行為でもなく，政治的な影響がないわけでもない。それは単に経済，環境，社会に安全保障という言葉を当てはめるだけではない。より拡張した安全保障のアジェンダを追求するには，安全保障が何を意味するのかを非常に慎重に考え，その理解をさまざまなダイナミクスに適用する必要があり，その一部は軍事的・政治的ダイナミクスとは根本的に異なる。先に議論したように，このアプローチは従来の安全保障研究を排除するものではない。実際，我々は，これによって伝統主義者と拡張主義者の間のいくぶん学術的な議論に終止符が打たれることを期待している。さらに重要なことは，これによって安全保障研究と国際政治経済（IPE）の間の不都合な境界が解消されることを期待している。新しい枠組みから生じるアジェンダの多くはIPEの領域にある。特に自由主義経済は安全保障のイシューを他のセクターに波及させる傾向がある。したがって，安全保障研究にはIPEで利用可能な専門知識を活用する必要がある。その見返りとして，この安全保障研究とIPEの連携により，IPEはそのアジェンダの安全保障的側面を，IPEの「平和地帯」と安全保障研究の「紛争地帯」の間の不毛で非友好的な境界地帯に押し込むのではなく，対峙できるようになる。

　これまでの8章では，安全保障研究の新しい枠組みを示した。第2章では，

あらゆるセクターにおける安全保障化のプロセスを理解するための方法を紹介した。安全保障のイシューを単なる政治イシューから区別するための一般的な方法がなければ，拡張したアジェンダを一貫して追求することは不可能である。危険なのは，問題とみなされるすべてのものが無意識のうちに安全保障のイシューとして分類されてしまうことである。従来の安全保障研究は，安全保障をほぼ1つのセクター（軍事）の観点からのみ定義することにより，安全保障が実際に何を意味するのかについて真剣に考えることを避けてきた。第3章で議論したように，軍事政策のいくつかの側面は安全保障を構成しないと考えることが可能である。

第3章から第7章では，この手法を主題の5つの主要なセクターに適用した。セクター別のアプローチは，3つの理由から新しい枠組みにとって重要であった。まず，従来の安全保障研究との強いつながりが維持されている。従来の安全保障研究はほぼ単一セクターだったため，複数セクターにわたるアプローチのより拡張したスキームに容易に適合させることができた。したがって，セクターを使用すると，古いアプローチと新しいアプローチの間の相互運用性が維持され，後者が前者の洞察をスムーズに組み込むことができた。

第2に，セクター別のアプローチは，セクター指定要因（経済，環境など）に「安全保障」を追加することで，人々がその言語を使って実際に行なっていることを反映する。この行為は，通常の政治的混乱のなかで特定のイシューの優先順位を上げることを目的とした衝動的または表面的な戦術的動きを言説のなかで反映することが多いという事実にもかかわらず，安全保障化プロセスの重要な部分である。それでもなお，こうした動きは成功したとしても，より深刻な政治的影響を生み出す可能性がある。セクターは，さまざまな異なる価値観（主権，富，アイデンティティ，持続可能性など）が権力闘争の焦点となり得る独特の言説の場である。セクターのレトリックにより，これらの結果がどのように展開するかを把握するために分析的なフォローアップが必要になる。

これは，セクターを使用する3番目の理由を示している。セクターは，より拡張したアジェンダの特徴である安全保障のさまざまな性質を理解する方法を提供する。安全保障の一部の性質はセクター間で共通だが，各セクターには独

第9章 結　論

自のアクター，指示対象，ダイナミクス，矛盾もあり，それぞれの項目で理解する必要がある。したがって，これら5つの章の最初のタスクは，結果として安全保障研究に追加される新しい，または異なる安全保障の質を特定することであった。それらの章の2番目のタスクは，安全保障分析における地域形成の場所に関して，アジェンダを拡大した場合の結果を調査することであった。

　セクターに細分化すると，豊富な洞察が得られるが，安全保障研究をどのように編成するかという問題も生じる。セクター別アプローチは，従来の安全保障研究と並行して配置される4つの新しい下位分野を単に作成し，それらは互いにほぼ分離して扱われるだけなのか，それとも，これらのセクターを1つの分野に再統合することができるのか。第8章では，異なるセクター内のパターンは時折，層状のケーキ（つまり，異なるセクターにおける地域安全保障のパターンが同じ地理的空間に収まっている）として並ぶことがあるが，一般にセクター間の重複と相互作用があまりに多いため，それらを個別に扱うことは正当化されないと指摘した。この章は，ユニットが政策決定プロセスと相互の関係の両方においてセクターを統合すると主張することでこの結論を強化した。したがって，政治的にいえば，安全保障という統合された分野が1つあることになる。

　この新しい枠組みは以下のようないくつかの疑問を提起する。⑴古典的な安全保障複合体理論に対する新しい枠組みのインプリケーションは何か。⑵我々が採用した社会的コンストラクティヴィズムの方法論に関連する問題は何か。⑶新しい枠組みと従来の安全保障研究は，費用便益の点でどのように比較されるのか。これらの疑問に対処することがこの章の内容である。

古典的な安全保障複合体理論に対する新しい安全保障研究のインプリケーション

　我々は，地域に焦点を当てたCSCTと安全保障研究のより拡張したアジェンダをどのように組み合わせるかという問いからこのプロジェクトを開始した。我々は新しい枠組みにとって説得力のある事例であると考えていることを打ち出してきたものの，この責任を逃れたわけではない。一見すると，我々はかな

りきちんとしていて明快な理論に多くの厄介な複雑さを投げ込んだことで，困ったことになったように見える。CSCT は，国家中心であり，軍事・政治安全保障上の懸念を中心に体系化された伝統的な安全保障研究の様式における思考の産物である。CSCT は，軍事と政治の結びつきのなかで，地域的な形成が予想される理由を示し，それらの地域形成がどのように構築され，外部勢力による介入をどのように仲介するのかを説明し，結果を特定し，ある程度は予測する方法を提供した。我々が従来の安全保障研究（TSS）を攻撃したのと同じように，CSCT も攻撃しないのか。

この質問には「はい」とも「いいえ」とも答えることができる。「いいえ」を支持するのは，我々が TSS の手法を拒否したにもかかわらず，その主題を拒否したわけではなく，それを全体像の一部として位置づけているという事実である。客観的な安全保障ではなく，社会的に構築された安全保障に私たちが焦点を当てていることは，CSCT に影響を与えない。なぜなら，その要素は，重要な構造変数としての友好—敵意に与えられた役割と，その結果として生じる紛争形成，安全保障体制，安全保障共同体のスペクトラムとしてすでに CSCT にしっかりと組み込まれているからである。安全保障化および脱安全保障化プロセスの間主観的構築という考え方は，CSCT の核心である安全保障の相互依存の考え方にぴったりと適合する。この適合性がどれほどしっくりしたものであるかを知るには，冷戦がどのように終わったか，南部アフリカでどのように脱安全保障化が起こったか，あるいは中東やインドとパキスタンの間でどのように安全保障化プロセスが継続しているかを考えるだけでよい。この観点から，適切な条件が得られた場合，CSCT は引き続き有効である。

しかし，CSCT をそのままにしておくのでは刺激がない。第 3 章から第 7 章までの議論から，興味深い地域ダイナミクスがすべての新しいセクターに見られることは明らかである。しかし，これらを単一セクター内の自己完結型の同質な「安全保障複合体」として扱うことが適切なのは例外的な場合である。常にではないが，場合によっては，さまざまなセクターにおける地域化のダイナミクスが寄り集まって，単一の複合体として扱うことができる多層の形態が生じることがある。セクター別分析は分析を開始するための明確な方法かもしれ

第9章 結　論

ないが，再配置の論理はいたるところで強力であり，第8章で論じたように，アクターは通常，セクターを彼ら独自の安全保障化プロセスに再統合する。あるセクターにおける脅威の認識は，たとえそれが他のセクターに由来するものであっても，アクターの主要な恐怖によって形作られる。このようにより多様でより複雑な安全保障の概念を考慮し，もはや国家が唯一の指示対象ではなく，軍事・政治セクターが安全保障関係の唯一の舞台ではない世界において機能するように，安全保障複合理論を再定式化することはできるのだろうか。

第1章の安全保障複合体の基本定義を思い出してほしい。

　安全保障の相互依存は，そのような複合体の外側の国家よりも，複合体の内側の国家の間で著しく強い。安全保障複合体とは，国家間の安全保障関係の相対的な強さに関するものであり，パワーの配分と歴史的な友好と敵意の関係の両方によって形成される独特の地域パターンにつながる。安全保障複合体とは，主要な安全保障に関する認識や懸念が相互に関連し過ぎており，国家安全保障上の問題を個別に合理的に分析したり解決したりすることができない一連の国家の集合として定義される。安全保障複合体の形成ダイナミクスと構造は，その複合体内の国家によって，つまりそれぞれの国家の安全保障認識と相互作用によって生成される。

本書の議論を踏まえると，この定義は新しい枠組みと互換性を持たせるために変更する必要がある。1つ目の問題は，安全保障複合体理論の元々の定式化が，純粋に国家間の相互作用によって生成される地域の論理に基づいていたことである（第1章「『古典的な』安全保障複合体理論」および「古典的な安全保障複合体理論を超えて」を参照）。政治および軍事のセクターでは，国家によるパワーの投影が，特有の安全保障上のジレンマ，パワーの均衡，敵意と友好のパターンを伴う地域複合体をもたらした。新しい枠組みでは，安全保障複合体を国家および国家間関係，政治および軍事イシューに限定することはできない。新しい枠組みは，他の種類の安全保障ユニットやイシューに対応できる余地を確保する必要がある。

第2の問題は、専らボトムアップ（またはインサイドアウト）による構築の考え方を維持できるかどうかという点である。このような地域構築の形式は依然として支配的なものだが、トップダウンのプロセスによって創成された地域も我々は明らかにした。環境セクター、より論争的には経済セクターにおいて、気候変動のローカルな影響を共有していることに気づいた国々や、周縁部に位置することに気づいた国々など、システム・レベルにおけるプロセスのパターンとして地域は創設されるだろう。

　この2番目の困難は、紛争の形成から安全保障レジーム、そして安全保障共同体に至るまでのスペクトラムの観点から処理することができる。代わりにCSCTは、安全保障複合体はその起源が紛争形成（したがってボトムアップで形成される）であり、より友好的なタイプの安全保障相互依存に進化するかもしれないし、そうでないかもしれない（依然としてボトムアップの形態で機能している）と仮定した。これはヨーロッパでの話であるが、他の地域（東南アジア、南部アフリカ、北米など）でも同様である。軍事・政治の領域では、歴史は他のパターンの証拠をほとんど示しておらず、この仮定はかなりの程度まで有効であり続けるだろう。第1章の「地域」では、この地域化のダイナミクスが、支配的な政治単位である国家の固定的な性格によって説明された。

　この論理は軍事や政治セクターに限定されない。それは環境セクターでも見られる。環境問題のなかには地理的な要因が強いものもある。たとえば、ハイドロポリティックスの論理は主に、1つの河川系、海、または汚染問題に直面して高度に相互依存するアクターのサブセットによるものである。このような場合、地域安全保障複合体は、その特定の地理的位置における環境問題に関連する政治の上限となる。ボトムアップの定式化は他のセクターでも同様に見られる。社会セクターでは、領域に基づいたアイデンティティ集団が近隣の人々と交流していることがわかる。経済セクターでは、自由貿易協定（FTA）、共通市場、労働組合を生み出すために国家が集まっていることがわかる。後者の場合のように、その相互作用が（紛争形成というよりはむしろ）安全保障レジームや安全保障共同体である場合、それは複合体の外部の安全保障関係を反映し、影響を与える可能性がある。ユニットがスペクトラムにおいて友好関係に入り、

第9章 結　論

安全保障に関して協力する場合，これはユニット間の安全保障のジレンマを解決するか，もしくは外部の関係者に対して何らかの形の共同戦線を提示する両方の道筋となる可能性がある。この考え方は，トップダウンで形成される安全保障地域に対処するための鍵となる。

　より拡張されたアジェンダでは，地域の安全保障の相互依存が，ユニット間の相互作用からではなく，外部のシステム的な圧力から生じる共通の運命に対する集団的な対応から生じることを想定することが可能である。たとえば，LIEOの安定性／不安定性や気候変動と水の供給の相互作用についての共通の懸念に基づいて，地域の安全保障の相互依存関係が形成されることを想像することもできるだろう。安全保障の相互依存がボトムアップではなくトップダウンになると，その結果として生じる安全保障複合体は，スペクトラムの敵対的な端（紛争形成）ではなく，友好的な端（安全保障レジームや安全保障共同体）になる可能性が非常に高いと思われる。共通の脅威によってユニット同士が対立する可能性もあるが，ユニットを団結させる可能性の方が高くなる。ここで注意すべき危険の1つは，サブリージョナルの安全保障レジームを安全保障複合体と誤解することである。湾岸協力会議は安全保障レジームを構築しているが，それでも湾岸というサブリージョンの一部のみであり，それ自体は安全保障複合体ではない。

　したがって，すべてのセクターにおいて，リージョナル化の論理は，サブシステム・レベルを上限とするボトムアップ・プロセスの結果である可能性がある。しかし，グローバルな構造，相互作用能力，プロセスによってサブシステムが始動する場合，リージョナル化はトップダウンのプロセスからも生じる。最初のケースにおける方法論上の主な問いは，支離滅裂な分析を行なうのではなく，説明の原因を見つけることができる最小スケール，つまり最低レベルは何なのか，ということである。より高い分析レベルの議論が必要だろうか。いい換えれば，特定の安全保障イシューの最小環境は何だろうか。これは，古典的な安全保障複合理論の背後にある方法である。

　2番目のケースでは，グローバル・レベルが最小の環境である。ここでの方法論上の主な問いは，グローバル・レベルに説明原因を位置付けることは，シ

ステム全体の安全保障イシューの一貫した分析を提供するかどうかということである。そうでない場合，その違いは，特定のリージョナル・サブシステムまたは非地域的サブシステムの存在を結論付けることを可能にする一貫したパターンを示しているのか。その違いは，ボトムアップ地域は国際システム内で独立して存在し，トップダウン地域は国際システムのために存在するということである。グローバルな国際システムの全体的な状況を考慮すると，地域は一般にボトムアップとトップダウンのプロセスが混在するが，通常は1つのプロセスが明らかに支配的である。

第1章の「『古典的な』安全保障複合体理論」で説明したように，安全保障複合体は最終的にはユニット間の相互作用によって定義される。したがって，トップダウン，ボトムアップの問いは，そのプロセスの背後にある原因の1つにすぎない。つまり，安全保障複合体自体が安全保障相互作用のパターンである。これは，すでにCSCTにおいて，国家安全保障複合体は実際には国家が行動していることであるというコンストラクティヴィストの要素があったことを意味する（たとえばもしアラファトが中東安全保障複合体はあると考えていたとしても，それは諸国家が行動すると言っているのではなく，国家の行為に基づく脅威と行動のパターンのことである）。たとえば，分析者が，「客観的な」脅威の観点から中東が，アクターの本当の脅威である西側に対して団結すべき対象を定義する基準として間違っていると発見したとしても，これはほとんど重要ではないだろう。実際には，各国は依然として，地域の安全保障複合体を構成する対立と同盟のパターンに囚われているだろう。同様に，海洋汚染の場合，安全保障複合体を定義する実際の要因は，ユニットがとる行動，つまりユニットが形成する配置である。

斬新なのは，CSCTでは，安全保障複合体形成の背後にある因果関係はボトムアップであり，地域内の相互の安全保障上の懸念の相互作用が複合体を生み出したと仮定したことである。今や，因果関係がトップダウンである可能性が開かれた。したがって，場合によっては複合体の形成を説明するには，システム・レベルから始める必要がある。それでも，複合体自体はその地域における活動と関係によって定義される。もしそうではなく，それがグローバル・レベ

第9章 結　論

ルの考慮事項と行動のみによって定義されるのであれば，それは地域の安全保障複合体ではないだろう。したがって，地域形成の問題の性質に関する議論（トップダウン）では，安全保障複合体の説明が尽きることはない。それらは条件を促進するだけである。安全保障化という行為そのものには常に自律性が伴う。したがって，安全保障複合体は，その内部で行なわれる安全保障化によって定義される。

　これらの考えを念頭に置くと，安全保障複合体の定義は次のように再定式化できる。

　　安全保障の相互依存は，そのような複合体内のユニット間では，その外側のユニット間よりも著しく強力である。安全保障複合体とは，安全保障関係の相対的な強さに関するものであり，パワーの分布と友好と敵意の関係の両方によって形作られる独特の地域パターンにつながる。安全保障複合体は，安全保障化，脱安全保障化，またはその両方の主要なプロセスが相互に関連しているため，安全保障問題を個別に合理的に分析または解決できない一連のユニットの集合として定義される。安全保障複合体の形成ダイナミクスと構造は，通常，その内部のユニットによって，つまり互いの安全保障認識と相互作用によって生成される。しかし，安全保障複合体は，地球環境や世界経済のような，複合的なメタシステムの運用から生じる外部圧力の集合的な安全保障化からも生じる可能性がある。

　この修正された定義を踏まえたうえで，我々は依然として，第8章で述べた安全保障の配置に関する議論と共に安全保障複合体理論を解決する必要がある。アクターがさまざまなセクターにわたって安全保障を合成しているときに，特定の地域形成はどの程度関連性を保っているのか，むしろそれぞれが異なるダイナミクスを持っているのか。それは軍事と政治の安全保障ダイナミクスが優勢な場合にのみ関連性を保つのか，それともより拡張された安全保障アジェンダの他のイシューにも適用できるのか。
　安全保障の配置は，安全保障複合体よりもはるかに幅広い概念であり，あら

281

ゆるレベルで起こり得る安全保障の相互関係の全体を反映している。この概念は，安全保障複合体との関連だけでなく，それらが一部となっている枠組み全体との関連で考える必要がある。CSCT は，サブ国家から地域，地域間，そしてシステムに至る4層の枠組みのなかの地域レベルに安全保障複合体を配置した。これらの層のそれぞれは，特徴的なレベルの相互作用を表していた。それらは，国家内部（特に弱い国家に焦点を当てる），国家間（諸国家を地域複合体に結びつける），複合体間（複合体間の境界があいまいな場所を除く些細なまたは未解決の場所の区分），そして大国間（システム・レベル，またはネオリアリズムの用語でいうところのシステムの極性を定義する）であった。この考えは，分析の目的でこれら4つの層を分離し，分析の対象（特定の国家，地域，または国際システム全体など）に応じて1つの層または別の層を強調しながら全体像を把握するためにそれらを元に戻すというものだった。

　安全保障の配置は，おそらくより複雑ではあるものの，同様の種類の枠組みに適合させることができる。安全保障の配置は，第3章から第7章で，ローカル化，リージョナル化，サブグローバル化，およびグローバル化のダイナミクスの観点から考察した安全保障関係の全範囲を反映している。CSCT の場合と同様，領土的に一貫した地域に安全保障の配置の複数のサブセットが関与すべきと予測する理由はない。安全保障の配置に焦点を当てる理由は，国際安全保障の構造的特徴としてのそれらが比較的無視されていること，およびローカル・ユニットと外部勢力との間の関係を媒介する際のそれらの重要性のためである。CSCT の枠組みと比較すると，安全保障の配置は，ほぼ確実に，より完全な非地域的サブグローバル・パターン（銅を輸出する一連の国々や海面上昇に脆弱な国々によって作成されるパターンなど）を生成する。

　CSCT は政治と軍事に重点を置いているため，地域以外のサブグローバルなパターンが入る余地はほとんどない。政治と軍事の関係は距離によって強く影響されるため，隣接関係が相互作用能力を決定する主な要素となる。脅威はより短い距離でより容易に移動すると予想される。したがって，一般に，近隣アクター間の安全保障の相互依存性は，より遠く離れたアクター間での相互依存性よりも強くなる。さらに，システムの支配的な単位である国家は，政治的，

軍事的，経済的パワーだけでなく，そのアイデンティティの多くを領土主権に負っている。したがって，安全保障複合体理論の最初の定式化では，国際システムは，国家，地域安全保障複合体，およびグローバルな構造という地政学的な構成要素で成り立っていた。このセクターでは，完全に存在しないわけではないにしても，非地域的なサブシステムのパターンは珍しいだろう。

　しかし，一度他のセクターやユニットが追加されると構図は変化する。特に経済セクターと環境セクターにおける関係は距離の影響がはるかに少ないため，非地域的な安全保障形成の可能性が広がる。非地域サブシステムは，近さとは関係のない共通の利益によって結ばれたユニットで構成される。1つの例は，海面上昇の潜在的な被害国である小島嶼国連合，AOSISである。政治が地球温暖化の原因に対処できず，災害シナリオが現実になった場合，これら35の国家は消滅することになる。AOSISは明らかにサブセットであり，サブシステム・レベルに位置するが，領域に基づいたサブシステムではない。非地域サブシステムは通常，イシュー固有であり，トップダウンで定義される。AOSIS諸国が地球温暖化下での運命共同体以上の共通点を持っている可能性は事実上ゼロである。これは，地域サブシステムとは異なり，非地域サブシステムではセクターを越えて利害が一致する可能性が低いことを意味する。

　したがって，CSCTと同様に，地域レベルは依然として安全保障の配置において独自の役割を果たしている。CSCTの場合のようにそうした役割を果たさない時間と場所もあるかもしれない。また，より拡張されたアジェンダでは，サブシステム・レベルでの非地域的および地域的な安全保障が形成される可能性がある。安全保障複合体の不在を理解するには，既存の2つの説明（覆い被さりと，地域構築を行なうのに十分に相互作用するにはパワーが少なすぎる国家）にセクター別の考慮事項を追加する必要がある。安全保障のアジェンダが経済や環境への懸念によって占められている場合，地域化の傾向は弱くなる可能性がある（イシューの種類によっては必ずしもそうとは限らないが）。しかし，新しい枠組みにおいても地域レベルが安全保障分析の重要な焦点であり続けると考える十分な理由が3つある。

1．政治生活が主に国家によって構成されている限り，領域性は引き続き重要であり，地域構築に前向きだろう。いい換えれば，国家はみずからの領域イメージに基づいて政治的対応を組み立てる傾向があると言える。第7章で述べたように，政治セクターはある意味で他のすべてのセクターに浸透する。政治は権威が部分的に非領土的な方法で分割される新中世的政治においてのみ，地域の規則が大幅に弱まるだろう。

2．現在実証されているところによれば，世界の多くの地域において，安全保障関係が距離によって最も強く媒介されるセクター（すなわち，政治，軍事，社会）における地域的な安全保障のダイナミクスは依然として強い。バルカン半島，コーカサス，西アフリカなどの新たな安全保障複合体や，南アジアや南部アフリカなどの進行中の安全保障複合体には，明らかに，政治・軍事および社会安全保障のダイナミクス，アクター，指示対象が混在している。それが事実である限り，地域形成は自然かつ予想される結果となるだろう。波及効果として，これらの地域形成が，経済セクターや環境セクターにおける不明瞭な領土問題の見方に影響を与えるということが挙げられる。一度地域形成が生じると，他のイシューをその構造にあてはめるレンズとして機能する。この状況はおそらくヨーロッパで最も明白であり，EUは経済と軍事・政治的懸念の融合を表わしている。逆のケースが東アジアで展開されるだろう。東アジアでは，経済的地域主義の可能性が，軍事・政治領域に出現する安全保障複合体における紛争形成の可能性という障害に直面する（Buzan 1997）。

3．環境および経済イシューのなかには，既存の地域安全保障複合体を強化するように構造化されているものもある。したがって，中東における水の共有の問題とCISにおけるパイプラインの問題は両方とも，既存の地域化の責務をさらに増大させている。

コンストラクティヴィストのアプローチ

ここで問題となっているのは，コンストラクティヴィストから客観主義者に至るスペクトラムのなかで，分析的に自分自身をどこに位置づけるかというこ

第9章 結 論

とである。この問題に関しては，我々の安全保障化アプローチを他の2つのアプローチ，つまり伝統的な安全保障研究（TSS）と批判的安全保障研究（CSS）と比較する。まず「安全保障」（イシューの安全保障の性質が社会的にどのように構成されているか），そして次に社会関係一般に関して合わせて2度基軸を使用する必要があるため，このアプローチは複雑である。特にCSSと我々の立場を比較すると，CSSは一方の軸でよりコンストラクティヴィスト的であり，我々の立場はもう一方の軸でよりコンストラクティヴィスト的である。したがって，違いを理解するにはこれを区別する必要がある。

　従来の安全保障研究は通常，安全保障に関して客観主義的である。つまり，安全保障研究の問いは，本当の脅威とは何なのか，それらにどのように対処するのが最善であるのかであり，また二次的な問いとして，アクターがどのように安全保障政策を管理するかもしくは知識人や官僚の失敗が原因の誤った管理を行なうのかを明らかにする。通常，TSS は一般的に客観主義者でもある。それは国家を所与の永遠のユニット形態，国益を客観的なものとして見なす。そして，勢力均衡や軍拡競争理論など，自然科学に近い地位を占める国家の行動に関する規則もある。

　対照的に，CSS では，システムを非常にコンストラクティヴィスト的な観点からみる。もし国家がこの舞台を支配しているとしたら，これは現実の別の側面を抑圧する権力政治の偉業であり，もし解放的な実践が批判理論の助けを借りて，現在支配している主観以外の主観に力を与えることができれば，潜在的に国家に取って代わる可能性がある。[1] 社会世界には鉄則は存在せず，すべての規則性は破られる可能性があり，これを示すこと，また実際には偶然であるにもかかわらず，ある論理がどのようにして必要であるとみなされるようになったのかを明らかにすることが批判理論の課題である。

　ただし，安全保障のイシューに関しては，CSS は予想よりもコンストラクティヴィズム的ではないことがよくある。確立された安全保障の言説に対する議論の一環として，CSS はしばしば他の安全保障問題，つまり環境問題，貧困，失業などをより重要でより脅威なものとして動員し，それによって従来の通念を相対化しようとする。この方法により，CSS は多くの場合，結局，従

285

図9.1 安全保障研究の諸学派

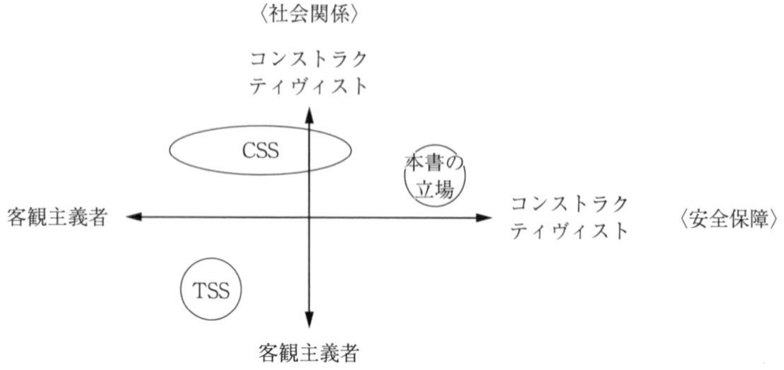

〈社会関係〉

```
            コンストラク
            ティヴィスト
                │
         ┌──CSS──┐  本書の
                │   立場
                │
客観主義者 ──────┼──────→ コンストラク    〈安全保障〉
                │        ティヴィスト
           ┌─TSS─┐
                │
            客観主義者
```

来の客観主義的な安全保障の概念を再現することになる。つまり，安全保障とは，脅威とは何かということであり，分析者は何が本当に安全保障上の問題であるかどうか，誰にとっての問題であるかを判断できる。また，このアプローチは，多くの場合，社会生活のより大きな領域の一般的な安全保障化に貢献するだろう（Wæver 1995b）。第1章で論じたように，スカンジナビアの平和研究などの第一世代の安全保障の拡張主義者は，多くの場合，図9.1の左上隅（客観的な安全保障，構成された社会関係）に非常に近い位置にある。CSSは，この見方から，図9.1の右上の象限にある，安全保障を構成するものを定義する政治を強調する，よりポスト構造主義的な部分の動きにまで広がっている。

　我々の安全保障化アプローチは，最終的には社会実践の特定の形態となる安全保障に関して，急進的なコンストラクティヴィストの立場である。安全保障のイシューは，安全保障化行為によって安全保障のイシューとなる（第2章参照）。我々は，それが本当に脅威であるかどうかを判断するために，この背後を覗き見しようとはしない（それは，安全保障化アプローチ全体を認識と誤解の理論に還元することになる）。安全保障とは，イシューを安全保障化することによってイシューに影響を与える質の高いアクターのことである。つまり，本書で概説されている特定の方法でイシューを政治の舞台に祭り上げ，十分な聴衆に受け入れてもらい，特別な防御策を承認させることを意味する。

　安全保障を自己言及的な実践として定義するには，安全保障を基軸とした急進的なコンストラクティヴィズムを構成しなければならない。ただし，一般的

第9章　結　　論

な社会関係に関して，我々はほとんどの CSS 論者ほどコンストラクティヴィズム的ではない。社会関係は自然法則ではなく，人間の行為の偶発的な産物であり，常に潜在的に再構築の可能性があると仮定する，おおむねコンストラクティヴィストの立場では，構成物（たとえば，国家やアイデンティティ）の偶発性を強調することができ，次に，それを現在の形にしたプロセスを明らかにすることで，部分的に変化する可能性を分析の基礎とする。あるいは，この構成物はより耐久性の高い構成物に属し，分析全体を通じてそれを一定に保つ（他の次元の変動に焦点を当てるため）と仮定することもできる。

　後者のアプローチは，原則で永久に変更できないものであるため，必然的に構成を行なわなければならないことを意味しない（Buzan and Wæver 1997）。構造は，現在政治化されていないため，選択の問題として広く認識されていない，堆積した慣習である。したがって，それらをいくつかの議論の枠組みとしてとらえることもできるが，より批判的に，それらは原則として偶発的なものであるため，それらがどのように変化する可能性があるかについて話し合うべきであると結論付けることも可能である。

　おそらくこれが，我々の以前の本に対する批判のほとんどを引き起こしたものである。我々はアイデンティティ（社会安全保障）の名のもとに実践される安全保障を研究したので，アイデンティティは対象化されなければならない（最も批判的なのは，McSweeney 1996）。我々はアイデンティティを社会的に構成されたものとしてとらえているが，他の社会構成物よりも徹底的に構成されているわけではない。他の社会構成物と同様にアイデンティティは，硬直し，相対的に不変の要因と見なされる可能性がある。特定の項目で，この「不活発なコンストラクティヴィズム」は，客観主義者に非常に近い分析形態を可能にする。たとえば，最終的に存在論がウォルツの自然主義や原子主義ではなく，ある種のコンストラクティヴィズムであることを覚えていれば，ウォルツ流ネオリアリズムは，古典的リアリズムと修辞的基礎に沿っている（Dessler 1989；Buzan, Jones, and Little 1993, part 3；Wæver 1994, forthcoming-b）。

　我々はコンストラクティヴィズムのなかに継続性（そして他の文脈では構造さえも）を再挿入しようとする。したがって，我々は，すべてがどのように異な

るかを説明することしかできない安全保障理論を創り上げたくはない。我々はまた，アクターが現在，そしておそらく明日もそのように行動する理由を理解したいと考えている。変容は安全保障を向上させるための戦略の1つではあるが，必ずしも最も合理的な戦略であるとは限らない。しかし，多くの場合，分析者として，ユニット間の行動パターンをありのままに把握すること，エスカレーションを回避し，管理された安全保障複合体，そして最終的には安全保障共同体に向かうために負の連鎖を操作することの一助となる。

　社会関係についての我々の相対的客観主義には，物事をありのままに再生産すること，CSSが覆そうとしていることを当然とみなすことに貢献するという欠点がある。利点は，古典的な安全保障研究と完全に一致しており，ユニット間の関係の管理に役立つということである。

　安全保障に関する我々の急進的なコンストラクティヴィズムの長所と短所は，おそらくより議論の余地があるだろう。主な欠点は，（たとえば移民による）安全保障化に対して，これは実際には安全保障問題ではない，あるいは環境こそがより大きな安全保障問題であるという議論で対抗できないことである。我々は，安全保障化に関する実際の問題（将来の移民の予測は現実的か，外国人と一緒に暮らすと文化の一貫性は失われるのか，それとも強化される可能性が高いのか）について議論することはできるが，安全保障の意味は実際の問題を別の種類の政治に格上げすることにあるので，真実の観点からこれに異議を唱えることはできない。つまり，この問題を安全保障化することでどのような影響が考えられるのかを，実際的または倫理的に尋ねることができるだけである。これを行なうことは，このイシューを処理する有効な方法になるのか。また，安全保障の形態でイシューを処理するとどのような副作用があるのか。我々は安全保障化の必然性のない性質を明らかにすることはできるが，その虚偽性を明らかにすることはできない。

　安全保障化に対して批判的に取り組む我々の試みの主要な部分は，我々が国際関係の研究者であり，安全保障研究に取り組んでいることから，他のセクターとの相互作用に与える可能性のある影響を指摘することにある。この方法で安全保障化すると，Bに不安が生じ，我々は安全保障のジレンマに陥る。対照

第9章 結論

的に，イシューの脱安全保障化は他の手続きに委ねられることになる。状況が脱安全化されたままであれば，起こる可能性のある出来事についての議論に参加することは可能だが，その状況が決定的な社会領域を要求する脅威を作り出すかどうかについて科学的評価を与えることで，この議論を終わらせることはできない。

我々がこれまでに寄せたコメントのほとんどは，以前は価値のない社会科学に従事していると考えられていた学問分野で明らかになりつつある，この種のイシュー，分析者の役割，本質的な政治的イシューに関するものであった。安全保障化の議論によって生じる利益は，安全保障の分析者の政治的役割に関する議論に，他の安全保障研究学派がよりオープンに参加できるようになるということだろう。

議論の2番目の種類の利点と欠点は，対処できるもしくは対処できない分析問題の種類に関係している。おそらく，安全保障を歴史化し，安全保障問題のユニットにおける変革を研究する能力は大きな新たな可能性である。従来の安全保障研究は，他の場所では安全保障現象を見えないように規定するユニット（国家）と手段（軍事）を定義している。CSSの多くは個人主義的，還元主義的な存在論を持っており，したがってすべてを同質的な流行りの個人的安全保障に変換する。安全保障化研究では，新しい指示対象が，安全保障の名のもとに，安全保障を首尾よく引き受けることができる何かの地位をいつどのように獲得するかを分析することができ，また，新しいセクターが安全保障の形成において実際に政治をどの程度誇示するかを研究することができる。安全保障化によって，伝統主義者の閉ざされ，あらかじめ定義された世界，拡張主義者のすべてが安全保障のイシューであるという世界，そしてCSSのすべてが異なる可能性がある世界の間に，安全保障の地図を描くことが可能になる。伝統主義者にとって，このマップは一時的なものに見えるだろう。なぜなら，このマップは物質的な要因に基づいておらず，安全保障の実践の蓄積したパターンにのみ基づいているからである。批判理論家にとって，そうであってもそうではなかったとしても，再生産される世界は反動的なものとなるだろう。

我々の新たな枠組みと伝統的アプローチとの対比

　我々の新しい枠組みと安全保障研究への伝統的なアプローチの最も明白な違いは，アジェンダについての拡張（複数セクター）対縮小（単一セクター）の選択にある。拡張主義者は，セクター間のバランス，セクター間の相互リンク，および特定の歴史的時代に支配的である可能性のある脅威，行為者，および指示対象の種類について，常にオープンである必要がある。対照的に，伝統的な安全保障研究では，1つのセクター（軍）と1つのアクター（国家）に加えて，武力行使に直接関係する他のセクターとのつながりや交差が永続的に優先される。また，我々の安全保障の定義は脅威と指示対象の社会的構築に基づいているのに対し，伝統主義者はこれらの要素について客観主義的な見方をしているという点で，2つのアプローチは方法論的にも相容れない。原則として，この方法の違いは，軍事セクターや国家に関連する場合でも，安全保障に対するかなり異なる理解につながる可能性がある。実際には，伝統主義者は疎外される危険を冒さずに，社会的に構築された脅威から大きく外れることはできない。ここでの危険性は，伝統主義者による脅威と指示対象の対象化によって，軍事セクターや国家が安全保障化するアクターの役割に押しやられることである。この危険性は長年にわたる平和研究の一部であり，最近ではTSSに関するCSSによる警告も行なわれている。

　この方法論的な違いとは別に，TSSの一般的な主題は，我々の新しい分析枠組みの1つのサブセットとみなすことができる。両者は方法論的な集団主義を共有しており，それによって国際安全保障とより拡張した安全保障の政治理論との間に境界線を引くことになる。一部の平和研究やその最近の派生であるCSSの一部とは異なり，我々の枠組みとTSSは，国際安全保障に対する不合理なアプローチとして還元主義（安全保障の最終的な指示対象として個人を優先する）を拒否する。これは，TSSが個人レベルの安全保障の有効性を否定しているという意味ではなく，それが国際安全保障を理解するうえで相対的にあまり重要でないと考えているだけである。国際安全保障とは，主に集団ユニット

第9章 結論

間の関係と，それらがシステムにどのように反映されるかを意味する。曖昧さにもかかわらず，私たちが国際という用語をいまだに使用するのは，それが確立された用法であることと，その曖昧さが多様なセクター（たとえば，「国家」ではなく「民族」）を示唆しているためである。

　2つのアプローチの費用便益を比較検討する際には，少なくとも2つの異なる性質を考慮する必要がある。それは，相対的な知的一貫性と，安全保障概念の強力なレトリックを統御する方法である。

　知的一貫性という点では，おそらく選択の余地はほとんどない。我々は，第1章で提示した伝統主義者の非難に答えたと考えている。セクターの利用を明確にし，政治化と安全保障化を区別することによって，安全保障の特徴的な主題範囲を保持し，より拡張したアジェンダに知的一貫性を取り戻すことが可能になる。伝統的な安全保障研究は，知的な非一貫性がないという非難を免れない（Buzan 1987）。単一のセクターに集中しているため，表面的には知的（および社会学的）一貫性があるように見えるが，その境界は決して明確ではない。この分野の最も一般的な描写である「武力の行使」の基準は，明確な境界を設定するために使用することはできない（またはまだ使用されていない）。そうしようとすると，その主題が平和研究の広い分野や国際関係の一般研究の多くにまで及んでいることがすぐにわかる。TSSを国際関係に対するリアリスト的なアプローチ，または国際政治経済のかなりの部分（覇権理論など）のいずれかから区別することは非常に困難である。新しい枠組みは従来の方法よりも複雑になる可能性があるが，知的尊重を同等に主張しており，その複雑さは隠蔽され，議論されなくなるのではなく，オープンでアクセス可能である。

　新しい枠組みとTSSの2番目の比較は，安全保障概念の強力なレトリックをどの程度うまく制御できるかという点である。どちらのアプローチにとっても，安全保障は政治的優先事項を設定し，武力行使，行政権の強化，秘密保持権の主張，その他の極端な措置を正当化する力を与える言葉である。安全保障がどのように理解され，活用されるかは，政治活動のやり方に大きな影響を与える。よく知られているように，過度の安全保障化は自閉症やパラノイアに相当する国際的な症状を生み出す。ソ連，イラン，北朝鮮などの閉鎖国家は，独

自の開発プロジェクトを推進しようとしており，核ミサイルや敵軍からミニスカートやポップミュージックに至るまで，あらゆるものを安全保障化してきた。このような拡張的な安全保障化は，市民社会を窒息させ，介入的で強制的な国家を生み出し，（最終的には）経済を麻痺させ，イデオロギー的プロジェクトを共有しない近隣諸国との安全保障のジレンマの強度を最大化する。したがって，過剰かつ不合理な安全保障化を回避することは，社会的，政治的，経済的目標の重要性を正当化する。安全保障研究をどのように構築するかに関する学術的議論は，この現実世界の政治的文脈から切り離して責任を持って進めることはできない。

　問いは，安全保障化の費用便益のバランスが合理的に保たれるように，安全保障に対する主張をどのように制限するのが最善であるかということである。この問いに関する進歩は，西洋国際社会全体の発展に付随する，より広い意味での進歩と密接に結びついている。それはおそらく18世紀のホッブズ型国家の建設から始まるだろう。リヴァイアサン（ホッブズ型国家）の創設は公共の経済的および政治的生活の領域を開くことを目的としていたが，これは国家によって管理される封じ込められた空間に武力の行使を押し戻すことなしには実現できなかった。リヴァイアサンの下では，国民は経済的不満や政治的意見の相違をめぐって剣を抜くことはできず，法の支配と市場によって管理されることになっていた。生存の脅威の論理と，経済的または政治的関係をめぐって武力を行使する権利は国家に留保されており，したがって国民の間では大部分が脱安全保障化されていた（Williams 1996, forthcoming）。

　この国内の発展は，経済を政治から知的かつ政治的に分離しようとする19世紀以来の自由主義者のプロジェクトに内在する脱安全保障化としての広義の意味での進歩への道を示した。この分離が達成できる範囲で，国際経済領域が脱安全保障化され，人々，企業，国家は，自立という制約や相対的利得の計算を考慮する必要がなくなり，より自由に効率性を追求できるようになる。逆説的であるが，この分離とそこから生じる相互依存により，脱安全保障化が軍事と政治の関係に波及することが可能になると考えられている。

　経済学の脱安全保障化は資本主義のイデオロギーの中心である。このプロジ

ェクトは，現在，西洋国際社会を特徴づけている「平和地帯」のなかの最も深くまで踏み込まれたものである (Goldgeier and McFaul 1992；Singer and Wildavsky 1993；あるいは以前のバージョンでは Keohane and Nye 1977)。共産主義の対抗計画およびそれに関連する閉鎖国家と閉鎖社会の終焉により，より広範な国境の溶解が起こり，ほとんどの種類の政治的，社会的，経済的相互作用が脱安全保障化される可能性がある。この発展は EU 内で最も進んでいるが，世界の多くの地域で進行している近代国家からポストモダン国家への移行，より閉鎖的な政治構造からより開放的な政治構造への移行にも内在している。

　一見すると，安全保障化の範囲を限定するこのプロジェクトは，狭い目的を持った伝統主義者を支持し，拡張主義者に反対しているように見えるだろう。ダニエル・デュードニー (Deudney 1990) による限定的な方法を除いて（および我々自身の以前の考察；Buzan 1995b および Wæver 1995b を参照)，そのような反対が拡張主義者に対して使用されていないことは実際かなり驚くべきことである。より拡張したアジェンダは，伝統的な軍事政策よりも過剰な安全保障化に対して脆弱であるように思われる（伝統的な軍事政策も極端に進めばそれ自体が十分に脆弱である)。軍事セクターの安全を確保することには，心地よい「最後の拠り所」の響きがあり，広範なリベラルなイデオロギーが冷戦後の現在，隆盛を享受していることともつじつまが合う。この観点からみると，安全保障のアジェンダを拡張することは逆行的な動きであるといえる。それは，リベラリズムが苦労して勝ち取った脱安全保障化の成果，そしておそらく過去 3 世紀にわたるホッブズのリヴァイアサンの成果さえも脅かしており，冷戦後の世界におけるさらなる開放に向けた責務とは一致しない。

　我々は西洋国際社会の一般的な進歩に疑問を呈するつもりはなく，長期的な政治目標として脱安全保障化を支持する議論をここや他の場所で言明している。しかし，脱安全保障化に対するリベラルなアプローチは主に，他のセクターを武力の行使から切り離して解放し，最終的には軍事セクター自体を縮小し疎外することにあることに言及しておきたい。セクター別の脱軍事化は，脱安全保障化に対する特徴的なリベラルなアプローチであり，その意味で，TSS は，驚くべきことに（多くの人が最初に考えられるような保守主義の産物ではなく）そ

の産物の1つである。「安全保障」を体現するものとしての軍事セクターを孤立に近いものにするのがTSSである（そして，安全保障に関するリベラルな実践者の一部は，TSSが国際関係において最終的に疎外されることを望んでいるからである）。

　このリベラルなアプローチには利益だけでなくコストもかかる。これは脱安全保障化を理解する1つの方法だが，間違いなく最善ではなく，現在の状況では必ずしも最適ではない。皮肉なことに，リベラルなプロジェクトの成功そのものが，現在，より拡張した安全保障アジェンダへの要求，軍事以外の観点からの安全保障の再発明への要求を生み出している。我々は，（我々が示した）新しい枠組みは3世紀にわたるリベラルなプロジェクトに対する積年の攻撃ではなく，そのプロジェクトに対する建設的で必要な対応であると考えている。

　冷戦期でさえ，脱軍事化と脱安全保障化を同一視するリベラルなアプローチの2つのコストはすでに明らかであった。1つ目は国際的なパワーポリティックスにおけるイデオロギー的役割であり，2つ目は過剰安全保障化の政治・軍事の論理に対する脱軍事化・脱安全保障化の脆弱性であった。

　意図的か否かにかかわらず，リベラルな脱安全保障化は，伝統的なヨーロッパの直接管理スタイルではなく，アクセスの需要に基づいて運営された1945年以降の米国と西側の帝国を正当化した。経済関係の脱安全保障化により，このアクセスの帝国化が促進された。それは強者による経済的浸透を正当なものとし，単に軍事関係よりもはるかに拡張された観点から安全保障を考える弱者のやり方を否定した。国際システムの周辺にある多くの国家や国民にとって，政治経済のリベラルな脱安全保障化の試み自体が安全保障のイシューであった。安全保障アジェンダの定義に関するリベラルな選択の利己的な性質は，他の場所でどのようなメリットがあるとしても，多くの国家や国民にとって有害であると見なされていた。自由主義国家は，他のアクターによる非軍事的安全保障の主張を非合法化し，そのプロセスでそれらを市場経済と多元主義政治の「通常の」政治に従属させることができた。この状況自体は，安全保障に対するより拡張した視点を正当化するものであったが，それを支えたのは新たな国際経済秩序を求める弱者の声だけであり，超大国間の巨大な軍事衝突によってその

第9章 結　論

ほとんどがかき消された。

　この対立は，政治と軍事の論理が過剰安全保障化に対して脆弱であることの証拠とみなすことができる。「安全保障」を「軍事」と同一視することによって，西側諸国，特に米国の政治体制は，客観主義的で外部から決定され，それを打ち砕くのが非常に困難な安全保障の定義にみずからをさらした。この定義はソ連との核同等性の論理を推進し，ベトナムの惨事への道を開き，マッカーシズムの自傷行為を正当化した。この客観主義的で軍事的な安全保障の理解は，あらゆる安全保障化を根本的に疑問視するという選択肢をほぼ排除している。（安全保障は）「安全保障」と定義される軍事セクターに閉じ込められ，軍事的脅威に直面すると，その脅威がいかに危険であるかを議論する以上のことは難しい。この考え方では，軍事的なものを安全保障化すべきかどうかを問うことは，当面の問題を主張するだけでなく，議論の用語を再定義する必要があるため，非常に困難である。ここで提唱されている安全保障化アプローチの利点の1つは，政策立案者，分析者，運動家，ロビイストにとって，安全保障（または脱安全保障化）について話すことに伴う責任を指摘していることである。物事を安全保障（または脱安全保障）の言葉で表現するのは選択であり，問題や問題間の関係自体の客観的な特徴ではない。その選択は，適切かつ成功裏に終わる差し迫ったイシューの安全保障化（または脱安全保障化）によって正当化される必要がある。

　冷戦の終結，市場経済の旧共産主義世界のほぼ全域への拡大，そして世界的な金融，投資，生産の強化により，より拡張した安全保障アジェンダが必要であるという主張が強くなっている。冷戦の終結により，少なくとも当面は，大国間の軍事対立は大幅に減少した。安全保障上の懸念は，むしろ，開かれた国際システムがどのように運営されるかという結果に関するものであり，一連のイシューは，弱いアクターと同様に強いアクターにも影響を及ぼす。この進行は国際経済の場合に最も明白である（Rosenau 1990；Ruggie 1993；Cerny 1995；Strange 1994）。経済安全保障の台頭は，単なる古典的な重商主義への逆戻りではない。それは世界的な自由化のさまざまな危険，つまり敗者になるリスク，システムの不安定性，特に財務上の一般的な危険性，そして，麻薬，武

器，その他の禁止製品（CFCなど）の犯罪行為という形での貿易の暗い側面に対する反応である。この経済安全保障の台頭は，環境問題，国内の政治的自律性と安定性，軍事的自立に対する世界経済のクロスオーバー効果にも関係している。我々が1993年の著書（Wæver et al. 1993）で論じたように，国際システムにおけるポストモダンのリベラルな動きの一部，特にEUの統合は，社会安全保障問題の発生にとって極めて重要であった。

したがって，冷戦後の世界では，より拡張した安全保障アジェンダがリベラルなプロジェクトの世界的な成功に対する必要な対応であると主張することができる。とりわけ，このことは，第3章から第7章で明らかになったシステムおよびサブシステム・レベルの指示対象の数にみることができる。いくつかの中心的な方法で，リベラルなプロジェクトは軍事安全保障とそれに伴うアプローチを疎外することに成功しているようで，それは伝統的な安全保障研究に沿ったものとなっている。しかし，そうすることで，多様なセクターの枠組みでのみ対処できる新たな安全保障上の問題が生じた。過剰な安全保障化の危険性は依然として残っており，新しい枠組みの中核となる部分は，安全保障化（軍事的なものを含む）に対する逆効果を招く主張を特定し，批判する手段を提供するものでなければならない。

しかし，冷戦後の世界の脱安全保障が成功したと仮定したり，軍事安全保障のイシューだけが残っていると仮定したりすると，より拡張したアジェンダに関連する誤解と同等かそれ以上の誤解を招く危険がある。我々のアプローチには，安全保障を脅威の客観的な特徴ではなく，アクターが責任を負うラベルとして概念化するという基本的なメリットがある。したがって，このアプローチの多様なセクター主義は安全保障化の急増を可能にするが，そのコンストラクティヴィズムは，それぞれの特定の事例に疑問を呈し，政治化する手段を提供する。これは，安全保障の構成要素にセクターごとにしっかりとした制限を設けながら，安全保障を客観化し，非政治化し，実際に安全保障の唯一許容される理解として自然化させたTSSのアプローチとは対照的である。このテストでも，新しい枠組みは従来の枠組みに対して十分に機能する。

第9章 結　論

注

(1) この点において，CSS は，より大きなディシプリンにおけるコンストラクティヴィズムに関連するものよりも，国際関係論における批判理論やポスト構造主義の一部とより密接に結びついている。おそらく国際関係論におけるコンストラクティヴィズムの支配的な流れは，アレクサンダー・ウェント（Wendt 1992, 1994, 1995），ピーター・カッツェンスタイン（Katzenstein 1996a, 1996b），エマニュエル・アドラー（Adler 1992, 1995），マイケル・バーネット（Barnett 1995；Adler and Barnett 1996, forthcoming）などの名前と関連している。さまざまな理由から，これらの著者は意図的に国家中心主義であることが多く，コンストラクティヴィストが伝統的なリアリストやリベラリストの説明よりも国家の行動をどのようにうまく説明できるかを示したいと考えている。この傾向の理由の1つは，エージェント構造論争（Wendt 1987）におけるこのコンストラクティヴィズムの誕生であり，エージェント構造論争は国際関係論において，エージェント＝国家，構造＝国際構造となった（Wæver 1994）。また，コンストラクティヴィズムは通常，ポスト構造主義的なものと区別するために非常に注意を払っている（cf. Wæver 1996c）。しかし，コンストラクティヴィズムという用語は，より広範囲の最良の立場を簡単にカバーする可能性があり，非対立的ポスト構造主義または急進的コンストラクティヴィズムと呼ばれる可能性のあるスペクトルの一部の著者が作品を発表するにつれて，おそらくカバーする範囲が広がるだろう。安全保障研究のなかで，安全保障へのアプローチとして「主流コンストラクティヴィズム」を立ち上げるという体系的な試みが見られるようになったのはごく最近のことである（カッツェンスタインの分厚い編集本［Katzenstein 1996b］が代表作である）。一方，ここで議論する学派である CSS は過去数年にわたって，徐々にそして一貫して，台頭しており，CSS は批判理論（マルクス，グラムシ，ハーバーマス），ポスト構造主義，および主流コンストラクティヴィズム（Booth 1979, 1991, 1994, 1995；Dalby 1988, 1990；Klein 1990, 1994；Krause 1992, 1993；Krause and Williams 1997；Luke 1989；Walker 1988, 1990；Wynn-Jones 1995. これらの作品のいくつかについての批判的な議論は，Hansen 1994を参照）などに依拠している。

参考文献

Acharya, Amitav (1992) "Regionalism and Regime Security in the Third World: Comparing the Origins of the ASEAN and the GCC," in Brian Job (ed.), *The Insecurity Dilemma*. Boulder: Lynne Rienner, pp. 143–164.

Adams, W. M. (1990) *Green Development: Environment and Sustainability in the Third World*. London: Routledge.

Adler, Emanuel (1992) "The Emergence of Cooperation: National Epistemic Communities and the International Evolution of the Idea of Nuclear Arms Control," *International Organization*, 46:2, pp. 101–146.

—— (1995) "Seizing the Middle Ground," unpublished manuscript.

Adler, Emanuel, and Michael J. Barnett (1996) "Governing Anarchy: A Research Agenda for the Study of Security Communities," *Ethics and International Affairs*, 10, pp. 63–98.

Adler, Emanuel, and Michael J. Barnett (eds.) (forthcoming) *Governing Anarchy: Security Communities in Theory, History and Comparison*. Cambridge: Cambridge University Press.

Allison, Graham (1971) *The Essence of Decision: Explaining the Cuba Missile Crisis*. Boston: Little, Brown.

Anderson, Benedict (1983) *Imagined Communities—Reflections on the Origins and Spread of Nationalism*. London: Verso Publishers.

Anderson, Kim, and Richard Blackhurst (1993) *Regional Integration and the Global Trading System*. Hemel Hempstead: Harvester Wheatsheaf.

Appiah, Kwame Anthony (1994) "Identity, Authenticity, Survival: Multicultural Societies and Social Reproduction" in Amy Gutmann (ed.), *Multiculturalism: Examining the Politics of Recognition*. Princeton: Princeton University Press, pp. 149–163.

Arendt, Hannah (1958) *The Human Condition*. Chicago: University of Chicago Press.

—— (1959) "On Humanity in Dark Times: Thoughts About Lessing," an address on accepting the Lessing Prize of the Free City of Hamburg (originally in German), Reprinted in *Men in Dark Times*. New York: Pelican Books, 1973.

Ariff, Mohammed (1996) "Institutionalisation of Economic Cooperation in the Asia-Pacific Region with Special Reference to APEC," *Dokkyo International Review*, 9, pp. 177–192.

Armstrong, David (1993) *Revolution and World Order: The Revolutionary State in International Order*. Oxford: Clarendon Press.

Austin, J. L. (1975 [1962]) *How To Do Things with Words*. 2d ed. Oxford: Oxford University Press.

Ayoob, Mohammed (1995) *The Third World Security Predicament: State Making, Regional Conflict, and the International System*. Boulder: Lynne Rienner.

Baldwin, David A. "The Concept of Security," *Review of International Studies* 23:1 (1997), pp. 5–26.

Barnett, Michael (1995) "Sovereignty, Nationalism, and Regional Order in the Arab States System," *International Organization*, 49:3, pp. 479–510.

Barnett, Robert W. (1984) *Beyond War: Japan's Concept of Comprehensive*

National Security. Washington, D.C.: Pergamon/Brassey's.

Baudrillard, Jean (1994 [1992]) *The Illusion of the End* (translation of *L'Illusion de la fin: ou La greve des evenements.* Paris: Galilee, 1992), translated by Chris Turner. Stanford: Stanford University Press. (An alternative translation by Charles Dudas, York University, Canada, was made available chapter by chapter during 1993–1994 on the internet through CTHEORY.)

Benedick, Richard Elliot (1991) *Ozone Diplomacy—New Directions in Safeguarding the Planet.* Cambridge: Harvard University Press.

Bigo, Didier (1994) "The European Internal Security Field: Stakes and Rivalries in a Newly Developing Area of Police Intervention," in Malcolm Anderson and Monica den Boer (eds.), *Policing Across National Boundaries.* London: Pinter Publishers, pp. 161–173.

——— (1996) *Polices en réseaux: l'expérience européenne.* Paris: Presses de Sciences Po.

——— (forthcoming) "The New Field of Security in Europe: Mixing Crime, Border and Identity Controls," in Anne-Marie Le Gloannec and Kerry McNamara (eds.), *Le Désordre Européen.* Paris: Presses de Sciences Po.

Blaikie, Piers, Terry Cannon, Ian Davis, and Ben Wisner (1994) *At Risk: Natural Hazards, People's Vulnerability and Disasters.* London: Routledge.

Böge, Volker (1992) "Proposal for an Analytical Framework to Grasp Environmental Conflicts," Zurich: *ENCOP (Environment and Conflicts Project) Occasional Paper.*

Booth, Ken (1979) *Strategy and Ethnocentrism.* London: Croom Helm.

——— (1991) "Security and Emancipation," *Review of International Studies,* 17:4, pp. 313–327.

——— (1994) "Dare Not to Know: International Relations Theory Versus the Future," in Ken Booth and Steve Smith (eds.), *International Political Theory Today.* London: Polity Press, pp. 328–350.

——— (1995) "Human Wrongs and International Relations," *International Affairs,* 71:1, pp. 103–122.

Bourdieu, Pierre (1991 [1982]) *Language and Symbolic Power.* Cambridge: Harvard University Press (mostly a translation of *Ce que parler veut dire*). Paris: Libreire Arthème Fayard, 1982.

——— (1996) Response at seminar on "Fin-de-Siecle Intellectuals: Looking Back, Looking Forward," University of California at Berkeley, April.

Brock, Lothar (1991) "Peace Through Parks: The Environment on the Peace Research Agenda," *Journal of Peace Research,* 28:4, pp. 407–422.

Brown, Lester R., et al. (1993) *State of the World 1993: A Worldwatch Institute Report on Progress Toward a Sustainable Society.* New York: W. W. Norton.

Brown, Neville (1989) "Climate, Ecology and International Security," *Survival,* 31:6, pp. 519–532.

Bull, Hedley (1977) *The Anarchical Society: A Study of Order in World Politics.* London: Macmillan.

Bull, Hedley, and Adam Watson (eds.) (1983) *The Expansion of International Society.* Oxford: Clarendon.

Bureau of the Census (1996) "U.S. Population Projections." Washington, D.C.: U.S. Department of Commerce.

Butler, Judith (1996a) "Performativity's Social Magic" in Theodore R. Schatzki and Wolfgang Natter (eds.) *The Social and Political Body,* New York: Guilford Press.

——— (1996b) "Anti-Intellectualism" Presentation with Pierre Bourdieu at seminar "Fin-de-siecle Intellectuals: Looking Back, Looking Forward," University of California at Berkeley, April.

Butterfield, Herbert (1965) "The Historic States-Systems," unpublished paper for

the British Committee for the Theory of International Politics.
——— (1975) "Raison d'État," Martin Wight Memorial Lecture, University of Essex.
Buzan, Barry (1983) "Regional Security as a Policy Objective: The Case of South and Southwest Asia," in A. Z. Rubinstein (ed.), *The Great Game: The Rivalry in the Persian Gulf and South Asia*. New York: Praeger, chapter 10.
——— (1984) "Economic Structure and International Security: The Limits of the Liberal Case," *International Organization*, 38:4, pp. 597–624.
——— (1987) *An Introduction to Strategic Studies: Military Technology and International Relations*. London: Macmillan.
——— (1988) "The Southeast Asian Security Complex," *Contemporary Southeast Asia*, 10:1, pp. 1–16.
——— (1991) *People, States and Fear: An Agenda for International Security Studies in the Post–Cold War Era*. 2d ed. Boulder: Lynne Rienner; Hemel Hempstead: Harvester Wheatsheaf.
——— (1993) "From International System to International Society: Stuctural Realism and Regime Theory Meet the English School," *International Organization*, 47:3, pp. 327–352.
——— (1994a) "National Security in the Post–Cold War Third World," *Strategic Review for Southern Africa*, 16:1, pp. 1–34.
——— (1994b) "The Post–Cold War Asia-Pacific Security Order: Conflict or Cooperation," in Andrew Mack and John Ravenhill (eds.), *Pacific Cooperation: Building Economic and Security Regimes in the Asia-Pacific Region*. St. Leonards: Allen and Unwin Australia; Boulder: Westview Press, pp. 130–151.
——— (1994c) "The Level of Analysis Problem in International Relations Reconsidered," in Ken Booth and Steve Smith (eds.), *International Political Theory Today*. London: Polity Press, pp. 198–216.
——— (1995a) "Focus On: The Present as a Historical Turning Point," *Journal of Peace Research*, 32:4, pp. 385–399.
——— (1995b) "Security, the State, the 'New World Order' and Beyond," in Ronnie D. Lipschutz (ed.), *On Security*. New York: Columbia University Press, pp. 187–211.
——— (1996) "International Security and International Society," in Rick Fawn and Jeremy Larkin (eds.), *International Society After the Cold War: Anarchy and Order Reconsidered*. London: Macmillan, pp. 261–287.
——— (1997) "The Asia Pacific: What Sort of Region in What Sort of World?" in Anthony McGrew and Chris Brook (eds.), *A Pacific Community? Perspectives on the Pacific Rim in the Contemporary World Order*. Milton Keynes: Open University, Chapter 4.
Buzan, Barry, Gowher Rizvi, et al. (1986) *South Asian Insecurity and the Great Powers*. London: Macmillan.
Buzan, Barry, Morten Kelstrup, Pierre Lemaitre, Elzbieta Tromer, and Ole Wæver (1990) *The European Security Order Recast: Scenarios for the Post–Cold War Era*. London: Pinter Publishers.
Buzan, Barry, and Gerald Segal (1992) "Introduction: Defining Reform as Openness," in Gerald Segal (ed.), *Openness and Foreign Policy Reform in Communist States*. London: Routledge, pp. 1–17.
Buzan, Barry, and Ole Wæver (1992) "Framing Nordic Security—European Scenarios for the 1990s and Beyond," in Jan Øberg (ed.), *Nordic Security in the 1990s: Options in the Changing Europe*. London: Pinter Publishers, pp. 85–104.
Buzan, Barry, Charles Jones, and Richard Little (1993) *The Logic of Anarchy: Neorealism to Structural Realism*. New York: Columbia University Press.

Buzan, Barry, and Richard Little (1994) "The Idea of 'International System': Theory Meets History," *International Political Science Review*, 15:3, pp. 231–255.

Buzan, Barry, and Gerald Segal (1994) "Rethinking East Asian Security," *Survival*, 36:2, pp. 3–21.

Buzan, Barry, and Richard Little (1996) "Reconceptualising Anarchy: Structural Realism Meets World History," *European Journal of International Relations*, 2:4, pp. 403–438.

Buzan, Barry, and Gerald Segal (1997) *Anticipating the Future*. London: Simon and Schuster.

Buzan, Barry, and Ole Wæver (1997) "Slippery? Contradictory? Sociologically Untenable? The Copenhagen School Replies," *Review of International Studies*, 23:2, pp. 143–152.

Buzan, Barry, and Eric Herring (forthcoming 1998) *Pandora's Box: Military Security, Technology, and World Politics*. Boulder: Lynne Rienner.

Cable, Vincent (1995) "What Is International Economic Security?" *International Affairs*, 71:2, pp. 305–324.

Campbell, David (1993) *Writing Security: United States Foreign Policy and the Politics of Identity*. Manchester: Manchester University Press.

Carr, E. H. (1939) *The Twenty Years' Crisis 1919–1939: An Introduction to the Study of International Relations*. London and Basingstoke: Macmillan.

Carroll, John E. (ed.) (1988) *International Environmental Diplomacy: The Management and Resolution of Transfrontier Environmental Problems*. Cambridge: Cambridge University Press.

Carson, Rachel (1962) *Silent Spring*. Harmondshire: Penguin, 1991.

Cerny, Phil (1995) "Globalization and Structural Differentiation," unpublished paper, European Consortium for Political Research-Standing Group on International Relations (ECPR-SGIR) Conference, Paris.

Chipman, John (1992) "The Future of Strategic Studies: Beyond Grand Strategy," *Survival*, 34:1, pp. 109–131.

Clausewitz, Karl von (1983 [1832]) *Vom Kriege*. Berlin: Verlag Ullstein.

Conze, Werner (1984) "Sicherheit, Schutz" in Otto Brunner, Werner Conze, and Reinhart Koselleck (eds.) *Geschichtliche Grundbegriffe: Historisches Lexicon zur politisch-sozialen Sprache in Deutschland, vol. 5*, Stuttgart: Klett-Cotta.

Cox, Robert (1994) "Global Restructuring: Making Sense of the Changing International Political Economy," in Richard Stubbs and Geoffrey Underhill (eds.), *Political Economy and the Changing Global Order*. Toronto: McClelland and Stewart, pp. 45–59.

Crawford, Beverly (1993) *Economic Vulnerability in International Relations—The Case of East-West Trade, Investment and Finance*. New York: Columbia University Press.

——— (1995) "Hawks, Doves, But No Owls: International Economic Interdependence and Construction of the New Security Dilemma," in Ronnie D. Lipschutz (ed.), *On Security*. New York: Columbia University Press, pp. 149–186.

Crawford, Neta C. (1991) "Once and Future Security Studies," *Security Studies*, 1:2, pp. 283–316.

Dalby, Simon (1988) "Geopolitical Discourse: The Soviet Union as Other," *Alternatives*, 13:4, pp. 415–443.

——— (1990) *Creating the Second Cold War: The Discourse of Politics*. New York: Guilford.

den Boer, Pim (1993) "Europe to 1914: The Making of an Idea," in Pim den Boer, Peter Bugge, and Ole Wæver, *The History of the Idea of Europe*. Milton Keynes: Open University (republished by Routledge, 1995), pp. 13–82.

参考文献

Delumeau, Jean (1986) *Rassurer et protéger: le sentiment de sécurité dans l'Occident d'autrefois*, Paris: Fayard.
Deng, Francis M. (1995) *War of Visions: Conflict of Identities in the Sudan.* Washington, D.C.: Brookings Institution.
Der Derian, James (1987) *On Diplomacy.* Oxford: Basil Blackwell.
—— (1992) *Anti-Diplomacy: Spies, Terror, Speed and War.* Oxford: Basil Blackwell.
—— (1993) "The Value of Security: Hobbes, Marx, Nietzsche and Baudrillard," in David Campbell and Michael Dillon (eds.), *The Political Subject of Violence.* Manchester: Manchester University Press, pp. 94–113.
Derrida, Jacques (1977a [1972]) "Signature Event Context," *Glyph*, 1, pp. 172–197.
—— (1977b) "Limited Inc a b c," *Glyph*, 2, pp. 162–254; reprinted in Derrida, *Limited Inc.* Evanston, Ill.: Northwestern University Press, 1988, pp. 29–110.
—— (1988) "Afterword: Toward an Ethic of Discussion," in Derrida, *Limited Inc.* Evanston, Ill.: Northwestern University Press, pp. 111–154.
—— (1992 [1991]) *The Other Heading: Reflections on Today's Europe.* Bloomington: Indiana University Press.
Dessler, David (1989) "What's at Stake in the Agent-Structure Debate?" *International Organization*, 43:3, pp. 441–473.
Deudney, Daniel (1990) "The Case Against Linking Environmental Degradation and National Security," *Millennium*, 19:3, pp. 461–476.
—— (1995) "The Philadelphian System: Sovereignty, Arms Control and Balance of Power in the American States Union, circa 1789–1861," *International Organization*, 49:2, pp. 191–229.
Deutsch, Karl, et al. (1957) *Political Community and the North Atlantic Area.* Princeton: Princeton University Press.
de Wilde, Jaap (1991) *Saved from Oblivion: Interdependence Theory in the First Half of the 20th Century: A Study on the Causality Between War and Complex Interdependence.* Dartmouth: Aldershot.
—— (1994) "The Power Politics of Sustainability, Equity and Liveability," in Phillip B. Smith, Samuel E. Okoye, Jaap de Wilde, and Priya Deshingkar (eds.), *The World at the Crossroads: Towards a Sustainable, Liveable and Equitable World.* London: Earthscan, pp. 159–176.
—— (1995) "Security Levelled Out: The Dominance of the Local and the Regional," in Pál Dunay, Gábor Kados, and Andrew J. Williams (eds.), *New Forms of Security: Views from Central, Eastern and Western Europe.* Dartmouth: Aldershot, pp. 85–102.
—— (1996) "The Continuous (Dis)Integration of Europe: A Historical Interpretation of Europe's Future" in Jaap de Wilde and Håken Wiberg (eds.), *Organized Anarchy in Europe: The Role of States and Intergovernmental Organizations*, London: I. B. Taurus, pp. 85–106.
Dibb, Paul (1995) "Towards a New Balance of Power in Asia," *Adelphi Paper 295.* London: International Institute for Strategic Studies (IISS).
Dieren, Wouter van (ed.) (1987) *Taking Nature into Account. Towards a Sustainable National Income: A Report to the Club of Rome.* (Dutch translation: De natuur telt ook mee. Naareen duurzaam nationaal inkomen.) Utrecht: Spektrum.
Does, René A. H., and André W. M. Gerrits (1994) "'Eurazië': milieu als *casus belli.* Over ecologie, nationalisme en nationale veiligheid in het GOS," *Transaktie*, 23:4, pp. 399–429.
Dorff, Robert H. (1994) "A Commentary on Security Studies for the 1990s as a Model Curriculum Core," *International Studies Notes*, 19:3, pp. 23–31.
Ehrlich, Anne (1994) "Building a Sustainable Food System," in Phillip B. Smith, S. E. Okoye, Jaap de Wilde, and Priya Deshingkar (eds.), *The World at the*

Crossroads: Towards a Sustainable, Liveable and Equitable World. London: Earthscan, pp. 21–38.

Elias, Norbert (1978 [1939]) *The Civilizing Process,* vols. 1 and 2. New York: Urizen Books.

Ember, Carol, Melvin Ember, and Bruce Russett (1992) "Peace Between Participatory Polities: A Cross-Cultural Test of the 'Democracies Rarely Fight Each Other' Hypothesis," *World Politics,* 44:4, pp. 573–599.

European Commission (1995) *Work Programme.* Bulletin of the European Union, Supplement 1/95 (Danish and English).

European Council (1995a) *Cannes European Council 26 and 27 June 1995: Presidency Conclusions.* SN 211/2/95 (English and Danish).

—— (1995b) *Madrid European Council 15 and 16 December 1995: Presidency Conclusions.* SN 400/95 (English).

European Parliament (1995a) *Debates of the European Parliament.* 17 January, no. 4-456, Brussels, pp. 13–45 (on the Commission), 45–68 (on the program of the French presidency).

—— (1995b) "Debate on 1995 Commission Work Programme," *Debates of the European Parliament.* 15 February, no. 4-457, Brussels, pp. 105–128, continued 15 March, no. 4-460, pp. 88–99.

—— (1995c) "State of the Union Debate," *Debates of the European Parliament.* 15 November 1995, no. 4-470, Brussels, pp. 144–156.

Fawcett, Louise, and Andrew Hurrell (eds.) (1995) *Regionalism in World Politics.* Oxford: Oxford University Press.

Feshbach, Murray, and Alfred Friendly, Jr. (1992) *Ecocide in the USSR: Health and Nature Under Siege.* New York: Basic Books.

Flavin, Christopher, and Odil Tunali (1995) "Getting Warmer: Looking for a Way Out of the Climate Impasse," *World Watch Paper,* pp. 10–19.

Foucault, Michel (1979) *Discipline and Punish: The Birth of Prison.* New York: Vintage Books.

—— (1991 [1978]) "Governmentality," in Graham Burchell, Colin Gordon, and Peter Miller (eds.), *The Foucault Effect: Studies in Governmentality.* Chicago: University of Chicago Press, pp. 87–104.

Furet, François (1995) "Europe After Utopianism," *Journal of Democracy,* 6:1, pp. 79–89.

Galtung, Johan (1971) "A Structural Theory of Imperialism," *Journal of Peace Research,* 8:2, pp. 81–118.

Gilpin, Robert (1981) *War and Change in World Politics.* Cambridge: Cambridge University Press.

—— (1987) *The Political Economy of International Relations.* Princeton: Princeton University Press.

Goldgeier, James M., and Michael McFaul (1992) "A Tale of Two Worlds: Core and Periphery in the Post–Cold War Era," *International Organization,* 46:2, pp. 467–491.

Gong, Gerrit W. (1984) *The Standard of "Civilisation" in International Society.* Oxford: Clarendon Press.

Gonzáles Márquez, Felipe (1995) "State of the Union," speech by the president-in-office of the Council, *Debates of the European Parliament.* 15 November, no. 4-470, pp. 140–144.

Gordon, Colin (1991) "Governmental Rationality: An Introduction," in Graham Burchell, Colin Gordon, and Peter Miller (eds.), *The Foucault Effect: Studies in Governmentality.* Chicago: Chicago University Press, pp. 1–52.

Gorz, Andre (1977) *Écologie et liberté.* Paris: Editions Galilee.

Gowa, Joanne S. (1994) *Allies, Adversaries and International Trade.* Princeton: Princeton University Press.

参考文献

Gray, Colin S. (1992) "New Directions for Strategic Studies: How Can Theory Help Practice?" *Security Studies*, 1:4, pp. 610–635.

―――― (1994a) "Global Security and Economic Wellbeing: A Strategic Perspective," *Political Studies*, 42:1, pp. 25–39.

Gray, Colin S. (1994b) *Villains, Victims and Sheriffs: Strategic Studies and Security for an Inter-War Period*. Hull: University of Hull Press.

Gutmann, Amy (1994) "Preface and Acknowledgment" and "Introduction," in Gutmann (ed.), *Multiculturalism: Examining the Politics of Recognition*. Princeton: Princeton University Press, pp. ix–xv, 3–24.

Haas, Peter M. (1992) "Introduction: Epistemic Communities and International Policy Coordination," *International Organization*, 46:1, pp. 1–35.

Haas, Peter M., Robert O. Keohane, and Marc A. Levy (eds.) (1993) *Institutions for the Earth—Sources of Effective International Environmental Protection*. Cambridge, Mass.: MIT Press.

Hacker, Andrew (1992) *Two Nations: Black and White: Separate, Unequal, and Hostile*. New York: Scribners.

Haftendorn, Helga (1991) "The Security Puzzle: Theory-Building and Discipline-Building in International Security," *International Studies Quarterly*, 35:1, pp. 3–17.

Halliday, Fred (1990) "The Sixth Great Power: On the Study of Revolution and International Relations," *Review of International Studies*, 16:3, pp. 207–222.

Hänsch, Klaus (1995) "State of the Union," speech by the president of the European Parliament, *Debates of the European Parliament*. 15 November, no. 4–470, Luxembourg, Office 4, Official Publications of the European Community. pp. 135–137.

Hansen, Lene (1994) *The Conceptualization of Security in Poststructuralist IR Theory*. M.A. thesis, University of Copenhagen, Institute of Political Science.

Hansenclever, Andreas, Peter Mayer, and Volker Rittberger (1996) "Interests, Power, Knowledge: The Study of International Regimes," *Mershon International Studies Review*, 40:2, pp. 177–228.

Hart, Thomas G. (1978) "Cognitive Paradigms in the Arms Race: Deterrence, Détente and the 'Fundamental Error' of Attribution," *Cooperation and Conflict*, 13:3, pp. 147–162.

Hassner, Pierre (1996) *La violence et la paix: De la bombe atomique au nettoyage ethnique*. Paris: Éditions Esprit.

Healey, Denis (1989) *The Time of My Life*. London: Michael Joseph.

Helleiner, Eric (1994a) "From Bretton Woods to Global Finance: A World Turned Upside Down," in Richard Stubbs and Geoffrey Underhill (eds.), *Political Economy and the Changing Global Order*. Toronto: McClelland and Stewart, pp. 163–175.

Helleiner, Eric (1994b) *Regionalization in the International Political Economy: A Comparative Perspective*, East Asia Policy Papers no. 3. University of Toronto–York University, Joint Center for Asia-Pacific Studies.

Herz, John H. (1950) "Idealist Internationalism and the Security Dilemma," *World Politics*, 2:2, pp. 157–180.

―――― (1959) *International Politics in the Atomic Age*, New York: Columbia University Press.

Hirsch, Fred, and Michael Doyle (1977) "Politicization in the World Economy: Necessary Conditions for an International Economic Order," in Fred Hirsch, Michael Doyle, and Edward L. Morse (eds.), *Alternatives to Monetary Disorder*. New York: McGraw-Hill, pp. 11–66.

Hirschman, Albert O. (1991) *The Rhetoric of Reaction: Perversity, Futility, Jeopardy*. Cambridge: Belknap Press of Harvard University Press.

Hollis, Martin, and Steve Smith (1991) *Explaining and Understanding*

International Relations. Oxford: Clarendon Press.
Holm, Ulla (1993) *Det Franske Europa.* Århus: Århus Universitetsforlag.
――― (1997) "Mitterrand's French Garden Is No Longer What It Used to Be," in Knud-Erik Jørgensen (ed.), *A Reflectivist Approach to European Institutions.* London: Macmillan, pp. 128–145.
Holzgrefe, J. L. (1989) "The Origins of Modern International Relations Theory," *Review of International Studies,* 15:1, pp. 11–26.
Homer-Dixon, Thomas (1991) "On the Threshold: Environmental Changes and Acute Conflict," *International Security,* 16:2, pp. 76–116.
Horsman, Matthew, and Andrew Marshall (1995) *After the Nation State: Citizens, Tribalism and the New World Disorder.* London: HarperCollins.
Huntington, Samuel P. (1993) "The Clash of Civilizations?" *Foreign Affairs,* 72:3, pp. 22–49.
――― (1996) *The Clash of Civilizations and the Remaking of World Order.* New York: Simon and Schuster.
Hurrell, Andrew (1993) "International Society and the Study of Regimes: A Reflective Approach," in Volker Rittberger (ed.), *Regime Theory and International Relations.* Oxford: Clarendon Press, pp. 49–72.
――― (1995) "Explaining the Resurgence of Regionalism in World Politics," *Review of International Studies,* 21:3, pp. 331–358.
Hurrell, Andrew, and Benedict Kingsbury (1992) *The International Politics of the Environment—Actors, Interests and Institutions.* Oxford: Oxford University Press.
Huysmans, Jef (1996) *Making/Unmaking European Disorder: Metatheoretical and Empirical Questions of Military Stability After the Cold War.* Katholieke Universiteit Leuven, Faculteit der Sociale Wetenschappen, Departement Politieke Wetenschappen, Niuewe Reeks van Doctoraten in de Sociale Wetenschappen, no. 26.
Ifversen, Jan (1987) "Det Politiske, Magten og Samfundet," *Den Jyske Historiker,* 47, pp. 7–28.
Jachtenfuchs, Markus (1994) *International Policy-Making as a Learning Process: The European Community and the Greenhouse Effect.* Ph.D. thesis, European University Institute, Florence.
Jachtenfuchs, Markus, and Michael Huber (1993) "Institutional Learning in the European Community: The Response to the Greenhouse Effect," in J. D. Lifferink, P. D. Lowe, and A. P. J. Mold (eds.), *European Integration and Environmental Policy.* London: Belhaven, pp. 36–58.
Jackson, Robert H. (1990) *Quasi-States: Sovereignty, International Relations, and the Third World.* Cambridge: Cambridge University Press.
Jahn, Egbert, Pierre Lemaitre, and Ole Wæver (1987) *Concepts of Security: Problems of Research on Non-Military Aspects.* Copenhagen Papers no. 1. Copenhagen: Centre for Peace and Conflict Research.
Jervis, Robert (1976) *Perception and Misperception in International Relations.* Princeton: Princeton University Press.
――― (1978) "Cooperation Under the Security Dilemma," *World Politics,* 30:2, pp. 167–214.
――― (1982) "Security Regimes," *International Organization,* 36:2, pp. 357–378.
Joenniemi, Pertti (ed.) (1993) *Cooperation in the Baltic Sea Region.* New York: Taylor and Francis.
――― (ed.) (1997) *Neonationalism or Regionality? The Restructuring of Political Space Around the Baltic Rim.* Stockholm: Nordrefo.
Joenniemi, Pertti, and Ole Wæver (1992) *Regionalization Around the Baltic Rim— Background Report to the 2nd Parliamentary Conference on Co-operation in*

参考文献

the Baltic Sea Area, Oslo, 22–24 April, Nordic Seminar and Working Group Report no. 1992: 521. Stockholm: Nordic Council.
Käkönen, Jyrki (ed.) (1992) *Perspectives on Environmental Conflict and International Politics*. London: Pinter.
——— (ed.) (1994) *Green Security or Militarized Environment*. Aldershot: Dartmouth.
Kaplan, Robert (1994) "The Coming Anarchy," *Atlantic Monthly*, February, pp. 44–76.
Katzenstein, Peter J. (1996a) *Cultural Norms and National Security: Police and Military in Postwar Japan*. Ithaca, N.Y.: Cornell University Press.
——— (ed.) (1996b) *The Culture of National Security: Norms and Identity in World Politics*. New York: Columbia University Press.
Kaufmann, Franz-Xavier (1970) *Sicherheit als soziologisches und sozialpolitisches Problem: Untersuchungen zu einer Wertidee hochdifferenzierter Gesellschaften*. Stuttgart: Ferdinand Enke Verlag.
Kelstrup, Morten (1995) "Societal Aspects of European Security," in Birthe Hansen (ed.), *European Security—2000*. Copenhagen: Copenhagen Political Studies Press, pp. 172–199.
Kennedy, Paul (1989) *The Rise and Fall of the Great Powers*. London: Fontana.
Keohane, Robert O. (1980) "The Theory of Hegemonic Stability and Changes in International Economic Regimes," in Ole Holsti, R. Siverson, and A. L. George (eds.), *Change in the International System*. Boulder: Westview Press.
——— (1984) *After Hegemony: Cooperation and Discord in the World Political Economy*. Princeton: Princeton University Press.
Keohane, Robert O., and Joseph S. Nye (1977) *Power and Interdependence*. Boston: Little Brown.
Kindleberger, Charles P. (1973) *The World in Depression 1929–39*. London: Allen Lane.
——— (1981) "Dominance and Leadership in the International Economy," *International Studies Quarterly*, 25:2/3, pp. 242–254.
Kissinger, Henry (1957) *A World Restored: From Castlereagh, Metternich and the Restoration of Peace, 1812–1822*. Boston: Houghton Mifflin.
Klein, Bradley (1990) "How the West Was Won: Representational Politics of NATO," *International Studies Quarterly*, 34:3, pp. 311–325.
——— (1994) *Strategic Studies and World Order: The Global Politics of Deterrence*. Cambridge: Cambridge University Press.
Kostecki, Wojciech (1996) *Europe After the Cold War: The Security Complex Theory*. Warsaw: Instytut Studiów Politycznych PAN.
Krause, Keith (1992) *Arms and the State: Patterns of Military Production and Trade*. Cambridge: Cambridge University Press.
——— (1993) "Redefining Security? The Discourses and Practices of Multilateral Security Activity," paper presented at British International Studies Association (BISA) Conference December, University of Warwick (Coventry).
Krause, Keith, and Michael C. Williams (1996) "Broadening the Agenda of Security Studies: Politics and Methods," *Mershon International Studies Review*, 40, supplement 2, pp. 229–254.
——— (1997) "From Strategy to Security: Foundations of Critical Security Studies," in Krause and Williams (eds.), *Critical Security Studies*. Minneapolis: University of Minnesota Press.
Laclau, Ernesto (1990) *New Reflections on the Revolution of Our Time*. London: Verso.
Lake, David A. (1992) "Powerful Pacifists: Democratic States and War," *American Political Science Review*, 86:1, pp. 24–37.

Lasswell, Harold (1965 [1935]) *World Politics and Personal Insecurity*. New York: Free Press.
Lebow, Richard N. (1988) "Interdisciplinary Research and the Future of Peace and Security Studies," *Political Psychology*, 9:3, pp. 507–543.
Lefort, Claude (1986) *The Political Forms of Modern Society: Bureaucracy, Democracy, Totalitarianism*. Cambridge: Polity.
Levy, Marc A. (1995a) "Is the Environment a National Security Issue?" *International Security*, 20:1, pp. 35–62.
―――― (1995b) "Time for a Third Wave of Environment and Security Scholarship," in P. J. Simmons (ed.), *Environmental Change and Security Project Report*, no. 1. Princeton: Woodrow Wilson Center, pp. 44–46.
Lodgaard, Sverre (1992) "Environmental Security, World Order and Environmental Conflict Resolution," in Nils Petter Gleditsch (ed.), *Conversion and the Environment*. Oslo: International Peace Research Institute (PRIO), pp. 115–136.
Lodgaard, Sverre, and Anders H. af Ornäs (eds.) (1992) "The Environment and International Security," *PRIO Report*, 3.
Luciani, Giacomo (1989) "The Economic Content of Security," *Journal of Public Policy*, 8:2, pp. 151–173.
Luke, Timothy (1989) "What's Wrong with Deterrence? A Semiotic Interpretation of National Security Policy," in James Der Derian and Michael Shapiro (eds.), *International/Intertextual Relations*. Lexington, Mass.: Lexington Books, pp. 207–229.
MacNeill, Jim, Pieter Winsemius, and Taizo Yakushiji (1991) *Beyond Interdependence: The Meshing of the World's Economy and the Earth's Ecology*. New York: Oxford University Press.
Mann, Michael (1986) *The Sources of Social Power: A History of Power from the Beginning to AD 1760*. Cambridge: Cambridge University Press.
Manning, C. A. W. (1962) *The Nature of International Society*. London: London School of Economics.
Mansfield, Edward D. (1994) *Power, Trade and War*. Princeton: Princeton University Press.
Maoz, Zeev, and Bruce Russett (1993) "Normative and Structural Causes of Democratic Peace," *American Political Science Review*, 87:3, pp. 624–638.
Matthew, Richard A. (1995) "Environmental Security: Demystifying the Concept, Clarifying the Stakes," in P. J. Simmons (eds.), *Environmental Change and Security Project Report*, no. 1. Princeton: Woodrow Wilson Center, pp. 14–23.
Matthews, Jessica Tuchman (1989) "Redefining Security," *Foreign Affairs*, 68:2, pp. 162–177.
Mattingly, Garett (1955) *Renaissance Diplomacy*. Boston: Houghton Mifflin.
Mayall, James (1991) "Non-Intervention, Self-Determination and the 'New World Order,'" *International Affairs*, 67:3, pp. 421–430.
―――― (ed.) (1996) *The New Interventionism, 1991–1994: United Nations Experiences in Cambodia, Former Yugoslavia, and Somalia*. Cambridge: Cambridge University Press.
McKinlay, R. D., and Richard Little (1986) *Global Problems and World Order*. London: Pinter.
McSweeney, Bill (1996) "Buzan and the Copenhagen School," *Review of International Studies*, 22:1, pp. 81–93.
Meadows, Donella H., Dennis L. Meadows, and Jørgen Randers (1992) *Beyond the Limits: Confronting Global Collapse, Envisioning a Sustainable Future*. Mills, Vt.: Chelsea Green Publishers.
Meadows, Donella H. et al. (1972) *The Limits to Growth: A Report for the Club of Rome's Project on the Predicament of Mankind*. New York: Potomac

Associates.
Mintz, Alex, and Nehemia Geva (1993) "Why Don't Democracies Fight Each Other? An Experimental Study," *Journal of Conflict Resolution*, 37:3, pp. 484–503.
Mitterrand, François (1995) "Programme of the French Presidency," speech in the European Parliament, *Debates of the European Parliament*, 17 January, no. 4–456, Luxembourg, Office 4, Official Publications of the European Community, pp. 45–52.
Møller, Bjørn (1991) *Resolving the Security Dilemma in Europe: The German Debate and Non-Offensive Defense*. London: Brasseys.
Morgenthau, Hans J. (1966) "Introduction," in David Mitrany (eds.), *A Working Peace System*. Chicago: Quadrangle Books, pp. 7–11.
Mouritzen, Hans (1980) "Selecting Explanatory Levels in International Politics: Evaluating a Set of Criteria," *Cooperation and Conflict*, 15, pp. 169–182.
—— (1995) "A Fallacy of IR Theory: Reflections on a Collective Repression," unpublished manuscript. Copenhagen: Centre for Peace and Conflict Research.
—— (1997) "Kenneth Waltz: A Critical Rationalist Between International Politics and Foreign Policy," in Iver B. Neumann and Ole Wæver (eds.), *The Future of International Relations: Masters in the Making?* London: Routledge, pp. 66–89.
Myers, Norman (1993a) *Ultimate Security—The Environmental Basis of Political Stability*. New York: W. W. Norton.
—— (ed.) (1993b [1984]) *The GAIA Atlas of Planet Management*. London: Gaia Books.
Nardin, Terry, and David R. Mapel (1992) *Traditions of International Ethics*. Cambridge: Cambridge University Press.
Neumann, Iver B. (1994) "A Region-Building Approach to Northern Europe," *Review of International Studies*, 20:1, pp. 53–74.
Nierop, Tom (1994) *Systems and Regions in Global Politics: An Empirical Study of Diplomacy, International Organization and Trade, 1950–1991*. Chichester, N.Y.: John Wiley and Sons.
—— (1995) "Globalisering, internationale netwerken en de regionale paradox," in John Heilbron and Nico Wilterdink (eds.), *Mondialisering: de wording van de wereldsamenleving*. Groningen: Wolters-Noordhoff, pp. 36–60.
Nye, Joseph S., Jr. (1989) "The Contribution of Strategic Studies: Future Challenges," *Adelphi Paper* no. 235. London: International Institute for Strategic Studies (IISS).
Nye, Joseph S., Jr., and Sean M. Lynn-Jones (1988) "International Security Studies," *International Security*, 12:4, pp. 5–27.
Ohlsson, Leif (ed.) (1995) *Hydropolitics: Conflicts over Water as a Development Constraint*. London: Zed Books.
Onuf, Nicholas J. (1995) "Levels," *European Journal of International Relations*, 1:1, pp. 35–58.
Owen, John (1994) "How Liberalism Produces Democratic Peace," *International Security*, 19:2, pp. 87–125.
Paye, Jean-Claude (1994) "Merciless Competition: Time for New Rules?" *International Economic Insights*, 5:1, pp. 21–24.
Peña, Félix (1995) "New Approaches to Economic Integration in the Southern Cone," *Washington Quarterly*, 18:3, pp. 113–122.
Polanyi, Karl (1957 [1944]) *The Great Transformation*. Boston: Beacon Press.
Ponting, Clive (1991) *A Green History of the World*. London: Sinclair Stevenson.
Porter, Gareth, and Janet W. Brown (1991) *Global Environmental Politics*. Boulder: Westview Press.
Poulsen-Hansen, Lars, and Ole Wæver (1996) "Ukraine," in Hans Mouritzen, Ole

Wæver, and Håkan Wiberg (eds.), *European Integration and National Adaptations: A Theoretical Inquiry.* New York: Nova Publishers, pp. 231–260.
Prescott, J. R. V. (1987) *Political Frontiers and Boundaries.* London: Unwin Hyman.
Prins, Gwyn (ed.) (1993) *Threats Without Enemies: Facing Environmental Insecurity.* London: Earthscan.
Reich, Robert (1991) "What Is a Nation?" *Political Science Quarterly,* 106:2, pp. 193–209.
——— (1992 [1991]) *The Work of Nations: Preparing Ourselves for 21st Century Capitalism* (with a new afterword). New York: Vintage Books.
Rex, John (1995) "Multiculturalism in Europe and America," *Nations and Nationalism,* 1:2, pp. 243–260.
Roberts, Adam (1995–1996) "From San Francisco to Sarajevo: The UN and the Use of Force," *Survival,* 37:4, pp. 7–28.
Romero, Federico (1990) "Cross-Border Population Movements," in William Wallace (ed.), *The Dynamics of European Integration.* London: Pinter, pp. 171–191.
Rosenau, James N. (1989) "Subtle Sources of Global Interdependence: Changing Criteria of Evidence, Legitimacy, and Patriotism," in James N. Rosenau and Hylke W. Tromp (eds.), *Interdependence and Conflict in World Politics.* Aldershot: Avebury, pp. 31–47.
——— (1990) *Turbulence in World Politics: A Theory of Change and Continuity.* New York: Harvester Wheatsheaf.
Rosenberg, Emily R. (1993) "The Cold War and the Discourse of National Security," *Diplomatic History,* 17:2, pp. 277–284.
Rothschild, Emma (1995) "What Is Security?" *Dædalus,* 124:3, pp. 53–98.
Ruggie, John G. (1982) "International Regimes, Transactions and Change: Embedded Liberalism in the Postwar Economic Order," *International Organization,* 36:2, pp. 379–415.
——— (1983) "Continuity and Transformation in the World Today: Toward a Neo-Realist Synthesis," *World Politics,* 35:2, pp. 261–285.
——— (1993) "Territoriality and Beyond: Problematizing Modernity in International Relations," *International Organization,* 47:1, pp. 139–175.
Rytkønen, Helle (1995) "Securing European Identity—Identifying Danger," paper presented at the annual conference of the International Studies Association, Chicago, April.
Santer, Jacques (1995a) "Speech to the European Parliament—January 17, 1995," *Debates of the European Parliament,* no. 4–456, Luxembourg, Office 4, Official Publication of the European Community, pp. 13–20.
——— (1995b) "Speech to the European Parliament: Presentation of the Work Programme of the Commission—February 15, 1995," *Debates of the European Parliament,* no. 4–457, pp. 105–107.
——— (1995c) "State of the Union," speech by the president of the European Commission, *Debates of the European Parliament,* 15 November, no. 4–470, pp. 137–140.
Schulz, Michael (1995) "Turkey, Syria and Iraq: A Hydropolitical Security Complex," in Leif Ohlsson (ed.), *Hydropolitics: Conflicts over Water as a Development Constraint.* London: Zed Books, pp. 91–122.
Schweller, R. (1992) "Domestic Structure and Preventive War: Are Democracies More Pacific?" *World Politics,* 44:2.
Segal, Gerald (1994) "China Changes Shape: Regionalism and Foreign Policy," *Adelphi Paper no. 28.* London: IISS.
Senghaas, Dieter (1988) *Konfliktformationen im Internationalen System.* Frankfurt: Suhrkamp Verlag. This book includes a reprint of his first (1973) attempt at

参考文献

global analysis in terms of conflict formations.
Singer, Max, and Aaron Wildavsky (1993) *The Real World Order: Zones of Peace/Zones of Turmoil*. Chatham: Chatham House Publishers.
Sjöstedt, Gunnar (ed.) (1993) *International Environmental Negotiation*. London: Sage.
Skoçpol, Theda (1979) *States and Social Revolution*. Cambridge: Cambridge University Press.
Skodvin, Tora (1994) "Structure and Agent in Scientific Diplomacy: Institutional Design and Leadership Performance in the Science-Politics Interface of Climate Change," *Working Paper 1994:14*. Oslo: Centre for International Climate and Energy Research (CICERO).
Smith, Phillip B., S. E. Okoye, Jaap de Wilde, and Priya Deshingkar (eds.) (1994) *The World at the Crossroads: Towards a Sustainable, Liveable and Equitable World*. London: Earthscan.
Spence, Jack (1994) "Entering the Future Backwards: Some Reflections on the Current International Scene," *Review of International Studies*, 20:1, pp. 3–13.
Strange, Susan (1984) "The Global Political Economy, 1959–84," *International Journal*, 39:2, pp. 267–283.
——— (1994) "Rethinking Structural Change in the International Political Economy: States, Firms and Diplomacy," in Richard Stubbs and Geoffrey Underhill (eds.), *Political Economy and the Changing Global Order*. Toronto: McClelland and Stewart, pp. 103–115.
Stubbs, Richard, and Geoffrey Underhill (1994) "Global Issues in Historical Perspective," in Stubbs and Underhill (eds.), *Political Economy and the Changing Global Order*. Toronto: McClelland and Stewart, pp. 145–162.
Tanaka, Akihiko (1994) "Japan's Security Policy in the 1990s," in Yoichi Funabashi (ed.), *Japans' International Agenda*. New York: New York University Press, pp. 28–56.
Taylor, Charles (1992) *Multiculturalism and "the Politics of Recognition."* Princeton: Princeton University Press.
Taylor, Paul (1993) *International Organization in the Modern World: The Regional and the Global Process*. London: Pinter.
Thomas, Caroline (1992) *The Environment in International Relations*. London: Royal Institute of International Affairs.
Tickner, J. Ann (1992) *Gender in International Relations: Feminist Perspectives on Achieving Global Security*. New York: Columbia University Press.
Tilly, Charles (1990) *Coercion, Capital, and European States: AD 990–1992*. Oxford: Basil Blackwell.
Tönnies, Ferdinand (1926 [1887]) *Gemeinschaft und Gesellschaft (Sechte und siebente Auflage)*. Leipzig: Fue's Verlag.
Tromp, Hylke (1996) "New Dimensions of Security and the Future of NATO," in Jaap de Wilde and Håkan Wiberg (eds.), *Organized Anarchy: The Role of Intergovernmental Organizations*. London: I. B. Tauris, pp. 323–338.
Ullman, Richard (1983) "Redefining Security," *International Security*, 8:1, pp. 129–153.
Underhill, Geoffrey (1995) "Keeping Governments Out of Politics: Transnational Securities Markets, Regulatory Cooperation, and Political Legitimacy," *Review of International Studies*, 21:3, pp. 251–278.
UNRISD (United Nations Research Institute for Social Development) (1995) *States in Disarray: The Social Effects of Globalization*. March, New York: UNRISD.
Väyrynen, Raimo (1984) "Regional Conflict Formations: An Intractable Problem of International Relations," *Journal of Peace Research*, 21:4, pp. 337–359.
——— (1988) "Domestic Stability, State Terrorism, and Regional Integration in the

ASEAN and the GCC," in Michael Stohl and George Lopez (eds.), *Terrible Beyond Endurance*. New York: Greenwood Press, pp. 194–197.

Wæver, Ole (1988) "Security, the Speech Act," unpublished manuscript.

——— (1989a) "Conceptions of Détente and Change: Some Non-Military Aspects of Security Thinking in the FRG," in Ole Wæver, Pierre Lemaitre, and Elzbieta Tromer (eds.), *European Polyphony: Perspectives Beyond East-West Confrontation*. London: Macmillan, pp. 186–224.

——— (1989b) "Conflicts of Vision: Visions of Conflict," in Ole Wæver, Pierre Lemaitre, and Elzbieta Tromer (eds.), *European Polyphony: Perspectives Beyond East-West Confrontation*. London: Macmillan, pp. 283–325.

——— (1990) "Politics of Movement: A Contribution to Political Theory in and on Peace Movements" in Katsuya Kodama and Unto Vesa (eds.), *Towards a Comparative Analysis of Peace Movements*, Aldershot: Dartmouth 1990, pp. 15–44.

——— (1993) "Europe: Stability and Responsibility" in *Internationales Umfeld, Sicherheitsinteressen und nationale Planung der Bundesrepublik. Teil C: Unterstützende Einzelanalysen. Band 5. II.A Europäische Sicherheitskultur. II.B Optionen für kollektive Verteidigung im Kontext sicherheitspolitischer Entwicklungen Dritter*. Ebenhausen: Stiftung Wissenschaft und Politik, SWP-S 383/5, February, pp. 31–72.

——— (1994) "Resisting the Temptation of Post Foreign Policy Analysis," in Walter Carlsnaes and Steve Smith (eds.), *European Foreign Policy: The EC and Changing Perspectives in Europe*. London: European Consortium for Political Research/Sage, pp. 238–273.

——— (1995a) "Identity, Integration and Security: Solving the Sovereignty Puzzle in E.U. Studies," *Journal of International Affairs*, 48:2, pp. 389–431.

——— (1995b) "Securitization and Desecuritization," in Ronnie D. Lipschutz (ed.), *On Security*. New York: Columbia University Press.

——— (1995c) *Concepts of Security*, Ph.D. dissertation, Institute of Political Science, University of Copenhagen.

——— (1995d) "Power, Principles and Perspectivism: Understanding Peaceful Change in Post–Cold War Europe," in Heikki Patomäki (ed.), *Peaceful Change in World Politics*. Tampere: Tampere Peace Research Institute (TAPRI), pp. 208–282.

——— (1996a) "Europe's Three Empires: A Watsonian Interpretation of Post-Wall European Security," in Rick Fawn and Jeremy Larkin (eds.), *International Society After the Cold War: Anarchy and Order Reconsidered*. London: Macmillan, pp. 220–260.

——— (1996b) "European Security Identities," *Journal of Common Market Studies*, 34:1, pp. 103–132.

——— (forthcoming-a) "Insecurity and Identity Unlimited," in Anne-Marie Le Gloannec and Kerry McNamara (eds.), *Le Désordre Européen*. Paris: Presses de Sciences Po; second draft printed as *Working Paper*, 1994/14. Copenhagen: Centre for Peace and Conflict Research (Finnish translation in *Kosmopolis*, 1995/1).

——— (forthcoming-b) *The Politics of International Structure*.

——— (forthcoming-c) "Four Meanings of International Society—A Transatlantic Dialogue," in B. A. Roberson (ed.), *International Society and the Development of International Relations*. London: Pinter.

——— (forthcoming-d) "Insecurity, Security and Asecurity in the West European Non-War Community," in Emanuel Adler and Michael Barnett (eds.), *Governing Anarchy: Security Communities in Theory, History and Comparison*. Cambridge: Cambridge University Press.

——— (forthcoming-e) "Security as Integration: European International Identity

and American Domestic Discipline," in Charles Kupchan (ed.), *Transatlantic Security: Three Visions.* New York: Council on Foreign Relations.
Wæver, Ole, Barry Buzan, Morten Kelstrup, and Pierre Lemaitre (1993) *Identity, Migration and the New Security Order in Europe.* London: Pinter.
Wæver, Ole, Ulla Holm, and Henrik Larsen (forthcoming) *The Struggle for "Europe": French and German Concepts of State, Nation and European Union.*
Walker, R. B. J. (1988) *One World, Many Worlds: Struggles for a Just World Peace.* Boulder: Lynne Rienner.
—— (1990) "Security, Sovereignty, and the Challenge of World Politics," *Alternatives,* 15:1, pp. 3–28.
—— (1993) *Inside/Outside: International Relations as Political Theory.* Cambridge: Cambridge University Press.
Wallerstein, Immanuel (1993) "The World System After the Cold War," *Journal of Peace Research,* 30:1, pp. 1–6.
Walt, Stephen M. (1991) "The Renaissance of Security Studies," *International Studies Quarterly,* 35:2, pp. 211–239.
Waltz, Kenneth N. (1979) *Theory of International Politics.* Reading, Mass.: Addison-Wesley.
Warner, Jeroen (1996) "De drooglegging van de Jordaanvallei," *Transaktie,* 25:3, pp. 363–379.
Watson, Adam (1992) *The Evolution of International Society.* London: Routledge.
WCED (World Commission on Environment and Development) (1987) *Our Common Future.* Oxford: Oxford University Press.
Weart, Spencer R. (1994) "Peace Among Democratic and Oligarchic Republics," *Journal of Peace Research,* 31:3, pp. 299–316.
Webb, Michael (1994) "Understanding Patterns of Macroeconomic Policy Coordination in the Postwar Period," in Richard Stubbs and Geoffrey Underhill (eds.), *Political Economy and the Changing Global Order.* Toronto: McClelland and Stewart, pp. 176–189.
Weber, Max (1972 [1922]) *Wirtschaft und Gesellschaft.* Tübingen: J. C. B. Mohr.
Wendt, Alexander (1987) "The Agent-Structure Problem in International Relations Theory," *International Organization,* 41:3, pp. 335–370.
—— (1992) "Anarchy Is What States Make of It: The Social Construction of Power Politics," *International Organization,* 46:2, pp. 391–425.
—— (1994) "Collective Identity Formation and the International State," *American Political Science Review,* 88:2, pp. 384–396.
—— (1995) "Constructing International Politics," *International Security,* 20:1, pp. 71–81.
Westing, Arthur H. (ed.) (1988) *Cultural Norms, War and the Environment.* Oxford: Oxford University Press.
—— (ed.) (1990) *Environmental Hazards of War: Releasing Dangerous Forces in an Industrialized World.* London: Sage (International Peace Research Institute Oslo [PRIO], United Nations Environment Program [UNEP]).
Wheeler, Nicholas (1996) "Guardian Angel or Global Gangster: A Review of the Ethical Claims of International Society," *Political Studies,* 44:1, pp. 123–135.
White, N. D. (1996), *The Law of International Organizations,* Manchester: Manchester University Press.
Wiberg, Håkan (1993) "Societal Security and the Explosion of Yugoslavia," in Ole Wæver, Barry Buzan, Morten Kelstrup, Pierre Lemaitre, et al., *Identity, Migration and the New Security Agenda in Europe.* London: Pinter, pp. 93–109.
Wight, Martin (1978) *Systems of States.* Leicester: Leicester University Press.
—— (1986) *Power Politics.* 2d rev. ed., London: Penguin.

Williams, Marc (1993) "Re-Articulating the Third World Coalition: The Role of the Environmental Agenda," *Third World Quarterly,* 14:1, pp. 7–29.
Williams, Michael C. (1996) "Hobbes and International Relations: A Reconsideration," *International Organization,* 50:1, pp. 213–236.
——— (forthcoming) "Identity and the Politics of Security."
Wills, Garry (1995) "The New Revolutionaries," *New York Review of Books,* 10 August, pp. 50–54.
Wind, Marlene (1992) "Eksisterer Europa? Reflektioner over forsvar, identitet og borgerdyd i et nyt Europa," in Christen Sørensen (ed.), *Europa Nation-Union—efter Minsk og Maastricht.* København: Fremad, pp. 23–81.
Wolfers, Arnold (1962) *Discord and Collaboration: Essays on International Politics.* Baltimore: Johns Hopkins University Press.
Wolfson, Ze'ev, and Henry Spetter (1991) "Ecological Aspects of East-West Integration Trends," *Environmental Policy Review,* 1, pp. 14–20.
World Bank (1993) *World Development Report 1993: Investing in Health. World Development Indicators.* New York: Oxford University Press.
Wriggins, W. Howard (ed.) (1992) *Dynamics of Regional Politics: Four Systems on the Indian Ocean Rim.* New York: Columbia University Press.
Wynn-Jones, Richard (1995) "Message in a Bottle? Theory and Praxis in Critical Security Studies," paper presented at the annual conference of the International Studies Association, Chicago, April.

訳者解題
色褪せない安全保障化研究の虎の巻

本書は Barry Buzan, Ole Wæver, and Jaap de Wilde, *Security: A New Framework for Analysis*（Lynne Rienner Publishers, 1998）の全訳である。本書は，安全保障化に焦点を当てて説明した初めてのテキストであり，その後の安全保障化の理論的発展に多大な影響を与えてきた。本書でもたびたび言及がある，1991年にブザンが刊行した『人民・国家・恐怖――ポスト冷戦期における国際安全保障研究のアジェンダ（第2版）』や1993年に刊行したブザンとヴェーヴァの編著『アイデンティティ・移民・ヨーロッパにおける新たな安全保障アジェンダ』で安全保障化の視点は徐々に整理されつつあったが，その枠組みを明確に提示し，応用研究への道を開いたのが本書であった。

この解題では，筆者のブザン，ヴェーヴァ，ウィルデについて概観したうえで，彼らが当時所属していたコペンハーゲン平和研究所（Copenhagen Peace Research Institute：COPRI），そして安全保障化のその後の理論的発展について手短に論じたい。

ブザンは1946年に英国で生まれ，ロンドン・スクール・オブ・エコノミクス（LSE）で博士号を取得し，その後ウォーリック大学，ウェストミュンスター大学で教鞭を執りながら，COPRI でも研究活動に従事した。その成果が『人民・国家・恐怖』や本書である。その後，LSE で教授を務め，現在は同校の名誉教授である。3名の著者のなかでブザンに関しては，彼の英国学派に関する単著，『英国学派入門』が翻訳されている[1]。他の2名に関してはこれまで単著や編著の日本語訳は刊行されていない。ヴェーヴァは1960年にデンマークのコペンハーゲンで生まれ，安全保障化の概念を最初に定式化した研究者である。修士号と博士号はコペンハーゲン大学で取得し，現在もコペンハーゲン大学で

315

教鞭を執っている。コペンハーゲン学派の「ゴッドファーザー」とも称されるように，最もコペンハーゲン学派を体現しているのはその出自からしてもヴェーヴァだろう。ブザンが研究領域も所属も次第にコペンハーゲンから離れていったのに対し，ヴェーヴァは一貫してコペンハーゲンを拠点に，非伝統的な国際関係論と安全保障研究を軸とした研究を展開している。

　ウィルデは1957年にオランダのドレンテ州で生まれた。1993年から95年までCOPRIでリサーチフェローを務め，その後，アムステルダム自由大学とフローニンゲン大学で国際関係論の教授として教鞭を執った。人間の安全保障やヨーロッパの紛争に関する著作がある。

　この本は3名のなかでもヴェーヴァ色の強い本だと考えられる。それは，彼が担当した第2章での安全保障化の定式化および第6章の社会セクターに多くの注目が集まったためである。社会セクターは分析対象国家の社会，つまり人々にスポットを当てているので，他のセクターと異なり，より国内に目を向けた分析となっている。それに対し，2003年に刊行されたブザンとヴェーヴァの共著『地域と大国』(2)は，構造分析とレベル別分析の視点が強調されており，構造的リアリズムの分析を肯定的に評価するブザン色の強い印象を受ける。とはいえ，本書もセクター別分析の視点や各セクターを扱った章でのリージョナル化についての視点はブザンのレベル別の分析に負っている。

　本書を語るうえで重要な研究機関が，執筆者3名が研究の拠点としたCOPRIである。COPRIについてはステファノ・グッジーニ（Stefano Guzzini）とディートリヒ・ユンク（Dietrich Jung）の編著である『現代安全保障分析とコペンハーゲン平和研究』に詳しい。COPRIは1985年に設立されたが，その運営を軌道に乗せ，大きな影響力を及ぼしたのが初代所長のハーカン・ウィベリ（Hakan Wiberg）であった。ウィベリは基礎研究と国際化を柱とし，研究所の運営を進めた。(3)前者に関しては，安全保障，特に本書でもたびたび強調されていた伝統主義者よりも拡張した安全保障のイシューおよび安全保障化の研究のパイオニアを目指した。また，安全保障を軍事に特化したもの，もしくは軍事に従属するものと考えず，政治，経済，社会，環境の分野も軍事と同様に重要であると主張した。そして，後者の一環が，すでに国際的に名を馳せていた

訳者解題　色褪せない安全保障化研究の虎の巻

ブザンの招聘であった。ブザンは1988年から2002年まで，COPRIのプロジェクト代表者として多くの著作に関与した。「学派」と呼ばれるものの，コペンハーゲン学派はCOPRIのプロジェクトに関わった研究者に加え，それによって発展した概念や研究手法に共感を抱いた研究者も含んだ裾野の広い枠組みである。

COPRIの研究の特徴は，非伝統的，もしくは「新しい」安全保障研究への傾倒(4)，ヨハン・ガルトゥングがオスロ平和研究所で立ち上げた北欧の平和研究の流れの継承，そして分析手法はコンストラクティヴィズムを重視するものの，ケネス・ウォルツが提唱した構造的リアリズムの構造的な分析にも一定の共感を示す，といった諸点である。COPRIのコアメンバーはブザン(5)，ヴェーヴァ，ウィルデに加え，グッジーニ，ユンク，クリストファー・ブラウニング（Christopher Browning），トマス・ディーズ（Thomas Diez），ニルス・ペター・グレディッチ（Nils Petter Gleditsch），レネ・ハンセン（Lene Hansen），ウラ・ホルム（Ulla Holm），ペルッティ・ヨエンニエミ（Pertti Joenniemi），モートン・ケルストオプ（Morten Kelstrup），アンナ・レアンダー（Anna Leander），ハンス・モウリツェン（Hans Mouritzen），ビョルン・モラー（Bjørn Møller），ステン・リョニング（Sten Rynning），ライモ・ヴァウルネン（Raimo Väyrynen）であった。COPRIは現在，デンマーク国際関係研究所（Danish Institute for International Studies）と名称が変わっている。

本書の議論は，前述したブザンとヴェーヴァの共著である『地域と大国』や，ブザンとハンセンの共著である『進化する国際安全保障研究』(6)においてさらに深められた。コペンハーゲン学派が道を切り開いた安全保障化研究の課題は，同学派を建設的に批判したパリ学派（Paris School）とも共有していた(7)。パリ学派はコペンハーゲン学派とは別に発展してきた安全保障研究の一群である(8)。もっとも安全保障研究の課題は共有していたものの，パリ学派に属する研究者たちは，コペンハーゲン学派が言語行為論のみを安全保障化の方法論としている点，言語行為論が安全保障エージェントである政治家など，脅威を喧伝する主体のみに焦点を当てていることに疑問を呈した。前者に関して，法律の文書や公的な文書なども分析対象になり，後者に関しては，安全保障エージェントの

言説を受容する聴衆にもっと焦点を当てるべきだと主張した。

しかし，本書が示した安全保障化によって分析される事例は近年，むしろ増えている。たとえば，2010年代後半以降，特にヨーロッパ難民危機が発生した2015年以降，ヨーロッパにおいてポピュリスト政党が躍進した。その際，ポピュリストの政治指導者たちは移民・難民に対する善悪二元論を用い，安全保障化と同じロジックで人々の脅威認識を高め，それを集票につなげた。つまり，本書は多くの研究に参照されており，古典としての地位を築き上げているが，同時に現状の国際政治や国内政治を分析する上でも依然として有効な枠組みを提供している。

翻訳者の一人である今井がコペンハーゲン学派に興味を持ち始めたのは，トルコの大学院に留学していた2007年に履修した「国際関係理論」の授業で，各履修者が国際政治学における１つの学派を取り上げて論じるという課題が出された際であった。ありふれたリアリズムやリベラリズムではなく，他の学派を取り上げたいという理由からコペンハーゲン学派に着目し，レポートを書いた。さらに，今井の研究対象地域であるトルコにおいて，2015年前後から大統領であるレジェップ・タイイップ・エルドアンが国民に対し，繰り返しテロの脅威に言及し，それによって人々の脅威認識を高める政策を目の当たりにし，安全保障化の応用による分析を試みた。その後，ヨーロッパでのポピュリストの台頭を分析するために，安全保障化を研究課題として真正面から取り上げることを決意し，今井が研究代表となり，JSPS 科学研究費に応募したところ，２度目の挑戦で運よく採択されることとなった。そして，基盤研究（B）「ポピュリスト分析のための『安全保障化』の再検討：定性的・定量的手法の融合」（23K22096）を進めるうえで，まず，安全保障化の最重要文献であり，引用の多い本書の翻訳が必須と考え，同科研の分担者で，安全保障化に関して著書や論文を執筆した経験がある上野，川久保，西海，塚田とともに翻訳に着手した。そのため，本書の翻訳は上述の科研費の研究成果の１つである。

翻訳の分担は以下の通りである。

序文,第1章,第9章:今井宏平
第2章,第4章:上野友也
第3章,第6章:川久保文紀
第5章,第7章:西海洋志
第8章:塚田鉄也

　まず,下訳を完成させ,その後,お互いの下訳に手を入れ合い,訳語についても議論を重ねた。万全を期したつもりであるが,誤訳や訳語の統一の乱れが残っているかもしれない。読者諸賢からのご指摘・ご意見を待ちたい。

　本書の企画は2022年の秋に,今井と溝渕正季氏によるスティーヴン・ウォルト『同盟の起源』の翻訳で大変お世話になった,ミネルヴァ書房の冨士一馬氏に話を持ち込んだところから始まっている。冨士氏は,『同盟の起源』の翻訳の時と同様に,きめ細やかに原稿の整理をして下さり,我々を最終地点に導いてくれた。冨士氏には感謝の言葉もない。

　本書はポスト冷戦期の安全保障研究やポピュリストの政治指導者が用いる国民の脅威認識を高める手法を知るうえで重要な古典である。また,『同盟の起源』と同様,本訳書は古典としてだけではなく,論文執筆の枠組みとして大変有用である。今後,本訳書を参照した論文や著書が増え,日本でも安全保障化の議論がより活発になれば,望外の喜びである。

　　　2024年8月

　　　　　　　　　　　　　　　　　　　訳者を代表して　今井宏平

注

(1) バリー・ブザン(大中真・佐藤誠・池田丈佑・佐藤史郎ほか)『英国学派入門』日本経済評論社,2017年。

(2) Barry Buzan and Ole Wæver, *Regions and Powers: The Structure of International Security*, Cambridge University Press: Cambridge and New York, 2003.

(3) Stefano Guzzini and Dietrich Jung, "Copenhagen Peace Research" in Stefano Guzzini

(3) and Dietrich Jung (eds.), *Contemporary Security Analysis and Copenhagen Peace Research*, Routledge: London and New York, 2004, p. 1.

(4) ここでの「新しい」とは,メアリー・カルドーが『新戦争論』で使用した意味と同様のものである。メアリー・カルドー(山本武彦・渡部正樹訳)『新戦争論――グローバル時代の組織的暴力』岩波書店,2003年。

(5) Jef Huysmans, "Revisiting Copenhagen: Or, On the Creative Development of a Security Studies Agenda in Europe", *European Journal of International Relations*, Vol. 4, Issue. 4, 1998, pp. 482-486.

(6) Barry Buzan and Lene Hansen, *The Evolution of International Security Studies*, Cambridge University Press: Cambridge and New York, 2009.

(7) パリ学派の中心は,ディディエ・ビゴ(Didier Bigo)やティエリ・バルザック(Thierry Balzacq)などで,社会学的過程を重視した安全保障化を提唱した。パリ学派に関しての詳細は,たとえば,Didier Bigo and Emma McCluskey. "What is a Paris Approach to (In) securitization?: Political Anthropological Research for International Sociology" in Alexandra Gheciu and William. C. Wohlforth (eds.), *Oxford Handbook of International Security*, Oxford: Oxford University Press, 2018, pp. 116-132.

(8) コペンハーゲン学派,パリ学派と比較されるもう1つの安全保障研究の流れが,ケン・ブース(Ken Booth)を中心としたウェールズ学派であった。この学派は本書でも参照された批判的安全保障研究に分類される。3つの学派の比較に関しては,Ole Wæver. "Aberystwyth, Paris, Copenhagen: The Europeanness of New "Schools" of Security Theory in an American Field" in Arlene B. Tickner and David Blaney (eds.), *Thinking the International Differently: Worlding Beyond the West*, Abingdon: Routledge, 2012. pp. 48-71.

(9) 今井宏平「ポスト・グローバリゼーション時代に進展する〈安全保障化〉――2015年以降のトルコを事例として」岩崎正洋編『ポスト・グローバル化と政治のゆくえ』ナカニシヤ出版,2022年。

索 引
（＊は人名）

あ 行

アイデンティティ　31, 164, 165, 167, 169, 175, 243, 253, 283, 287
　　──をめぐる紛争　242
アクター　42, 46, 47, 56, 62, 63, 244, 245
　　──化　62
アジア的価値　185, 219
アジェンダ　26, 104, 290
新しいテクノロジー　256, 257
新しい枠組み　277
アナーキーな国際システム　16
アフリカ　94, 95, 174
　　──系アメリカ人　178
　　──南部　92
安心　150
安全　5
安全保障　29, 37, 38, 205, 251
　　──アクター　61
　　──共同体　278
　　──相互依存　15
　　──地域　14, 21
　　──のアジェンダ　35
　　──の拡張　2
　　──の言説　39
　　──の社会的構築　48
　　──のジレンマ　288
　　──の相互作用　49
　　──（の）ダイナミクス　19, 26
　　──の配置　281, 282
　　──の本質　44
　　──複合体　16, 19, 59, 60, 64, 235, 268, 281
　　──複合体理論　20
　　──レジーム　278

安全保障化　i, 6, 32-36, 38, 40-44, 48, 55, 69, 72, 76, 115, 120, 210, 247, 248, 264, 267, 276, 286, 288, 291, 296
　　──アクター　34, 46, 50, 56, 58, 59, 77, 235, 238
　　──エージェント　35
　　──行為　57
　　──の失敗　55
　　──の正当性　55
　　──の程度　230
安定　148
異議申し立て　213
イシュー　2, 24, 29, 33, 36, 53, 104, 245
　　──の類型　230
異種複合体　22
イスラーム経済　158
イスラーム主義　183
イスラーム的価値　219
イデオロギー　83, 216
　　──論争　151
移動しないユニット　13
違反　213
移民　166, 167, 172, 180, 182, 191, 240
イラク　88
インド　184
＊ウィルデ，ヤープ・デ　ii
＊ヴェーヴァ，オーレ　ii
ウェストファリア的な理想　71
＊ウォルト，スティーブン　4
受け入れ拒否　213
埋め込まれた自由主義　147
埋め込まれた保護　187
エピステミック・コミュニティ　101
欧州議会　260

欧州通貨同盟　255
欧州理事会　252
覆い被さり　17, 18

か 行

階級　139, 140
介入　209
概念　208
外部変容　18
科学的アジェンダ　100, 103, 122
科学的証明　101
拡張したアジェンダ　i, 10, 274
拡張主義者　1, 265, 273, 289
拡張的な安全保障化　292
過剰（な）安全保障化　294-296
壁　175
加盟国　252
為替相場　154
環境　106, 111, 113
　——アジェンダ　117
　——安全保障　99, 101, 104, 105, 111, 112, 116
　——イシュー　108
　——エピステミック・コミュニティ　108, 126
　——収容力　113
　——セクター　3, 21, 32, 100, 103, 116, 121, 283
　——の言説　99
　——破壊　118
　——問題　114
間主観的　43
　——なプロセス　41
企業　138, 142, 144, 236
疑似超大国　202
規制緩和　154
北大西洋条約機構（NATO）　76, 204
北朝鮮　220
機能的アクター　50, 59, 78, 109, 110, 238

客観　43
　——主義者　210
　——主義的アプローチ　41
急進的なコンストラクティヴィスト　286
急進的なコンストラクティヴィズム　288
急進的な白人　179
旧体制　136
脅威　6, 37, 45, 61-63, 81, 172
競争関係　137
局地的なイシュー　127
拒否権アクター　107-109
拒否権連合　107
距離　82, 87
緊急性　114
緊急措置　6, 30, 34, 115
近代国家　70, 71
金融自由化　153
空間の要因　173
グローバル　23, 223
　——化　60, 117, 123, 152, 157, 172, 227, 228
　——市場経済　152
　——な福祉システム　136
　——・レベル　14
軍事安全保障　70, 73, 77
軍事セクター　20, 30, 39, 69, 70
軍事の弁証法　81
軍事紛争　4
軍需企業　79
軍事力　72, 81
　——の拡散　88
軍隊　79
経済安全保障　131, 145, 160
経済移民　183
経済効率性　153
経済制裁　221
経済セクター　3, 31, 138, 283
経済的相互依存関係　137
経済的地域主義　155-157
経済的リージョナル化　237

索　引

経済ナショナリスト　145
経済ナショナリズム　132, 133, 139, 156, 159
経済ブロック　158
外科的攻撃　221
言語行為　36, 37, 39, 43, 45, 46, 57, 210
　——アプローチ　47
現状維持　18
現状打破国家　213
言説　274
　——分析　246, 247
原則　222
構成主義者　49
コーカサス　93
国際　291
国際安全保障　75, 290
国際ガバナンス　203
国際債務危機　148
国際社会　205, 212
国際政治経済（IPE）　273
国際メディア　207
国内安全保障　75
国内的要因　243
国民　181
　——形成　174
　——的アイデンティティ　171
国連　204, 206
　——安保理　207
個人　54, 57
コスモポリタン　190
国家　52, 73, 77, 96, 107, 140, 142, 144, 163, 198, 207, 234, 236, 239
　——建設　174
　——権力　170
　——主権　195
　——内の下部組織　78
　——を志向する集団　74, 75, 96
国境横断的な運動　202
国境横断的な政治運動　220
古典的な安全保障複合体理論（CSCT）　13-

15, 20, 276
コンストラクティヴィズム　25, 268
コンテクスト　58

さ　行

災害　115
　——シナリオ　118
サブシステム　8, 12, 17, 231
　——・レベル　229
サブユニット　8
　——・レベル　229
産業の空洞化　134
支援アクター　109
自己組織化した社会集団　202
指示対象　6, 7, 50-55, 58, 59, 61-63, 73, 74, 78, 238
市場　131
　——シェア競争　152
システム　149, 216
　——・レベル　8, 53, 54, 126, 150, 229
自然環境　110
自然災害　112
下から地域主義　157
失業　134, 257
社会　163
社会安全保障　163, 164, 166
　——ジレンマ　235
社会主義者　132
社会セクター　21, 31, 164, 168
弱小国家　97
自由化　159
宗教　74
　——的疑念　182
自由主義（リベラリズム）　136, 266
　——経済　139
　——国際経済秩序（LIEO）　141, 142, 146, 151, 155, 156, 160, 236
　——者　132, 145
重商主義者　131

323

従属的地位　135
集約的な安全保障　245
主観　43
主権　208, 209, 212
　──国家　200
主導的アクター　107, 109
自立性　238
人権　261
新重商主義者　131
垂直的競合　166, 167, 172
垂直的なアイデンティティ　183
水平的競合　166, 167, 172
政治　198
　──安全保障　199
　──イデオロギー　217
　──セクター　20, 30, 70, 168, 195, 196, 243
　──的アジェンダ　100, 122, 124
　──的脅威　197, 200
　──的承認　201
　──的忠誠　169
　──的な要因　83
　──ユニット　199
政治化　32, 33, 40, 102, 103, 114, 120, 137, 198, 291
脆弱性　81, 171, 242
生存　29
制度　133, 208
政府　79, 211
セクター　2, 9-11, 22, 23, 26, 38, 229, 231-233, 237, 244, 265, 274, 275
　──の集約　264
絶対的な能力　81
相互依存　279
総合安全保障　241
相互作用　282
想像の共同体　165
相対的な能力　81
想定範囲　148
組織化　196

存立の脅威　30, 34, 38, 47

た 行

対外的安全保障　255
対外的な脅威　72
対外的要因　243
対抗的な安全保障化　210
第三世界　89
　──諸国　135, 241, 242
大中華圏　185
対内的安全保障　254, 255, 260
多元的な安全保障共同体　86
脱安全保障化　5, 40, 41, 55, 86, 97, 276, 289, 292, 293
脱植民地化　86, 201
多様なセクター　7
地位　84
地域　11, 25　→「リージョナル…」も参照
　──安全保障関係　15
　──安全保障複合体　231, 249
　──安全保障複合体理論　i, 11
　──形成　275, 284
　──サブシステム　127, 232
　──的ではないサブシステム　127
　──的統合　218
　──的なレジーム　125
　──統合　16
　──ブロック　156, 157
　──レベル　15, 218
地球温暖化　119
地形　82
＊チップマン, J.　4
中央アジア　93
中国　186
中東　92
超国家的な政治組織　218
聴衆　34, 37, 56, 57
超大国　89
地理　82, 87

——的集団　12
強い国家　203, 211
強いリージョナル化　189
テキスト　248
伝統主義者　1, 4, 265, 273, 289
伝統的な安全保障研究　1, 285
統一的なアラブ主義　183
統合　206, 251, 256, 262, 263
投資　143
同種複合体　22
東南アジア　92
独占　147
独立国家共同体（CIS）　91, 189
トップダウン　278-280

な 行

内部変容　18
ナゴルノ・カラバフ　188
ナショナリズム　258, 259
南米南部共同市場（メルコスール）　177
人間活動　110
認知の度合い　83
ネイション　165, 169, 170, 181, 240

は 行

買収　144
パキスタン　184
覇権的アクター　133
破綻国家　97
発案者　45
パニック政治　120
バルカン半島　93
バルト諸国　189
非意図的な脅威　217
東アジア　91
非関税障壁　187
非軍事的脅威　195
ヒスパニック系アメリカ人　178
非政治化　32

批判的安全保障研究（CSS）　48, 285, 289
不安　143
不活発なコンストラクティヴィズム　287
複合体　19
福祉　141
——国家　154, 256
＊ブザン，バリー　ii, 10, 13
部族　12
物理的基盤　208
フランス　239
ブレトンウッズ　154
文化的防衛　240
分析者　46, 47
分析のレベル　2
紛争　125
紛争の形成　278
文明　111-113
——国標準　84
——と環境の結びつき　106
——の衝突　191
分離独立　215
——運動　184
分裂　206
米国　88
——の衰退　134
平和　254, 263
——地帯　293
ベーシック・ヒューマン・ニーズ　143
貿易競争　153
貿易紛争　186
包括的なアイデンティティ　182
方法論　290
保護主義　147
ポストナショナルなエリート　190
ホッブズ的無政府状態　96
ボトムアップ　278-280

ま 行

マイノリティ　181

325

マトリックス・アプローチ　266
水の安全保障複合体　124
＊ミッテラン，フランソワ　254
ミドル・レベル　51, 52
南アジア　93
民族的アイデンティティ　174
メディア　170

や 行

友好・敵対の度合い　81
ユニット　9, 13, 25, 49, 149, 234, 267
　——・レベル　8
ヨーロッパ　90, 181, 239, 253, 257, 259
　——社会モデル　256, 257, 261
余剰生産能力　153
より広範囲のセクター　21
弱い国家　203, 211

ら 行

＊ラクラウ，エルンスト　198
ラテンアメリカ　94, 176
ラベル　267
リアリズム　266
リージョナル化　60, 88, 123, 157, 172, 223, 227
リージョナルな安全保障　85, 91, 92
リージョナルな安全保障化　89
リージョナルな軍事安全保障　97
リージョナル・レベル　86
リーダーシップ　262
リヴァイアサン　292
リベラルな脱安全保障化　294

領土回復　215
　——主義　182
領土主権　283
リンケージ　124, 233
冷戦　85
　——の終結　86, 90, 91
歴史　83
レジーム　133
レベル　6, 9, 24
労働者階級　140
ローカリゼーション　121, 126
ローカル　23
　——化　123, 227, 228
　——な安全保障化　92
　——の複合体　17

わ 行

和解　254
話者　57
我々　51, 169
湾岸諸国　93

欧 文

AOSIS　283
ASEAN　185, 204
EU　76, 90, 155, 204, 239, 246, 251, 254, 258, 260-263
　——に対する人々の支持　257
IGOs　142
INGO　207
NAFTA　155, 177
NGO　207

《訳者紹介》（執筆順，執筆分担）

今井宏平（いまい・こうへい）**序文，第1章，第9章，訳者解題**
- 2011年　中東工科大学（トルコ）大学院国際関係専攻博士課程修了，Ph.D.（International Relations）（Middle East Technical University）。
- 2013年　中央大学大学院法学研究科政治学専攻博士後期課程修了，博士（政治学）（中央大学）。
- 現　在　ジェトロ・アジア経済研究所研究員。
- 主　著　『中東秩序をめぐる現代トルコ外交——平和と安定の模索』ミネルヴァ書房，2016年。
　　　　　『戦略的ヘッジングと安全保障の追求——2010年代以降のトルコ外交』有信堂高文社，2023年。

上野友也（かみの・ともや）**第2章，第4章**
- 2007年　東北大学大学院法学研究科トランスナショナル法政策専攻博士課程後期修了，博士（法学）（東北大学）。
- 現　在　岐阜大学教育学部准教授。
- 主　著　『戦争と人道支援——戦争の被災をめぐる人道の政治』東北大学出版会，2012年。
　　　　　『膨張する安全保障——冷戦終結後の国連安全保障理事会と人道的統治』明石書店，2021年。

川久保文紀（かわくぼ・ふみのり）**第3章，第6章**
- 2007年　中央大学大学院法学研究科政治学専攻博士後期課程単位取得満期退学。
- 2022年　博士（政治学）（中央大学）。
- 現　在　中央学院大学副学長・法学部教授。
- 主　著　『国境産業複合体——アメリカと「国境の壁」をめぐるボーダースタディーズ』青土社，2023年。
　　　　　『境界から世界を見る——ボーダースタディーズ入門』（翻訳，アレクサンダー・C・ディーナー／ジョシュア・ヘーガン著）岩波書店，2015年。

西海洋志（にしかい・ひろし）**第5章，第7章**
- 2017年　東京大学大学院総合文化研究科グローバル共生プログラム博士課程単位取得退学，博士（グローバル研究）（東京大学）。
- 現　在　横浜市立大学国際教養学部准教授。
- 主　著　『保護する責任と国際政治思想』国際書院，2021年。
　　　　　『地域から読み解く「保護する責任」——普遍的な理念の多様な実践に向けて』（共編著）聖学院大学出版会，2023年。

塚田鉄也（つかだ・てつや）**第8章**
- 2009年　京都大学大学院法学研究科法政理論専攻博士後期課程修了，博士（法学）（京都大学）。
- 現　在　桃山学院大学法学部准教授。
- 主　著　『ヨーロッパ統合正当化の論理——「アメリカ」と「移民」が果たした役割』ミネルヴァ書房，2013年。
　　　　　『日本の経済外交——新たな対外関係構築の軌跡』（共著）勁草書房，2023年。

《原著者紹介》

バリー・ブザン（Barry Buzan）
　1946年生まれ。ロンドンスクール・オブ・エコノミクス（LSE）名誉教授。主著に *People, States and Fear: An Agenda for International Security Studies in the Post-Cold War Era*, 2nd ed. (Harvester, 1991), *An Introduction to the English School of International Relations: The Societal Approach*, (Polity Press, 2014)（『英国学派入門』経済評論社，2017年）。

オーレ・ヴェーヴァ（Ole Wæver）
　1960年生まれ。コペンハーゲン大学教授（国際関係論）。主著に，*Regions and Powers: The Structure of International Security*, (Cambridge University Press 2003)（バリー・ブザンとの共著），*International Relations Scholarship Around the World*, (Routledge, 2009)（Arlene B. Tickner との共編）。

ヤープ・デ・ウィルデ（Jaap de Wilde）
　1957年生まれ。フローニンゲン大学教授（国際関係論・安全保障研究）。主著に，*Saved from Oblivion: Interdependence Theory in the First Half of the Twentieth Century. A Study on the Causality between War and Complex Interdependence*, (Aldershot: Dartmouth, 1991), *Smart Grids from a Global Perspective: Bridging Old and New Energy Systems*, (Berlin: Springer, 2016)（Anne Beaulieu, Jacquelien Scherpen との共編）。

　　　　　「安全保障化」とは何か
　　　　　――脅威をめぐる政治力学――

2024年11月30日　初版第1刷発行　　　　〈検印省略〉

定価はカバーに表示しています

訳　者	今　井　宏　平
	上　野　友　也
	川久保　文　紀
	塚　田　鉄　也
	西　海　洋　志
発行者	杉　田　啓　三
印刷者	田　中　雅　博

発行所　株式会社　ミネルヴァ書房
607-8494　京都市山科区日ノ岡堤谷町1
電話代表　(075)581-5191
振替口座　01020-0-8076

©今井・上野・川久保・塚田・西海, 2024　創栄図書印刷・新生製本

ISBN978-4-623-09745-6
Printed in Japan

ロバート・コヘイン，ジョセフ・ナイ 著／滝田賢治 監訳　　A5・504頁
パワーと相互依存　　　　　　　　　　　　　　　　　　本体4800円

今井宏平 著　　　　　　　　　　　　　　　　　　　　A5・400頁
中東秩序をめぐる現代トルコ外交　　　　　　　　　　　本体8000円
　　──平和と安定の模索

塚田鉄也 著　　　　　　　　　　　　　　　　　　　　A5・248頁
ヨーロッパ統合正当化の論理　　　　　　　　　　　　　本体6000円
　　──「アメリカ」と「移民」が果たした役割

髙橋良輔・山崎　望 編著　　　　　　　　　　　　　　A5・324頁
時政学への挑戦　　　　　　　　　　　　　　　　　　　本体5000円
　　──政治研究の時間論的転回

武者小路公秀 編著　　　　　　　　　　　　　　　　　A5・328頁
人間の安全保障　　　　　　　　　　　　　　　　　　　本体3500円
　　──国家中心主義をこえて

小笠原高雪・栗栖薫子・広瀬佳一・宮坂直史・森川幸一 編集委員　四六・418頁
国際関係・安全保障用語辞典［第2版］　　　　　　　　本体3000円

──────── ミネルヴァ書房 ────────
https://www.minervashobo.co.jp/